新五星领导力修炼

包季鸣 著

企业管理出版社
ENTERPRISE MANAGEMENT PUBLISHING HOUSE

图书在版编目（CIP）数据

新五星领导力修炼 / 包季鸣著 . —北京：企业管理出版社，2019.1
ISBN 978-7-5164-1842-0

Ⅰ . ①新…　Ⅱ . ①包…　Ⅲ . ①企业领导学　Ⅳ . ① F272.91

中国版本图书馆 CIP 数据核字（2018）第 274018 号

书　　名：新五星领导力修炼
作　　者：包季鸣
责任编辑：郑　亮
书　　号：ISBN 978-7-5164-1842-0
出版发行：企业管理出版社
地　　址：北京市海淀区紫竹院南路 17 号　　　　邮编：100048
网　　址：http://www.emph.cn
电　　话：编辑部（010）68701638　发行部（010）68701816
电子信箱：qyglcbs@emph.cn
印　　刷：北京亿友数字印刷有限公司
经　　销：新华书店
规　　格：170 毫米 × 240 毫米　16 开本　24.75 印张　297 千字
版　　次：2019 年 1 月第 1 版　　2025 年 8 月第 6 次印刷
定　　价：68.00 元

前 言

本人从事领导力的课程教学和研究已逾30年，其间也曾从事过企业实务，担任过企业高管。30多年来，我亲身经历了国内外经济形势的曲折发展，经历了我国改革开放的波澜起伏，经历了亚洲和全球金融风暴的激烈震荡，这些都影响着我的教学和研究，使我更深切地认识到领导力的魅力。

这些年来，我主要教学的对象是企业高管，对变革中中国企业领导的实践有较深刻的感悟。我直接教过的DBA、EMBA、MBA、总裁班的学生超过5000名。我欣喜地看到，听了这门课，不少学生提升了认知、更新了思路。有的是边听课、边改变、边发展，最后取得突破性的进展。不少学生勤奋努力，知行合一，迅速成长。我为他们的成绩点赞，为他们的成功鼓掌，更用心总结他们的经验，用于我的著作中，丰富在我的案例里。本书中的相当部分实例，就源于这些同学的实践。

几十年来，我也看到有的学生在考验中沉沦，或者从顶峰跌落到低谷，甚至身陷囹圄。在叹息中，我用心总结他们失败的原因，找到他们陨落的轨迹；在惋惜中，我也看到了其中的规律；在祈祷中，我希望能惊醒后来人不再犯同样的错误。本书中提到的领导者误区的规避，与这些失败案例紧密相关。

领导力涉及面很广，不同领域的领导力，研究重点有很大的不同。本书的研究重点是企业领导力的修炼。围绕当今企业领导者关注的热点、难点和兴奋点展开研究。我们看到，当今企业领导者正努力摆脱在思想、情感和习惯上自我强加的一些局限，以便他们能够更好地掌握自己的命运。他们希望成为更有效、更具战略性、更专注于操作、更平衡的领导者；他们满怀期望并充满热情，希望成为其所能企及的最好的领导者。最主要的是他们认识到，大量的领导机会将会出现在目前的不确定性和颠覆性创新的时代，而做好准备是取得并把握这些机会的关键。

本书主要是为现任企业领导者和未来企业领导者准备的。本书讨论的是领导者如何激励追随者自愿地在组织中做出全身心的努力；讨论的是领导者如何通过实际行动把价值观化为行动，把愿景化为现实，把障碍化为创新，把分裂化为团结，把冒险化为收益；讨论的是领导者如何创造一种氛围，激发人们抓住挑战性的机会，取得非凡的成就。作为领导者，释放你自身的、员工的及团队的巨大潜能，比其他任何追求都更高尚、更值得，也更有回报。

本书的主要创新之处有以下三点。第一，在研究重点上，根据时代特征，提出了“五星领导力”的新领导力结构。并在研究中，将体现不确定性和颠覆性创新需求的新领导观、新领导者、新领导艺术，同新领导力结合起来进行研究。第二，在研究方法上，理论和实际结合，用经典案例，用教学中的同学实例，用讲故事方法阐明重要观点。第三，在研究结论的表述上，将经典的理论、变革的实践和实用的模型熔为一炉，用实务操作指南的方法，通过操作性思路的指引，阐述如何具体运用。

本书的最主要特点是“接地气”，强调可操作性，主要体现在以下三点。第一，如果你认为当今企业正在发生一些尚难完全理解的深层次变动，本书虽然不会给出终极答案，但会提供一些发展趋势和变化逻辑的深刻见解。第二，如果你希望理解为什么领导者常常痛苦地挣扎，为什么企业常常表现欠佳，本书会提供一些运营机制层面的方法，帮助领导者带领企业实现突破。第三，如果你对领导力感兴趣，希望了解如何更有效地实施领导，本书将为你提供实用高效的日常行动指南，使你的领导工作达到事半功倍的效果。

我们认识到，领导力提升是一种自我提升。领导力提升是每个人每天面临的挑战。我们知道，如果你有意愿并掌握了领导的方法，你就能够领导他人。当然，你得自己产生这种强烈意愿，而我们则会尽全力提供有效领导的方法。

作为教师，我尽心尽力上好课。作为研究者，我把自己的研究成果浓缩在这本书里。本书汇聚了丰富的理论成果，收集了鲜活的资料，希望让昨天的领导者有所领悟，让今天的领导者有所启迪，让明天的领导者提升起点。

希望本书提供的全新的领导模式，能帮助你跨越领导的鸿沟；希望本书介绍的实用的领导原则，能帮助你成为更成功的领导者；希望本书总结的一些最优的方法组合，能激励你领导的团队创出更好的业绩。

这本书很轻，可以随身携带。我把它介绍给你，希望你能在繁忙的工作之余，在旅途舟车之中，随时翻几页、想一想。书中的每一章，都可独立成篇。期待本书能启发你的头脑和心灵，以使你能做好准备去触动那些与你一起工作的人，同时也能启发他们的头脑和心灵。

这本书很重，它承载着我的希望和梦想。我把它推荐给你，希望你能日新月异，在实践中加强学习，做一个成功的中国企业领导者。我相信，你一定会喜欢它！

包季鸣

2018 年 7 月

目　录

第五章 创新力修炼

附　录

致　谢

卓越领导力的来源

导论

本章要点

在导论中，将重点讨论：

领导力的核心是什么？领导职位和领导力有什么关系？卓越领导力从何而来？如何科学修炼，才能成为卓有成效的领导者？

在导论中，将以领导力经典理论和最新研究为基础，以发展中的中国企业变革实践为背景，解析领导力的核心诉求、经典模型和操作层面的主要经验和困惑，提出科学修炼领导力的主要路径。

一、领导力是什么

在现实生活中，我们强烈感受到领导力的作用。我们无数次看到，一个岌岌可危的企业，在一个水平高超的领导者的带领下，转危为安，走向巅峰；一个实力很强的团队，在一个水平低下的领导者指挥下，一败涂地，走向没落。同样的资源，在不同人手里，结果可能是完全不一样的。一切组织的荣耀和衰落，皆源于领导力。

关于领导力的概念，学者们已经赋予其多达350多种定义（达夫特①，2005），莫衷一是，但各种定义都包含三个共同要素，领导力本质上是一种影响他人的社会过程，领导者的性格决定领导风格，情境影响领导力的发挥。对此，领导力学科之父，美国南加州大学已故教授本尼斯②打了一个形象的比方，在某种程度上，领导力就像美，很

① 理查德·L.达夫特（Richard L.Daft），美国范德比尔特大学欧文管理研究院的管理学教授。曾获芝加哥大学经济学博士及MBA学位和英国哥伦比亚大学管理学硕士学位。他曾在全球20多家大学和组织中进行过访问和讲学，是5种以上学术期刊的审稿人，并担任美国政府及多家组织管理变革与组织发展的顾问。

② 沃伦·本尼斯（Warren G.Bennis，1925—2014），领导艺术的指导者，组织发展理论创始人。沃伦·本尼斯是麻省理工学院博士，美国当代杰出的组织理论、领导理论大师。他曾是四任美国总统的顾问团成员，并担任过多家《财富》500强企业的顾问。

难定义它，但当你看到它时，你就知道那是美。

相关链接

部分关于领导力的定义

部分关于领导力的定义如表1所示。

表1　部分关于领导力的定义

学者及其年代	领导力定义
Moore（1927）	领导力是表达领导者在领导和获得服从、尊重、忠诚和合作的意愿的能力
Gibb（1954）	领导可被看作是团队的性质，是团队必须执行的一系列功能
Katz 和 Kahn（1966）	领导力作为管理学领域广泛研究的架构之一，可以被定义为除机械遵从组织常规指令之外的有影响力的增量
Bass（1990）	根据群体的分组、特质、行为等因素，领导力是达成目标的工具
Bass 和 Stodgill（1990）	领导定义为团体或组织的领导在影响团体建立和随团体建立后为实现团体或组织的目标所采用的方法或过程
Rost（1991）	领导力是领导者及其拥护者之间的一种影响关系，其中拥护者旨在获得的真实变革反映了他们对共同目标的追求
Robert（1993）	领导力即为Harmon（1981）所讲的行动理论的子集之一。它是一种技巧，用其可以使问题得到合理的解决，也能将可信行动用来处理未曾发生的问题。可信性是在所有的领导力理论中都必须面对的一个根本话题。领导力就发生在行动与可信性的契合点
Hogg（1996）	领导力可被看为个人信息处理的产物，而不是实体的结构性财产，更不应该看作是心理派系成员的本质属性或涌现性
Northouse（1997）	领导是个体（领导者个人）为达成组织目标借以影响组织成员群体的过程
Woffor（1998）	领导力是为实现一个特殊化目标或实现一些目标，通过过程间的交流和沟通而在多种情形下接受训练或指导产生的人际的影响力
Michael（2000）	传统上，领导一直被认为是一种特殊的人际现象，用以描述领导者及其下属之间的互动关系
David（2001）	领导传统上可以定义为个人层面上的技巧（方法）
Hernez（2004）	领导（力）与其定义为领导所为不如定义为过程，这个过程既引起了某些关系，又是这些关系的结果。这些关系的焦点是领导者及其合作者的互动，而不仅仅是领导者的胜任力

续表

学者及其年代	领导力定义
Yair（2006）	领导是影响和教导他人理解某些活动和目标为什么及怎样实现的过程。同样地，它也组成了个人和集体努力学习并完成组织共享目标的过程
Badaracco（2002）；Kriger 和 Malan（1998）	领导力通常是敏锐性、看不见的情感、想法和直觉的产物。行动、看得见的行为只是组织中有效领导力的微小的一部分
Paul Hersey（1969）	领导力就是影响力。领导力不是一种操纵，更多的是对一个人行为的影响，从而使得领导机构和整个组织取得利益。这是一个双赢的状况

本书对领导力作了如下的定义：

领导力是领导者让追随者高效、心甘情愿地完成创新的组织目标的能力。

本定义最重要的特点是强调了领导者背后，不是被领导者，而是追随者；强调了领导者带领追随者实现的，是创新的组织目标。

领导力的本质，是在追随者中创造出愿景、感召和动力的能力，并通过与情境的匹配，实现创新的组织目标。

从严格意义上讲，领导力是可以分层次的。国际著名领导力和人际关系大师约翰·麦克斯韦尔（John C. Maxwell）在他的专著《领导力的 5 个层次》[①] 中，曾做过如下的表述，如图 1 所示。

可见，真正的领导力不在于拥有一份工作或一个头衔。事实上，被赋予某个领导职位只是领导力 5 个层次中的第一步，要想成为超越“领导”层面的领导者，要想使得员工追随自己不仅仅是因为他们不得不听，你还必须精通投资他人并鼓舞他人的能力。为了实现个人角色的进一步成长，你必须取得成果并建立一个富有生产力的团队；你

① 约翰·麦克斯韦尔（John C. Maxwell），享誉全球的领导力大师、演说家与作家。20 多年来一直致力于帮助个人和机构发挥领导力潜能，受训听众达 500 万人之多，本书是 2012 年《华尔街日报》最佳畅销书。

必须帮助他人提升自我技能，进而成长为新一代领导者。如果你具备了上述技能与奉献精神，你就能够迈到领导力的高峰。在那里的经历将会使你的影响力扩展到更大的范围，更好地为他人造福。

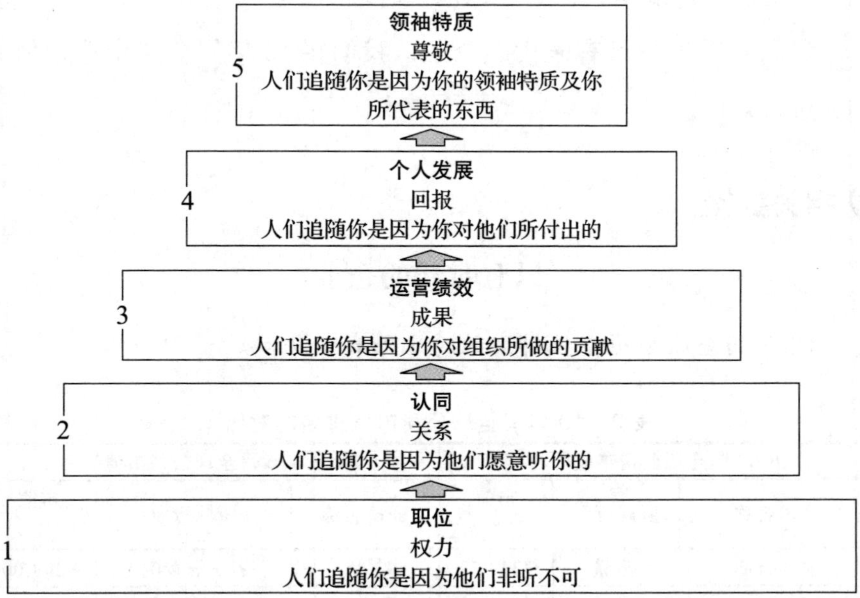

图 1　领导力的 5 个层次

(一) 领导力的核心诉求

领导力修炼的核心诉求，就是追求领袖特质，踩准时代节点。

之所以强调追求领袖特质，我们在“领导力的 5 个层次”已经看到，领导力最高的也最难企及的层次是第五层次的领袖特质，虽然大多数人能够实现从第一层次向第四层次的跨越，但是第五层次的领导力所需要的不仅仅是努力、技能和意向，更需要胸怀、格局和品格，他们致力于培养实现第四层次的领导者，所以具有领袖特质。

这里特别强调，领袖特质不是天生的，而是持续一生的自我探索的结果。这个自我探索的过程让领导者成为更完整、更圆满的人，成为对自我有清晰察觉，并能激发他人最佳潜能的人。

领导力有鲜明的时代特征，领袖特质的造就，也有赖踩准时代的节点。没有成功的企业，只有时代的企业；没有成功的领导，只有时代的领导。所谓成功，核心是踩准了时代节拍。

我们先看一下只有时代的企业，我们将10年间全球企业市值的排名进行对比。

相关链接

只有时代的企业

10年间全球公司市值排名的对比如表2所示。

表2 10年间全球公司市值排名的对比[①]

2007年全球公司市值排名			2018年5月全球公司市值排名		
公司名称	所属行业	市值（亿美元）	公司名称	所属行业	市值（亿美元）
中国石油	能源	7239.52	苹果	科技/消费电子	9248.00
埃克森美孚公司	能源	5118.87	亚马逊	电子商务/科技	7771.00
美国通用电气公司	多元化服务	3747.37	谷歌	科技/互联网	7686.00
中国移动	电信服务	3541.20	微软	软件技术	7532.00
工商银行	银行	3389.89	Facebook	互联网	5403.00
微软	软件技术	3330.54	阿里巴巴	互联网/综合服务	5087.00
高兹普罗姆公司	能源	3295.91	腾讯	互联网/综合服务	4991.00
壳牌集团	能源	2695.44	伯克希尔哈撒韦	多元化投资	4905.00
AT&T	电信服务	2520.51	摩根大通	金融服务	3878.00
中国石化	能源/化工	2496.45	埃克森美孚	能源	3465.00

从数据对比中可见，10年前的全球公司，排在前列的，是能源、金融、电信等行业；10年后的今天，排在前列的，几乎是科技、电子、互联网等行业。

① 根据网络数据整理。其中2018年5月的数据是2018年5月31日的收市数据。

其实，所有的百年老店都是“自杀”重生的结果。不少百年老店可能“自杀”过很多次，现在从事的产业和原来从事过的产业很可能完全“风马牛不相及”。因此，要想富有成效、基业长青，就得跟上时代的发展。百年老店之所以很难做得到，很重要的一个原因就是要不断地战胜自己。这有点像约瑟夫·熊彼特[①]所说的企业家精神——“创造性破坏”，就是要创造性地破坏曾经的产品、产业，尤其是自己的产品和产业。这就要求我们自以为非，而绝不能自以为是。自以为非，有可能找到新的机会；如果自以为是，百年老店就不可能存在。今天的企业要么是破坏自我，要么被破坏，没有其他的出路。

以手机为例，摩托罗拉被诺基亚替代，诺基亚又被苹果替代，本质上就是因为被替代者没有跟上时代的发展，摩托罗拉代表的是模拟时代的技术，诺基亚代表的是数码时代的技术，而苹果代表的是互联网。跟不上时代就只能被淘汰。

我们再看一下当今有影响力的部分中国企业家。[②]

依据最近几年“复旦管理学杰出贡献奖”评选相关的资料，当今有影响力的部分中国企业家包括马云、马化腾、柳传志、任正非、李彦宏、张瑞敏、雷军、丁磊等。

从这些企业家所在行业的构成中，我们看到，到今天这个时代，互联网、云计算、人工智能、基因生物、大健康大娱乐，成就了这些企业家。历史证明了这一点，只有顺应潮流，才有机会成为杰出的领导者。

① 约瑟夫·熊彼特（Joseph Alois Schumpeter，1883年2月8日—1950年1月8日），是一位有深远影响的美籍奥地利政治经济学家，被誉为“创新理论”的鼻祖。代表作有《经济发展理论》《资本主义、社会主义与民主》《经济分析史》等。

② 主要依据最近几年参加“复旦管理学杰出贡献奖”评选所接触的资料整理。

可见，领导力的关键，是追求领袖特质，踩准时代节点。领导力的核心，不在于你“是什么”，不在于你“有什么”，而在于你“做什么”。领导是过程，而非职位，领导与特定的时空紧密相关。

（二）领导过程的三要素

领导是过程，而非职位。

领导过程有三要素，即领导者、追随者、情境。

1. 领导者

领导者是指居于某一领导职位、拥有一定领导职权、承担一定领导责任、实施一定领导职能的人。即组织中确定组织目标，并利用影响力带领人们实现创新目标的人。简单地说，领导者就是希望的经营者。新型的领导者能够把人调动起来，能够把追随者转变成领导者，又把领导者转变成变革者。

你是否会担心自己并非天生的领导者？认为自己缺乏领袖魅力，才干不足或是缺乏其他决定领导力的某些神秘要素？你不必如此担心，领导力不是由个性特质或特殊才能决定的。实际上最优秀的领导者往往在个性、态度、价值观、个人优势上表现出很大的差异，有的外向，有的孤僻；有的随和，有的霸道；有的慷慨，有的吝啬；有的注重数据，有的喜欢勾画愿景；什么类型都有。那么富有成效的领导者有何共同特点？他们会按照 8 项做法，以正确的方法做正确的事。对此，德鲁克[①]有一段精彩的论述。

---

① 彼得·德鲁克（Peter F. Drucker，1909.11.19—2005.11.11），现代管理学之父，其著作影响了数代追求创新及最佳管理实践的学者和企业家们，各类商业管理课程也都深受彼得·德鲁克思想的影响。

相关链接

德鲁克说卓越领导者

如果你能坚持应用这些做法，就可以获得做出明智决策所需的知识，并将其转化为有效的行动，还可以让整个组织的成员承担起责任。

他们会问："什么事情是必须做的？"

然后再问："什么事情是符合企业利益的？"

制订行动计划。

承担决策的责任。

承担沟通的责任。

专注于机会而不是问题。

召开富有成效的会议。

在思考和讲话时，习惯用"我们"而非"我"。

前两项是领导者的行动指南，接下来的4项做法指导他们开展有效的行动，最后两项则确保了整个组织的责任感。

在实务操作中，领导者的修炼，可以以充分表现自我起步。知道自己是什么人，知道自己想要什么，知道该怎样实现自己想要的目标。

实务操作指南

领导者的修炼从充分表现自我起步

他们知道自己是什么人，知道自己的优点和缺点是什么，知道该怎样去充分利用自己的优点、弥补自己的缺点。

他们还知道自己想要的是什么、为什么有这样的目标，以及如何通过有效沟通共同的目标赢得他人的合作与支持。

他们知道该怎样去实现目标。

充分表现自我的关键是了解自我和外在的世界，而了解的关键是学习——从自己的人生和经历中学习。

2. 追随者

追随者是追随别人意见和教导的人。不确定性和颠覆性创新背景下的领导者，背后应是追随者，而不只是被领导者。

领导力是领导者和追随者之间的一种关系。一个完整的领导力框架必须包括追随者的反应，他们尊敬和愿意追随什么样的领导者？

一直以来，人们最希望从一个领导者（他们愿意追随的人）身上看到的品质是一样的。研究表明，不同国家、文化、种族、组织，不同的性别、受教育程度、年龄，调查结果都是一致的。要让人们自愿地追随某一类领导者，这类领导者就必须具备以下品质：真诚、有前瞻性、有胜任力、能激发人。

是优秀的追随者，造就了优秀的领导者，造就了优秀的企业。

华为是公认的中国企业的标杆。2018 年华为有 18 万名员工，70% 布局在全球，遍布 180 个国家，服务全世界 1/3 的人口。专利、技术投入都是世界级水平。是 18 万名追随者的优秀，造就了任正非，造就了华为。

华为的成功，也是培养优秀追随者的结果。

华为的成功，也是培养优秀追随者的结果。华为除了有让追随者在大仗、苦仗、恶仗的环境中历练，有向成功的奋斗者倾斜的促进机制，还有相关的华为大学等人才培训的措施。

相关链接

华为企业大学的培养①

“你们是否能够喊出你们的口号‘这里是将军的摇篮’？如果不这样，你们就脱离这个时代，就像在世外桃源一样，就没有和现在形势的紧迫感结合起来，你们的重要作用就没有得到公司各个部门的认同，这一点对你们很重要。”“华为大学一定要办得不像大学，因为我们的学员都接受过正规教育。你们的特色就是训战结合，给学员赋予专业作战能力。”

——任正非

● **华为大学的根本使命**

华为大学（以下简称华大）并不把自己写得非常高远的目标，而是很明确地知道，他们的根本使命是成为公司的使能器，这个使能器帮助企业输出两样东西，一是更符合公司价值观、有精神的人；二是更好地被总结和提炼的知识和经验。

● **华为大学的教学理念**

第一，坚持选拔制。坚持选拔制的目的是让来受训的学员不论从自我感知还是从事实的情况来看都是拔出来的好手。如果不接受这个理念的话，来培训的都是有空的人，针对这些人的赋能，是不会让公司认为真正帮到公司的成长。

第二，训战结合。所有教的东西都是“打仗”用的东西，明年出去打机关枪，就教如何打机关枪，不会教一个小兵如何在航母上开大炮。2014年大规模启动了战略预备队的项目，开发了680多学时的课程，长达半年的工作日。之所以能够开发出这么多学时的课程，关键

① 参考自华为大学执行校长陈海燕女士2014年12月“学习、技术与人才发展大会”上的演讲。

是因为课程不是理论的堆砌，而是真刀实枪的案例，而这些案例是和业务部门一起花了 2 个多月的时间整理出来的。换句话来说，华为大学不做精品，而做实战。

第三，最优秀的人培养更优秀的人。在 170 人的华大员工中，很少有专职的老师。老师从哪儿来？都是一线的优秀经理人员。例如，华大有一门课程，是帮助新任经理人，从一个好兵实现到一名将领的转身，站在课堂上的都是地区部的经理，而没有专职的老师。

第四，循环赋能。华为的培训有一个很强的理念，就是要从项目管理与经营实践中选拔发展后备干部。培训的考场和业务的战场是紧密结合的。在循环赋能的过程中，华为尤其关注“项目管理”能力的培养。因为，华为认为“项目管理”的训练过程浓缩了一个管理者最基本的职业化管理的素养。

- **华为大学的核心业务**

华为大学的核心业务围绕“管理能力”“专业能力”和“项目管理能力”展开，但是其核心的核心是文化传承。从组织特征上来看，华大绝对是实用导向而且灵活应变的。教学策略和教学理念是一致的，实战实用、案例教学、发展讲师制。

- **华为大学的独特定位**

一是自负盈亏，二是与业务保持一致。如何评估培训效果和价值很简单，就是看明年的业务收入是否增长，业务部门是否愿意给钱，把人送到这里来培养。

- **华为大学的权威来源**

华为大学主要以赋能为中心，华大的教学就是要和“客户需求”相结合，这个客户就是片联（片联相当于总干部，需要灵活考察和使用干部），需要培养作战队伍。华大不要担忧自己没有权威性，权威性在于你对干部未来的人生出路真实赋能和有推荐的权利。第一，大家没经过华大的赋能，就不知道现代化的工作方法，不知道表格怎么填，速度慢了就赶不上别人。所以华大就有了吸引力，大家交钱也要来。第二，华大可以推荐1/3的优秀学员给片联，片联将这些优秀学员组合起来上前线。将来学员考试题目、答卷、成绩、自我评价等都贴到华大开放的网上。我们合理地去使用这些干部，干部的积极性就来了，就愿意到华大来"镀金"。学员在赋能期间的评价由华大决定。

优秀的追随者，源于优秀的领导者的培养。就像我们前面讲到的，在领导力第五层次上的领导者，他的重点是培养处于第四层次的领导者。同样，追随力也是可以分层级的。为了便于实务操作借鉴，我们介绍伦敦商学院尼克·奥博伦斯基（Nick Obolensky）[①] 的研究，他将追随力分为五个层级，如图 2 所示。

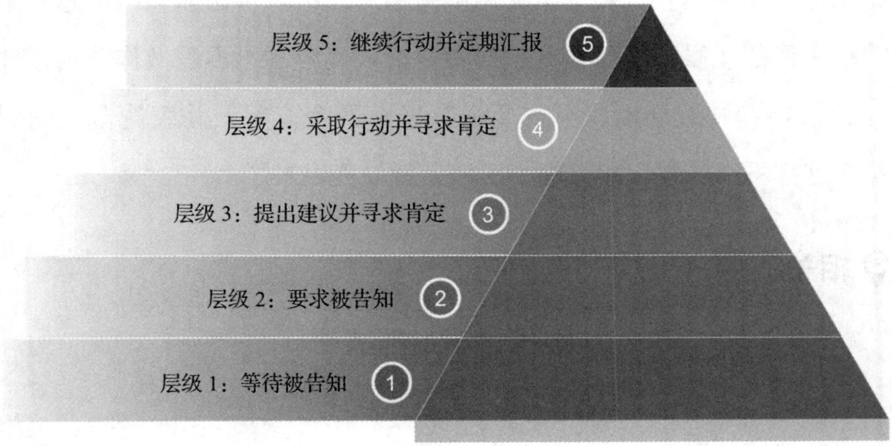

图 2　追随力的五个层级

① 尼克·奥博伦斯基（Nick Obolensky），专长：以创新的领导力、战略、组织建设的理念与方法，帮助各类组织实现变革，快速提高整体效能，应对 VUCA 挑战。

领导者最需要避免的，是不要陷入恶性循环，如图3所示。

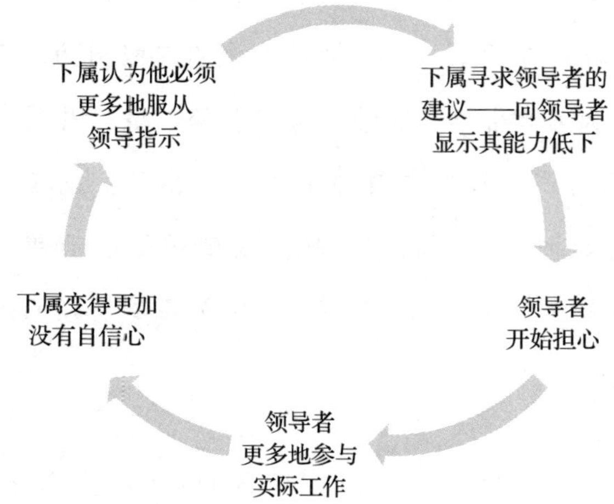

图3 领导力恶性循环

如何培养追随者，我们可以参考前面讲到的追随力的五个层级，在日常工作中对追随者加以引导和培养。比如，当追随者来汇报工作时，要跟他强调，不要告诉领导者你的工作过程多艰苦。而是要把你的工作结果告诉我，强调结果思维是第一思维。再比如，当追随者来请示工作的时候，跟他强调领导者是批改作业的，不是做作业的，你要让领导者做选择题，至少要给领导者两个方案，并表达自己的想法。这样不断地强调和引领，追随者就培养出来了。

相关链接

如何引领追随者[①]

第一，汇报工作说结果。

不要告诉领导者工作过程多艰辛，你多么不容易！领导者不傻，否则做不到今天。举重若轻的人领导者最喜欢，一定要把结果给领导

① 根据网络公开资料整理。

者，结果思维是第一思维。

第二，请示工作说方案。

不要让领导者做问答题，而是要让领导者做选择题。请示工作至少保证给领导者两个方案，并表达自己的看法。

第三，总结工作说流程。

做工作总结要描述流程，不只是先后顺序逻辑清楚，还要找出流程中的关键点、失误点、反思点。

第四，布置工作说标准。

工作有布置就有考核，考核就要建立工作标准，否则下属不知道如何做，做到什么程度才是最合适的。标准既确立了规范，又划定了工作的边界。

第五，关心下级问过程。

关心下属要注意聆听他们的问题，让其阐述越详细做好。关心下级就是关心细节，明确让下级感动的点和面。

第六，交接工作讲道德。

把工作中形成的经验教训毫不保留地交接给继任者，把完成的与未竟的工作分类逐一交接，不要设置障碍，使其迅速进入工作角色。

第七，回忆工作说感受。

交流多说自己工作中的感悟，哪些是学到的，哪些是悟到的，哪些是反思的，哪些是努力的。

如何引领追随者的 7 个方面如图 4 所示。

在实务操作层面，我们从理论或方法角度，总结了五种激励方法，如表 3 所示。

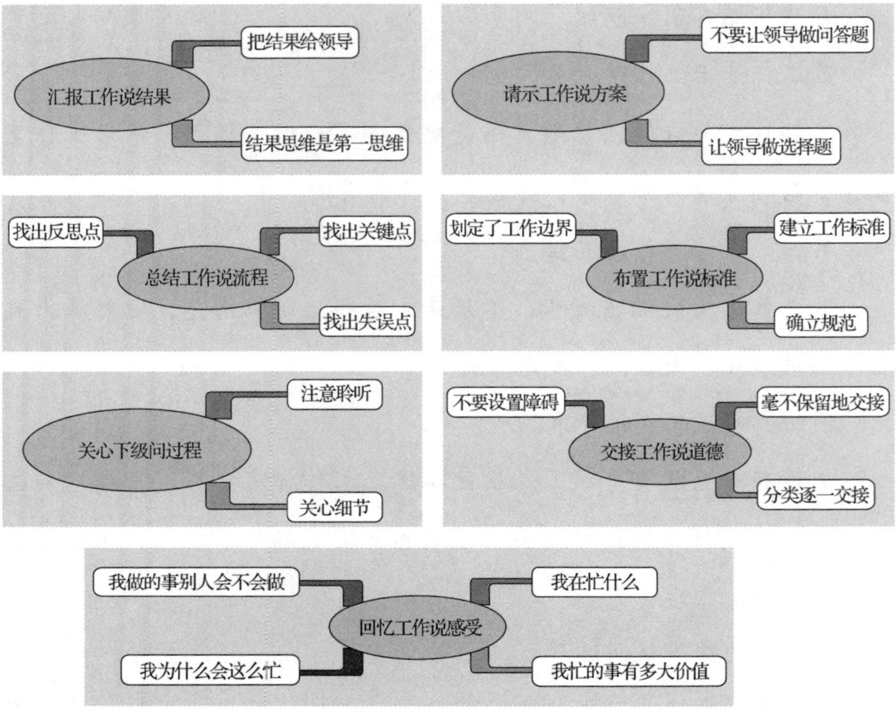

图 4　如何引领追随者

实务操作指南

如何激励追随者

表 3　五种激励方法

理论或方法	主题或特征
马斯洛的需求层次论	通过满足合理需要来改变行为
成就导向理论	人格特质。通过激发成就需求优化人格，发挥潜力
目标设置理论	通过设定目标来改变行为，提高效率
操作方法	通过改变奖惩方法来增强公平感、满意度，改变行为
赋权	通过赋予个人自主性和权限，以提高其工作意愿和创造性

3. 情境

情境是领导过程进行时的相关情况、因素。也即是中国传统文化强调所要追求的“天时、地利与人和”。

情境可能是领导者—追随者—情境框架里中最复杂的因素。情境不仅在复杂性存在差异，也在强度上存在差异。我们以情境层的不同环境对比为例，如图 5 所示。

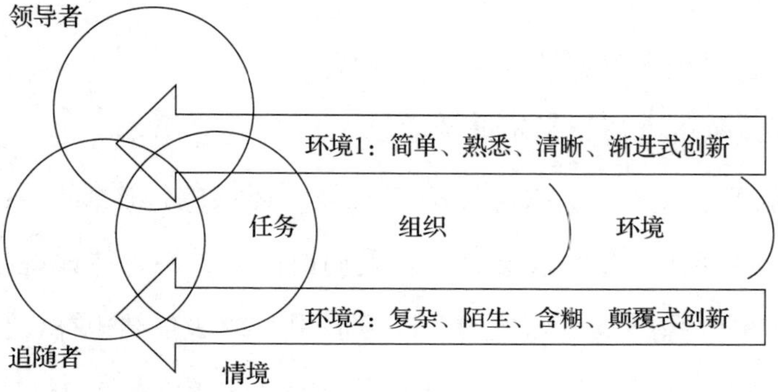

图 5　情境层的不同环境对比

今天的情境特征，是不确定环境和颠覆式创新。关于情境特征在领导力领域的具体表现，我们在第一章中会进一步展开分析。

（1）世界正处于极度不确定的变革时期。

当今世界，是确定性的终结，VUCA[①] 的到来。

我们正生活在一个“VUCA”(挥发性、不确定性、复杂性、模糊性）的世界里。

“Volatility (挥发性)”是指事情变化非常快；

“Uncertainty (不确定性)”是说我们不知道下一步的方向在哪儿；

“Complexity (复杂性)”意味着每件事会影响另外一些事情；

“Ambiguity (模糊性)”表示关系不明确。

领导力在 VUCA 时代更为重要。在现代的组织中，应对复杂性、模糊性、不确定性的能力变成了重中之重。在一个快速变革的时代，

① VUCA 这个术语源于军事用语，并在 20 世纪 90 年代开始被普遍使用，随后被用于从营利性公司到教育事业等各种组织的战略新兴思想中。

组织必须要具有未来眼光，要更加注意选择正确的方向。因此，和稳定时期比起来，领导力在今天更为重要。在稳定时期，组织和周围环境之间的关系比较容易理解，游戏规则也相对明确，即使管理型的人也能把组织带得不错。

（2）世界进入颠覆性创新的新时代。

世界发展的本质，是不连续的。

李善友①认为，现象世界的本质是不连续的，连续性只是假设。人类只能生存在连续性假象之上。我们说因果关系，休谟说根本没有因果，因果联系只是你想象的。人习惯用归纳法总结规律，但是世界是非连续的，昨天是这样的，明天不一定是这样的，过去的经验不一定能指导未来。

查尔斯·汉迪②认为，信息社会是非理性的社会，充满了非连续的变化。在这个非连续性的时代中，唯一可以预见的就是一切都无法预见。要想在这非理性的时代中把握组织的发展命脉，雕塑未来，需要大胆地设想那些“不可能发生的事情”。

因此，在非连续的变化中，我们需要颠覆性创新。

当今世界又进入新一轮颠覆性创新的时期。

不确定性和颠覆性创新，要求领导者通过调动全球员工进行创新和变革来应对未来的挑战，需要研究加速企业转型与变革的领导方法，进而提高员工的敬业度和责任感，提升组织的敏捷性与适应性。

领导过程三要素的相互关系，如图 6 所示。

---

① 李善友，酷 6 网的创始人，混沌大学（混沌研习社）创办人，中欧创业营发起人。他毕业于南开大学、中欧国际工商学院，曾先后在摩托罗拉、美国铝业集团、博士伦公司等大型外企及在国内极具影响力的门户网站——搜狐任职。

② 查尔斯·汉迪（Charles Handy），1932 年出生于爱尔兰，是欧洲伟大的管理思想大师。英国《金融时报》称他是欧洲屈指可数的“管理哲学家”，并把他评为仅次于彼得·德鲁克的管理大师。

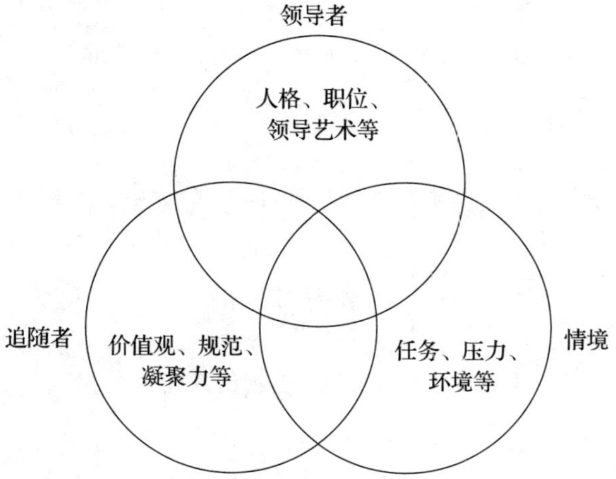

图 6　领导过程三要素互动框架

领导过程的三要素如何匹配，就涌现了若干研究模型。

（三）领导过程的经典模型

关于领导过程的有效性，有个经典模型，如下所示。

领导的有效性 =*f*（领导者、追随者、情境）

领导是一个过程，是领导者和追随者在特定的情境或环境中进行动态的相互影响。这三个领域的互动关系在近年变得越发重要，有助于我们更好地理解领导者—追随者关系的动态性质，以及领导者、追随者所面对的日益复杂的情境。由于这种复杂性远甚于以往，有效的领导不能被浓缩为一个简单不变的诀窍。优秀的领导会通过了解领导过程的诸多重要影响因素，来提高领导的有效性。

领导效果取决于互动效果，互动效果则取决于匹配程度。关于人—情境—匹配的发展模型，如图 7 所示。

下面我们以不同情境为例，说明在实务工作中，情境与领导者、追随者之间如何匹配，如表 4 所示。

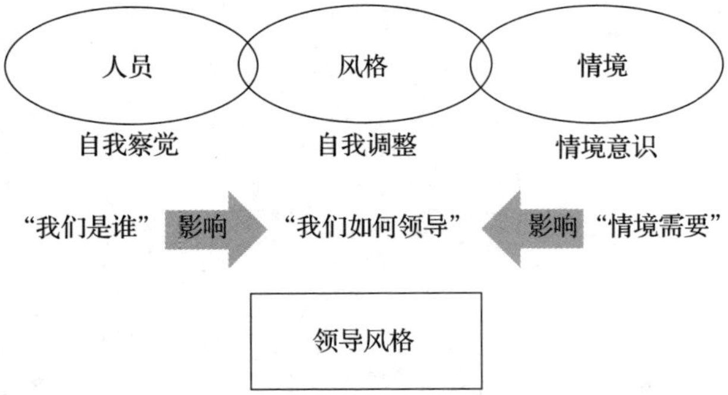

图 7　人—情境—匹配的发展模型

实务操作指南

情境与领导者、追随者的匹配

表 4　情境与领导者、追随者的匹配

情境	与领导者、追随者的匹配
简单：可预测、有序的、存在正确答案	确保合适的流程到位，最后进行最佳实践，并以清晰、直接的方式沟通
复杂：变动不居、难以预测、含糊、存在很多相互冲突的观点、许多未知事项	创造和设计出一种允许解决模式逐渐浮出来的情境和实验，提高互动与沟通层级，使用多种方法，使每个人都能提出新的观点和思维方式

我们也可以从领导者与管理者的不同，来进一步说明领导过程的特征。

领导，就是做正确的事情。

管理，就是把事情做正确。

做正确的事情比把事情做正确更为重要！

领导者和管理者的区别如表 5 所示。

表 5　领导者和管理者的区别

管理者	领导者
正确地做事	做正确的事
关注现在、短期发展与底线	关注将来、长期发展与前景

续表

管理者	领导者
寻求秩序	喜欢变革
避免冒险	喜欢冒险
更多地诉诸理智而非情感	既诉诸理智，又诉诸情感

感 悟

卓越的领导，就是在正确的时间，找正确的人，用正确的方法，做正确的事！

二、领导力从何而来

领导力的重要性，毋庸置疑。那卓越的领导力，又源于何处？

提一个问题，世界上哪一所学校，为世界五百强企业输送了最多的高管？为什么？

答案是：西点军校[①]！

根据美国商业年鉴统计，“二战”后，在世界500强企业中，西点军校培养出来的董事长有1000多名，副董事长有2000多名，总经理、董事一级的有5000多名。

按理说，西点作为军校，培养军官理所当然；作为陆军军官学校，培养陆军军官顺理成章。为什么能为世界五百强输送这么多的高管？

西点军校前校长戴夫·帕尔默曾说，随便你给我一个人，只要不是精神分裂症，我就可以把他培养成一流的、优秀的领导者。

① 西点军校是美国第一所军事学校，位于纽约州西点（哈德逊河西岸），全称是美国军事学院，The United States Military Academy at West Point，常被称为西点（West Point）军校。

可见，领导力是可以培养的，或者说，领导力就是修炼出来的。我曾多次带复旦大学 EMBA 学员游学西点军校，学到了西点军校领导力培养模型和西点领导力修炼的三阶段发展思路，如图 8 和图 9 所示。

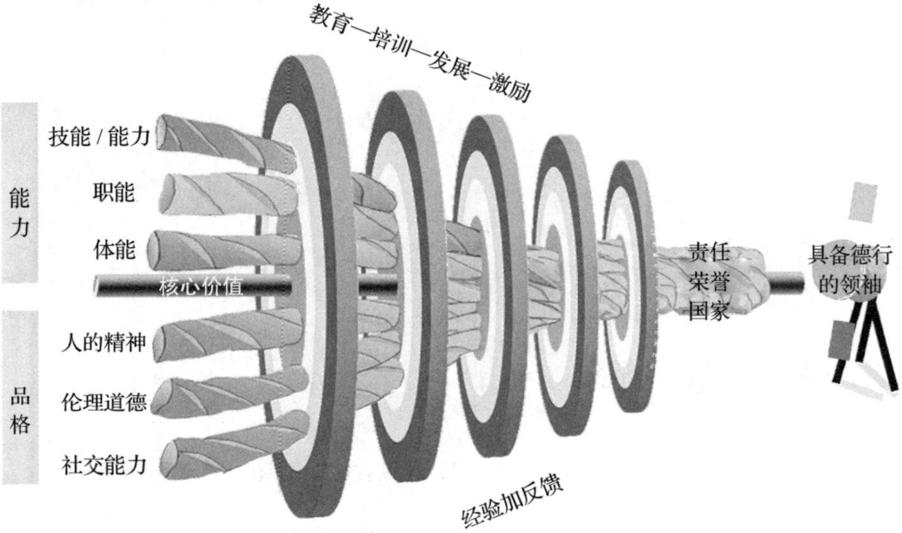

图 8　西点军校领导力培养模型

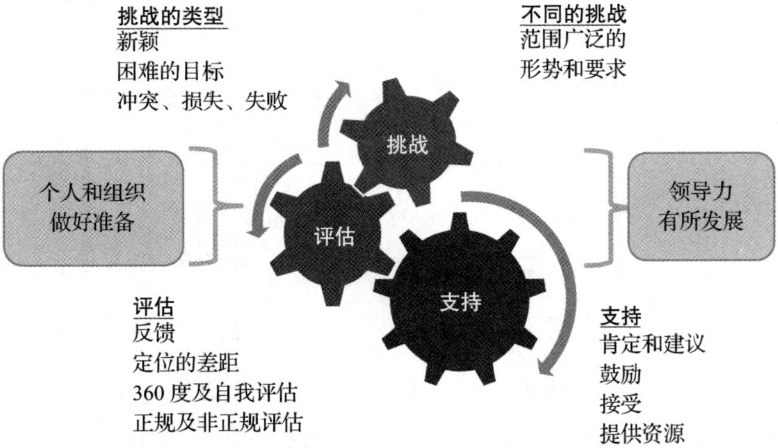

图 9　西点军校领导力修炼的三阶段发展思路

西点军校领导力培养的密码，就是以责任、荣誉、国家的价值观为核心，在培养能力的同时，铸造学员足够强大的内心。也正是因为校训强调的牺牲精神和利他主义，加上坚强内心的培养，使得西点军校的学生即使离开军队，比其他领域的人更容易建立起领导力，从而更加容易在商业上取得成功。

相关链接

西点军校的领导力修炼

宾夕法尼亚大学知名心理学教授安吉拉·达科沃斯开展了对历年“野兽”测试中成功或者失败的学生进行了调查，发现最终完成该计划的学生大部分有极为成功的事业、美满的家庭。而他们成功的秘诀就是他们当年在“野兽”里学到的那些秘诀，让他们成为富有激情、韧性、进取心的人，从而取得了巨大成功。

达科沃斯的研究成果被总结为十条经验，被看作是西点军校培养真正优秀学生的真正秘密，也被称为西点军校最昂贵也是最有价值的课程：没有强大内心的人，就没有资格谈人生。

那到底是哪十条经验呢？这十条经验对我们的职业生涯会不会有帮助呢？

第一，即便已经一败涂地，你仍然要坚持奋斗！

人是一种习惯的动物，一旦你开始为自己的失败找理由，有困难就逃跑将会成为你的本能。换句话说，如果你总是坚持让自己扛过苦难，那你最终才能够成就伟大。

第二，你必须晚点吃棉花糖。

斯坦福大学有一个非常著名的“棉花糖”实验，实验者会让一个孩子独自在一个房间里面对一块棉花糖 15 分钟。实验者离开之前会告诉这个孩子，如果你忍不住了你可以吃掉它，但是如果你 15 分钟不吃这块棉花糖，那你就会得到两块棉花糖作奖励。

斯坦福棉花糖实验中1/3的孩子没有吃棉花糖，他们的人生大多非常成功、幸福，吃掉棉花糖的孩子们则相对过着贫穷、失意的生活，其中有不少被毒品、酗酒、肥胖等问题困扰。

最终证明，那些能够抵御诱惑的孩子们后来的人生都很顺遂、成功，学历好、工作成功、家庭美满，甚至被肥胖困扰的都很少。

第三，即使犯了错误，也要无所畏惧、不断尝试，直到成功。

最近威廉玛丽学院调查了800位企业家，发现这些人中成功的那一批都有两个共同特质：从不害怕失败而且从不在乎别人是怎么看他们的。

换句话说，这个世界上成功的那些人都不害怕失败，甚至把失败看作是人生的必经之路。

第四，你是个大人了，你必须学会控制情绪。

很多人没有意识到的是，坏情绪会不断地削弱你内心的力量，一个成年人无法控制自己的情绪，那后果可能是灾难性的。

尽管情绪这东西看不见、摸不着，但是我们还是可以有效地控制情绪，如你可以在每次自己要发脾气之前问自己，我的怒气从何而来？我为什么要发脾气？发脾气有什么意义？坚持久了，你就可以控制自己的情绪了。

第五，你必须打那个你不想打的电话。

有很多时候我们不得不做一些我们非常不想做的事情，因为我们知道这些事情从长远来看都是很有价值的：炒掉不负责的员工、给陌生人打电话推销、通宵工作为了把公司从死亡线上拉回来，或者是为了一个至关重要的项目不懈奋斗。

每一次你在害怕的时候都没有真正解决问题，也是在浪费时间。那些真正敢于打出“不想打的电话”的人都无一例外的是踏石留印、抓铁有痕的人。

第六，你必须毫不迟疑地追随直觉。

追随直觉和莽撞之间是有很明确的分界线的。追随直觉的前提是你已经非常理性、客观、全面地分析了问题的所有角度，即使是当事情的走向并不明朗或者不符合你的预期时，你也会真诚的相信自己的内心已经做出了正确的选择，然后拼尽全力地去实现目标。

第七，即使全世界都反对，你也要勇往直前。

当有人支持你的时候，不管是选定一个新方向还是做一件困难的事情都会比较容易。但是“坚毅测试”发现真正考验你的内心力量大小的是在所有人都不支持你、反对你的时候，你是不是还能始终如一。

内心真正强大的人并不是喜欢没有人支持、没有人陪伴，他们只是决不放弃，证明给别人看自己是对的，然后就会有人支持你了。

第八，不管有多急、多累，你都要竭尽所能地慢慢来。

越是当你已经非常累、非常急，或者感到受委屈的时候，你就越容易出错。这种情况下你的内心会受到极大的考验。

越是忙、急、累、委屈，就越容易出错，这个时候就请你慢慢来，小心点。

第九，你必须善待你的敌人。

当你的敌人对你倾泻恶意时，他也是在期望把你拉到跟他一样的水平上，把你变成跟他一样的人。而内心强大的人绝不会允许别人掌控自己的人生，他们绝对不会因此对自己的敌人或者讨厌的人变粗鲁。他们会像对待别人一样对自己的敌人，耐心、善良、包容。因为他们绝不容许有任何一个人把自己变“low”，即使是敌人也不行。

第十，你必须对你的所作所为负责。

人们更容易记住一个人是怎么解决问题的，而不提容易记住他是怎么引发问题的。只要是你造成的问题，你就一定要承担责任，然后解决问题。要做一个永远都负责任的人，即便找个借口再容易不过，也不要这样做。

要知道对一个梦想远大的人来说，明哲保身绝非正途。

你准备好做一个内心强大的人了么？加油！

从西点的案例中，我们也可感悟到卓越领导力源于科学修炼！

领导力是可以学会的。领导力就是在实践中人们能看到的有效的一系列技巧和能力。任何技巧都可以被学习、强化、修炼和提高，只要你有这方面的动机和渴望。通过实践、反馈、遵循某种行为模式，接受教练及指导，就可以学会领导技能。我们跟踪了那些参加复旦大学 EMBA 课程学习的近千名学员的情况，结果显示，随着时间的推移，他们在进步，他们在学习成为更好的领导者。

那么，怎样的领导力修炼才是科学的修炼呢？

三、领导力如何修炼

领导力可以通过科学修炼获得——因为在过去的 30 年中，我在课堂教学与企业的实践中，已亲眼看见许多人培养了这些才能。

我从实务操作角度，总结为“五个注重”。

实务操作指南

领导力修炼的“五个注重”

在今天不确定性和颠覆性创新的背景下，领导力的科学修炼，要强调五个注重：注重实践锻炼，熔炉历练；注重哲学思考，认知升维；

注重人性思考，驾驭人性；注重灰度思考，张弛有度；注重知行合一，以身作则。

（一）注重实践锻炼，熔炉历练

领导力修炼强调实践锻炼。猛将必起于卒伍，宰相必起于州郡。温室中培养不出参天大树。理论必须联系实际，在实践中加强历练。

强调熔炉历练，即强调正确面对逆境，勇敢迎接挑战。是什么使某些领导者能够鼓励他人充满自信、展现忠诚并努力工作？而其他的领导者，尽管具有相同的愿景和才智，却一再遭遇挫败？或许，他们应对逆境的方式能给我们一些启示。

非凡的领导者可以从逆境中发现生命的意义，并从最残酷的经历中汲取经验。正如凤凰涅槃浴火重生一样，他们在经历逆境之后，会变得更为强大与自信，目标更坚定，工作也更投入。

领导力大师本尼斯把这种对人生有着转折意义的时间称为“熔炉”，即严峻的经历或考验。熔炉是残酷的，通常让人非常痛苦，而且结果总是出乎意料。这一点，在目前极为严峻的复杂环境下尤其需要强调。

（二）注重哲学思考，认知升维

领导者最需要学习的，是自我认知和自我突破的能力。从某种程度而言，企业的发展是有边界的，领导者的认知边界就是企业的成长边界，领导者的认知边界又由领导者的价值观和境界所决定。

我们强调领导力修炼，从哲学层面进行思考和总结，修炼基于价值观“刷新”的领导力。我们的“认知提升”，又围绕“认知升维”。认知升维，是借用“三体”中的“降维打击”的概念。降维打击，出自《三体Ⅲ·死神永生》，指的是三维空间的物体一旦进入二维空间，物体分子将不能保持原有的稳定状态，非常容易发生解体，导致物体本身毁灭。也就是像，高维度的人类攻击一个低维度的蚂蚁一样简单。

当今，领导者认知升维的着眼点是如何理解变化，如何判断趋势，如何总结新经济的新逻辑。

（三）注重人性思考，驾驭人性

卓越的领导者，都是人性大师。他们首先是对人性的尊重，对人才的敬重。同时，又能洞悉人性特点，用规则、制度约束人性的弱点，通过制度抑制人性恶的一面，又通过机制创新去弘扬人性善的一面，激发人才的内在价值发挥潜能。任正非对人性的洞察无疑是成熟的、深刻的，他常说的一句话是："最大的自私是无私。"因此，30 年的华为就是 30 年的"分分分"的华为，分什么？银子，位子，面子。18 万名知识人一起共享财富、权力和成就感，其结果就是 18 万名知识劳动者的战斗力和凝聚力所带来的发展奇迹。在领导力修炼中，要注重人性思考。人性有本质不变的一面，又有表现形式多变的一面。要思考新环境下人性的新表现，要思考适应新环境的更好的新机制来有效驾驭人性。了解人性，尊重人性，才能驾驭人性。

（四）注重灰度思考，张弛有度

领导力的修炼，必须坚持领导科学与领导艺术的统一。

真实企业界的多数事物不是非黑即白的，而是有灰度的。腾讯马化腾把 14 年来腾讯的内在转变和经验得失总结为创造生物型组织的"灰度法则"，这个法则具体包括 7 个维度，分别是需求度、速度、灵活度、冗余度、开放协作度、创新度、进化度。复旦大学 EMBA2016 级学员黄栋在他的学习感悟中写道，灰度有三个维度：管理的灰度、合作的灰度、战略的灰度。以战略的灰度（突破点）为例，新的市场都产生在边缘地带，发现探索“黑森林”。企业运营犹如海中行船，有大方向，但不是按照既定的模式或套路完成，而是在混沌、徘徊、迷茫中把握节奏和平衡，一个清晰的方向，是在混沌中产生，是从灰色中脱颖而出的，方向也是随时间与空间而变，它常常因环境变化又会变得不清晰。合理地掌握合适的灰度，是使各种影响发展的要素在一段时间和谐，这种和谐的过程叫妥协，这种和谐的结果叫灰度。

灰度思考的具体体现，就是该坚持时坚持，该妥协时妥协。灰度思考的要求，做现实的理想主义者。

（五）注重知行合一，以身作则

很多情况下，我们并非无知，只是知而未行。

知行合一，以身作则是卓越领导者五种行为的第一条。只有坚持知行合一，以身作则，领导力修炼才能取得实效。我们要把知行合一作为领导力修炼的重要原则。

复星集团，1992 年由复旦大学的五位毕业生创立，2017 年，集团总收入达 880.3 亿元，同比增长 19%，归属于母公司股东的利润达人民币 131.6 亿元，同比增长 28%，再创历史新高。在 26 年的发展过程中，为什么能取得这样骄人的成绩？我在复旦大学的教学过程中，有机会与多名在复星集团任职的 EMBA 和 MBA 学员做过深入交流，发现了一个重要的原因，就是复星集团注重领导力培训，注重依靠优秀的追随者来成就优秀的企业，来造就优秀的领导者。我们从复星集团要求入职的员工必须知道的七件事情中，可以看到这与我们所强调的领导力修炼的五个注重相当吻合。我们在董事长郭广昌的“六个为什么”中，看到了领导者的哲学思考、认知刷新对企业成长的重要，看到了是优秀的领导者培养了优秀的追随者。

实务操作指南

复星集团领导力修炼的“七大准则”和“六个为什么”

复星集团强调，加入复星，必须要知道的七件事情，因为这是复星的文化价值观，是精气神，是企业的灵魂。这也是复星领导力修炼的基本准则①。

第一，企业家精神。首先，加入复星，你要会“指挥领导者”。如果谁指望领导者告诉他该怎么做，问领导者需要他做什么，原则上这样的人复星就不会聘用了。作为领导者，希望复星的员工针对投资做好几个方案，并和领导者一起讨论优劣，最后决策。要主动、有强烈的意愿做事情，希望为复星作贡献，并且利用好复星这个平台及背后的资源。复星最近在强调企业家状态，其实也是强调人有周期的。你不在状态想去“休息”，那么很快就会被追赶和超越。所以复星希望每一位员工都可以不断归“零”，重新开始。

第二，灰度。企业管理一定要有灰度，不要希望把什么事情都说得很清楚。灰度是指各个团队之间的业务边界不是严格划定的，对新业务的发展也并非越清楚越好，最好的状态就是适度的灰度、适度的边界模糊。

第三，正能量，不抱怨。复星内部如果两个人没有合作好，并且互相指责别人，肯定两个人都有问题。所以，不要抱怨。

---

① 参考自 2018 年 1 月郭广昌跨年演讲材料。

第四，投资纪律。复星永远强调最基本的投资逻辑就是做“对”的事情。投资和收购的目的一定要清晰，复星要做的事情是为家庭客户“富足、健康、快乐”的生活方式提供解决方案，当复星提供不了或者提供方案的速度太慢时，会用投资或者收购的方式，将内外部资源打通，为客户提供“令人尖叫”的产品和服务。

第五，闭环。强调内部融通，建立产业生态圈，形成闭环。

第六，秋天的账本。KPI 是要有的，但是 KPI 也是灵活可变的。复星实行“秋后算账”，对原则性错误我们是零容忍的；对专注于做事、有成绩、有情怀的员工，公司也会及时进行提升和奖励。一个组织，如果内部的摩擦成本高于外部成本，这个组织就没有很大的存在价值。所以公司尽量要减少内部的管理成本，要有基本的信任，秋后算账意思就是员工要相信公司会赏罚分明，主动去做对的事情。

第七，身边的商学院。复星认为，如果想学东西，来复星最划算。因为这里看的项目多，分析的项目多，决策的项目也多。各个部门的项目成员、高层和董事一起，针对性地讨论问题，是真正的“身边的商学院”。

复星董事长郭广昌先生在《我与复星走到今天的 6 个“为什么”》中，用 6 个“为什么”对“七大准则”做了很好的解读，清晰勾勒出自己的心路历程、人生轨迹和复星发展脉络。更明确了复星创立的初衷、成长的使命及未来的责任与愿景，对复星集团持续进化及复星人自我成长，都有着极大的指导意义[①]。复星集团联席总裁徐晓亮先生对上文做了解读，如表 6 所示。

① 引用自 EMBA2015 级学员，复星集团联席总裁徐晓亮先生的解读。

表 6　徐晓亮先生的解读

6 个“为什么”	原因	影响
为什么读哲学系	要解放思想，做一个对国家、对社会有价值的人	确定了世界观、人生观、价值观，并思考“修身、齐家、治国、平天下”的理念
为什么要骑自行车到北京和海南	读万卷书，行万里路。受到校园外改革开放带来的翻天覆地的变化的吸引	种下了在海南闯出一片天的种子，打造了三亚·亚特兰蒂斯
为什么创立复星	恰逢改革开放的契机，受实业报国理念的影响，决心用商业的方式创造价值、回报社会	确定了复星“修身、立业、齐家、助天下”的理念，致力于帮助大众过上幸福生活
为什么要参与混改	伴随股份制改革和中国资本市场、混合所有制的兴起，让复星有能力、有机会参与到混改之中	至今参与了 30 多个混改项目，通过多个层面的参与为合作过的国企和央企注入了活力，实现多方共赢。同时也受益于中国成长的动力，实现复星的迅速扩张和多元化发展，为全球化战略打下基础
为什么要全球化	中国持续改革开放发展的需要也是企业发展到一定阶段的必然选择	通过中国动力嫁接全球资源，发展到现在中国—全球双向驱动，升级到全球化 2.0，实现“助天下”
为什么要让全球每个家庭生活更幸福	在“助天下”的指引下思考复星及其本人存在的理由，认为尚有太多的事情需要去做	将复星业务重新划分为健康、快乐、富足三大板块，并明确“植根中国，服务全球 10 亿家庭客户，‘智’造健康、快乐、富足的幸福生态系统”为复星新的企业愿景

第一章

1

五星领导力的时代背景与理论来源

本章要点

在本章中，将重点讨论：五星领导力的源流。

五星领导力的源流可用图 1 来说明。

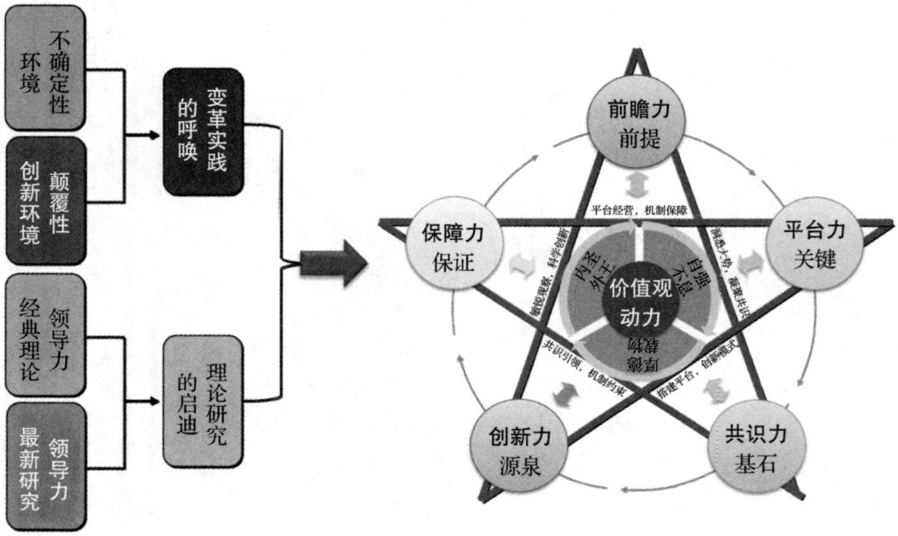

图 1　五星领导力的源流

开篇案例

我战胜了所有对手，却输给了时代[①]

大润发在零售行业是一个号称 19 年不关一家店的传奇商场。在商场这个领域里，没有任何人能打败它，包括沃尔玛、家乐福，但是很可惜它败给了这个时代。2018 年年初被阿里巴巴收购，高层领导集体离职。

以数码相机行业为例，世界上曾经有一家世界 500 强的企业，名叫“柯达”，在 1991 年的时候，他的技术领先世界同行 10 年，但是

① 案例素材来源于网络。

在2012年1月破产了，被做数码的干掉了。

当“索尼”还沉浸在数码领先的喜悦中时，他突然发现，原来全世界卖照相机卖得最好的不是自己，而是做手机的“诺基亚”，因为每部手机都是一部照相机，于是“索尼”业绩大幅亏损。

然后，原来做电脑的“苹果”出来了，做出了触屏的智能手机，把手机世界领军的“诺基亚”给干掉了，而且没有还手之力。2013年9月，“诺基亚”被微软收购了。

你以为你的对手是友商，其实你的对手是时代！现在网络上有句时髦的话：“时代抛弃你的时候，连一声再见都不会跟你说。”

就在最近，升级改造后的大润发，架上陈列的不再是固定产品，而是通过数据统计出来的热门货；消费者不去实体店也可以用手机下单，购物满29元就免运费，方圆3公里内1小时内送达……

这背后，是零售本质的巨变！以往商场里有什么，我们只能买什么，如今已然变成，我们需要什么，商场满足什么！

一、五星领导力的实践基础

领导力，有强烈的时代特征。“五星领导力”体现了不确定时代和颠覆性创新对企业家的新要求，顺应了将适应性领导力和复杂性科学相结合的新思路，是一套能够加速企业转型与变革的领导力新方法。

（一）不确定性在当今领导力领域的表现

在导论部分，我们提出了不确定性是当今时代的重要特征。

当今时代的不确定性，对传统领导模式的挑战，具体表现为年轻一代对工作与权威的态度发生了极大的转变。他们更有知识，喜欢质疑与挑战，传统的上下级领导模式在实现创新上难以收效。

VUCA 作为时代特征进入商业组织，在领导力研究领域，我们看到，我们改变领导力所处环境的速度，远远超出了改变“领导力到底是什么”这一观念的速度；世界范围内的知识增长与不确定性的增长成正比，知道得多不一定有助于增加确定性；寡头领导体制的观念与飞速呈现的多头领导体系现实之间的冲突日益增多；权力已经被分散；领导者实施领导的大环境比以往更复杂。这一切，都需要领导者用新思路和新方法来适应这个新时代。

（二）新一轮颠覆性创新对领导力的挑战

颠覆性创新，古已有之。颠覆性创新这一概念，是由哈佛大学教授克里斯坦森①提出。

相关链接

克里斯坦森论颠覆性创新

克里斯坦森是“破坏性技术”这一理念的首创者，他因此获得了“创新大师”的美誉，他的创新理论给企业界带来了一轮强力冲击波。

1997 年，当《创新者的窘境》英文版出版时，39 岁的克里斯坦森只是哈佛商学院的助理教授。而此书一出，就确立了他在创新管理领域的权威地位。

① 克莱顿·克里斯坦森（Clayton M. Christensen），"颠覆性技术"理念的首创者。他的研究和教学领域集中在新产品和技术开发管理及如何为新技术开拓市场等方面。代表作为《创新者的窘境》和《创新者的解答》。

克里斯坦森认为，大公司往往“过分瞄准”市场，花费巨额研发费用追求技术革新，升级产品，他们看重主流消费者的需求，因为边缘消费者的需求太小，往往不能达到大企业要求的利润规模。这就给小企业提供了契机，他们可以把目标瞄准边缘消费者。

由于技术进步的速度总是大大超过消费者对产品性能利用的速度，随着新产品技术的不断改进，产品性能不断提高，新产品最终会逐渐侵入现有的主流市场。对现有主流市场而言，这种技术创新具有破坏性，克里斯坦森将此类创新称之为颠覆性创新。

比尔·盖茨用形象的比喻说明了克里斯坦森理论的巨大影响：“自从克里斯坦森提出破坏性理论后，出现在我桌上的每一份提案都自称是‘破坏性的’。”

颠覆性创新的本质是价值网的变化。价值网就是企业在创造价值、传递价值和获取价值过程中形成的价值网络，简单地说，价值网就是企业的价值流向途径中的每一个部分，它的利益相关方包含企业本身，还有供应商、用户、竞争者、合作者等。价值网包括三个维度：技术、市场和管理，其中起主导作用的是技术，促使技术发挥作用的是社会制度及运作机制。

关于这一轮颠覆性创新的阶段和特点，上海实业集团原董事长蔡来兴①做了如下较为深刻的归纳和提炼。

新一轮颠覆性创新时代可分为：数字化、网络化、智能化三大阶段，如图 2 所示。

---

① 蔡来兴教授，历任上海市计划委员会副主任兼上海浦东开发办公室副主任、上海市政府副秘书长兼研究室主任，兼任中共上海市委副秘书长。后任香港上海实业集团、香港上海实业控股有限公司董事长等，长期从事宏观经济研究工作。

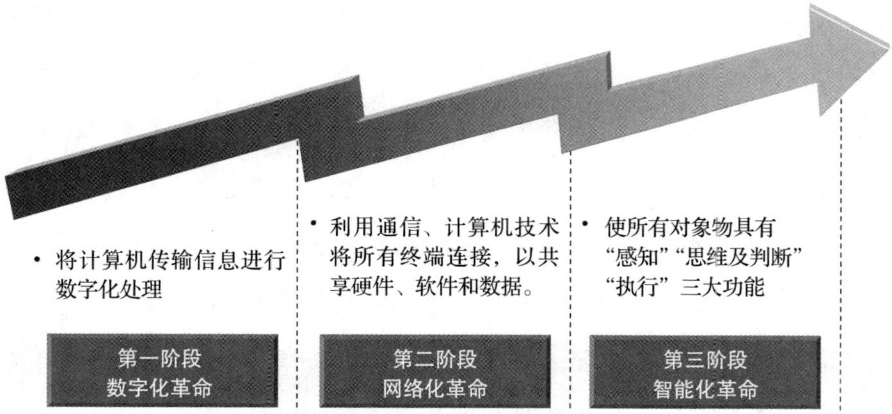

图 2　新一轮颠覆性创新时代三个阶段

新一轮颠覆性创新时代具有三大特点：覆盖面更广、加速度更快、颠覆性更强，如图 3 所示。

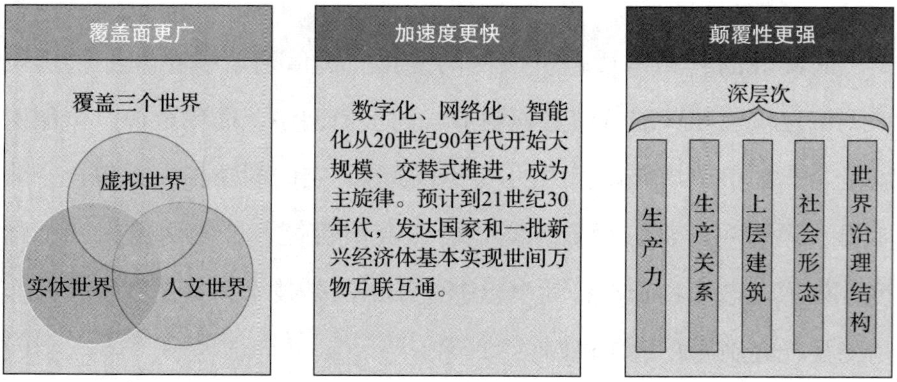

图 3　新一轮颠覆性创新时代三大特点

不确定性和颠覆性创新，加速了各个领域的变革。我们正在穿越一条边界，进入一个充满难以预测的混乱和指数级变化的世界。在中国，变革的速度、广度、深度和力度，都前所未有，领导力的重要性和紧迫性与日俱增，要求我们用新领导力来应对挑战，适应变化。

适应不确定性和颠覆性创新要求的新领导力，要求理解领导力思想变革的原因，获得更多的授权及参与；要求探讨自我管理型团队的基本原则，以及解决复杂问题的有效方法；要求学习如何提高领导行为的有效性，并把有限的时间用到刀刃上。这样，才能培养更具主人翁精神的团队，领导者将更多的时间分配在做更正确的事，达到事半功倍的领导效果。

（三）中国已进入移动互联网的全民时代

不确定性和颠覆性创新对当代中国经济的影响，就是促使中国快速进入了移动互联网的全民年代。

1. 中国互联网用户及产业快速增长

被誉为“互联网女皇”的玛丽·米克（Mary Meeker）在 2018 年 6 月初发布了《互联网趋势》(Internet Trends）报告，如图 4 所示。与近年来的历次报告一样，随着中国互联网发展势头迅猛，中国的互联网产业发展情况再次成为报告中的一个重点。

报告显示，移动支付变得越来越容易完成。在移动支付的普及率上中国继续引领全球，2017 年移动支付用户超过 5 亿人。

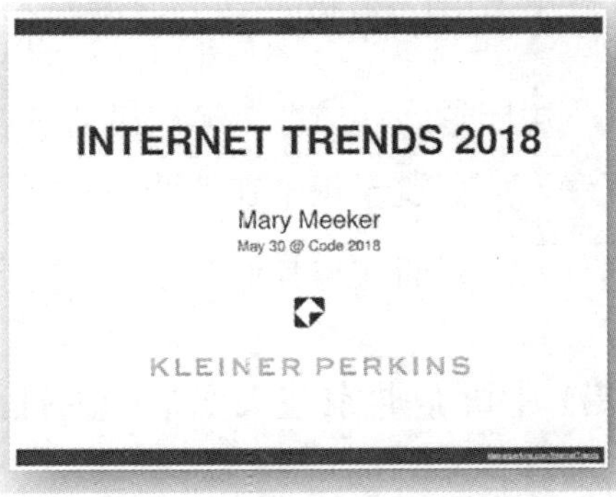

图 4　2018 年《互联网趋势》报告

中国正在迎头赶上，成为全球最大互联网公司的枢纽。当前，在全球市值最高的 20 家互联网公司当中，中国占据了 9 家，美国占据了 11 家。5 年之前，中国占据了 2 家，美国占据了 9 家。

2. 中国移动互联网表现出的三大特色

中国进入移动互联网的全民年代，体现出了市场特色、用户特色和竞争特色，如图 5 所示。

大而独特	**中国已成为全球互联网市场的双极之一，影响力显著** · 中国拥有7.1亿名网民，相当于印度和美国的总和，互联网消费规模居世界第二 · 中国互联网巨头和“独角兽”在规模和数量上已经跻身世界前列 **中国互联网与美国相比又差异显著** · 市场结构上看，中国互联网电子商务和互联网金融占比明显较高 · 互联网用户更年轻、更“草根”、更移动、更“喜新厌旧”
快速发展	**中国的互联网经济增长迅猛** · 历史增长速度惊人：网民数量年增长率25%，互联网消费32%（过去5年复合增长率） · 但中国互联网用户普及率52%，在G20集团仍位居中下，显示巨大未来增长潜力 **中国互联网新应用和服务的普及速度快，诸多新兴应用在中国的渗透速度都远远超过了美国** · 如中国移动支付规模已达到美国的70倍，众多新兴应用3年内用户覆盖率均超过50% · 中国互联网用户更年轻。在用户行为上明显体现出来更愿意接受新应用和服务
活跃多变	**中国互联网经济活跃度高，波动性也较大** · 节奏更快，服务和应用变化更快 · 互联网行业风口现象更明显，高峰期企业数量更多，企业平均寿命更短，相应地，也更加容易造成一夜成名

图 5　中国移动互联网的三大特色

3. 中国互联网产业的发展极不平衡

中国移动互联网发展速度非常快，但发展也极不平衡。中国目前的互联网产业过于集中在消费级互联网领域。在企业级领域严重落后于美国与欧洲，而在与其他产业结合的自动化和智能化方面，差距就更大。

（四）中国企业家在大变革中的挑战和机遇

当前，世界正处于大发展、大变革、大调整时期，我国经济正处在转变发展方式、优化经济结构、转换增长动力的攻关期，对外开放面临的国内外形势正在发生深刻复杂变化。对中国企业家而言，机遇前所未有，挑战前所未有，机遇大于挑战。

1. 中国企业家面临的四大挑战

（1）价值创造方式改变带来的挑战。

数字化生存的时代使“价值创造”的逻辑起了革命性变化。企业必须基于“知识”来转型；面向未来、不被过去的成功所束缚，更好地理解消费者的个性化需求、发掘“人人市场”。如果不能完成价值创造模式的转变，那么对企业家来说，就是危及生存的重大挑战。

（2）经济增长放缓带来的挑战。

在“新常态”下，我国经济增速放缓，由原来的 10% 放缓到 6% 左右。经济结构不断升级的同时，企业面临重新洗牌，不能适应变革的企业就面临倒闭的厄运。

（3）产能严重过剩带来的挑战。

当下我国产能过剩问题严重，这给中国企业带来的挑战包括：产品价格下跌，效益下滑；销量降低，库存增加，成本上升；企业亏损严重；开工不足，浪费资源等。

（4）逆全球化潮流带来的挑战。

由于通过扩大货币供给促使美元贬值的政策将终止，而美联储又将提高利率等原因，使我国出口经济遇冷。美国政府的反全球化及贸易保护主义带来的外部环境不确定性加剧了相应的危机。

2. 中国企业家面临的四大机遇

（1）价值创造方式创新带来的机遇。

价值创造方式的改变，既是挑战，更是机遇。中国企业正在改变世界，中国企业家开始真正具有价值创造方式创新的能力，真正出现影响消费者内心的产品、商业模式和品牌。中国的消费者开始对中国企业有足够的依赖度。我们看到，今天所有能够影响世界的中国企业，其迅猛发展都是源于它改变了中国人的生活，中国人开始相信这个企业的产品是可以依赖的。消费者不仅推动中国企业走向创新，更重要的是帮助我们解决了创新如何转化为应用、如何转化为价值的问题。

（2）产业、消费升级带来的机遇。

世界银行预测，未来20年中国服务业比重将由40%上升至60%，当今中国中产阶级人数已超2亿人，即将领先于世界。产业、消费升级将给中国企业带来无限商机，尤其是在互联网、养老、卫生、医疗、文化、旅游、物流等领域。

（3）城镇化率提升带来的机遇。

据国家统计局称，2016年我国城镇化率为57.3%，到2020年，常住人口城镇化率增达60%。未来20年，我国城镇化率要上升至70%。而随着城镇化的加深，将会给中国企业带来巨大的消费和投资需求。

（4）国际化步伐加快带来的机遇。

中国坚持对外开放的基本国策，坚持打开国门搞建设，积极促进“一带一路”国际合作。未来10年，中国对外投资将达1.25万亿美元，全球化是不可阻挡的历史潮流。企业在国际化方面也迎来巨大机遇，包括自由贸易区、全球化推进、企业海外拓展等。

3. 总体而言，机遇大于挑战

刚才我们分析了中国企业家面临的四大挑战和四大机遇。确实，我国经济发展进入新常态，劳动力成本持续攀升，资源约束日益趋紧，环境承载能力接近上限，开放型经济传统竞争优势受到削弱，传统发展模式遭遇瓶颈。但也要看到，我国人力资源丰富、市场规模庞大、基础设施比较完善、产业配套齐全，创新发展的制度环境和政策环境不断完善，开放型经济仍然具备综合竞争优势。在严峻复杂的国内外环境倒逼下，我国加工贸易加快转型升级，服务贸易持续快速发展，外贸新产品、新业态、新模式不断涌现，企业国际化经营能力明显增强，在国际分工中的地位逐步提升。

挑战和机遇，也为领导者提出了新要求。如何通过领导力的修炼，因势利导、乘势而上，推动开放型经济加快由要素驱动向创新驱动转变，由规模速度型向质量效益型转变，由成本、价格优势为主向以技术、标准、品牌、质量、服务为核心的综合竞争优势转变，从而实现质量变革、效率变革、动力变革，使企业在这一轮大变革中发挥重要作用。

企业实践借鉴

华侨城对机遇和挑战的认识[①]

华侨城集团公司，即华侨城集团，总部位于深圳，成立于1985年11月11日，是隶属于国务院国资委管理的大型国有中央企业。作为隶属于国务院国资委直接管理的大型中央企业，1985年伊始，华侨城集团从深圳湾畔的一片滩涂起步，经过30年的建设与发展，坚持市场导向，构想出一条以人为本的可持续发展之路，如今，集团总资产超3500亿元，年销售收入过800亿元。

2011年6月，华侨城开始搭建数字娱乐平台——深圳华侨城文化旅游科技股份有限公司，建设文化与旅游的桥梁，拓展文化内容服务，延伸文化旅游产业链，如图6所示。

华侨城认为消费成为拉动我国增长的动力。文化娱乐在消费升级下迎来时代战略性机遇，同时，互联网的用户红利正逐渐消退，市场格局日渐成型，开始迈入存量经营时代——新场景时代、智能时代，抢占和经营用户时间是关键。大数据、人工智能、VR/AR等新技术对传统商业逻辑具有颠覆性。华侨城预判大数据基础上的人工智能对社会、分工更具冲击和颠覆性。

① 本素材由2016级EMBA学员，深圳华侨城文化旅游科技股份有限公司董事、常务副总经理文红光提供。

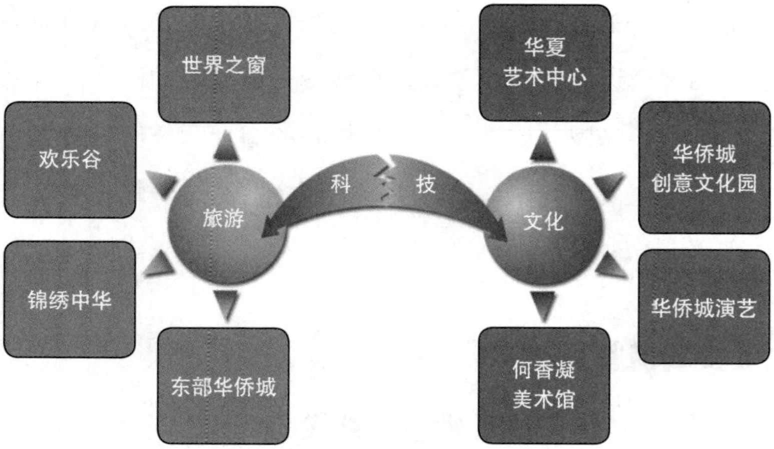

图 6　文旅科技的业务结构

为此，华侨城对文化产业的判断是 IP 为核心文化产业链。成熟及经典逻辑、模式包括：第一步，IP 的发掘。文化、动漫作为 IP 的资源库和发动机，源源不断地创造文化 IP。第二步，IP 价值放大。电影、电视剧、游戏、动画放大 IP 价值。第三步，衍生发展拉长 IP 价值周期，并实现变现。主题公园、衍生品。国内 IP 为核心的产业链生态发展格局如图 7 所示。

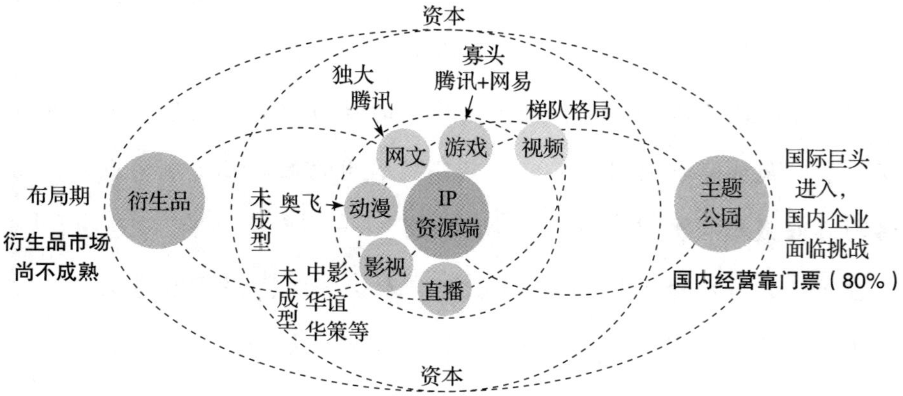

图 7　国内 IP 为核心的产业链生态发展格局

华侨城对旅游产业的判断包括：在用户群画像方面，年轻一代

(“80后”“90后”)、家庭、自驾游、探险旅游订制服务(大数据+人工智能)——时间+线路+景区/餐饮/酒店/交通等。在新产品方面，结合用户需求+VR/AR技术开发新产品，第一类是轻度冒险娱乐产品。第二类是极地探险型产品(北极、南极的虚拟体验产品)。第三类是自驾游/自由行类的体验路线产品。在资源方面，VR/AR技术的商业化应用是亮点。国内景区的升级，重点是结合景区特色、景区历史实现完整时空的虚拟再现的体验。

华侨城也清楚地看到了市场的机遇和潜在的威胁。

机遇包括：消费升级(新世代带动引领消费潮流，需求趋势变化带来机遇)；互联网进入场景智能时代(市场变革机遇)；新技术应用(新业态创造的机遇)；IP为核心的文化产业(政策及大市场空间、大生态空间)；旅游行业(政策及旅游消费升级，自驾游、订制、景区升级等)。

威胁包括：新技术的颠覆性(人工智能、VR/AR，不是对某企业，而是对社会经济商业逻辑的颠覆性)；外部市场竞争(国际巨头的进入；华强方特等的先发优势；互联网巨头的渗透整合；国内潜在进入者等)。

为此，华侨城提出文旅科技的长期未来是价值创造，即用科技消除文化创意与极致体验的距离，用旅游创造承载创意实现、用户体验的最佳梦想平台。文化是魂和动力、是持续为用户创造极致体验价值的发动机。文化与科技、旅游等各类要素、业态融合连接的关键要素是文化IP(IP确保融合性创造的一体性，而非堆砌)。科技是手段，是实现文化IP翻译转化成可被体验、触感的文化承载形式的手段，也是文化IP产业化的实现手段；也是实现与用户、与产业生态圈连接的手段。旅游是载体/平台，文化内容集中体验场景，各种要素资源汇聚之地。作为平台承载着用户的梦、产业人的创造梦。以此为基础，重构了华侨城文旅科技的企业大战略，如图8所示。

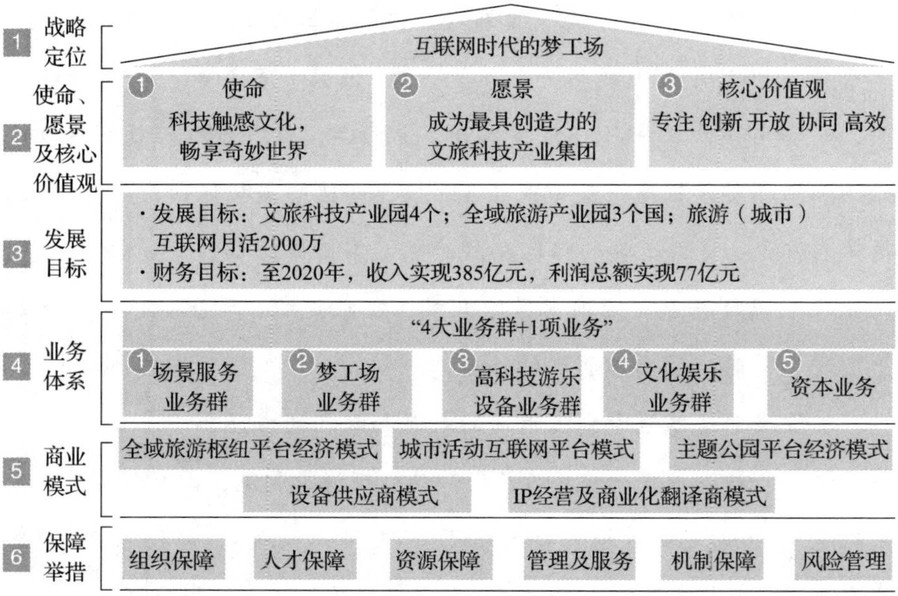

图 8　使命愿景引领平台战略

二、五星领导力的理论来源

五星领导力，在实践上是顺应大变革时代的呼唤；在理论上，则是传承了领导学的经典理论，弘扬了领导学的最新研究，并从领导学的历史沿革中受到了启迪。

（一）领导学经典理论的传承

自从有了人类以来，领导现象就已经出现。但是直到 20 世纪初期，西方关于领导的系统科学研究才真正开始。至今西方领导学研究已发展了近百年，关于领导现象的研究成果已经有了巨大的积累。

从经典理论角度来看，西方领导学经历了领导特质理论、领导行为理论、领导情境理论和领导变革理论四个阶段。这四个阶段理论，从内容角度分析：

领导特质理论回答的是“领导者是什么人”的问题；

领导行为理论回答的是“领导者应该干什么”的问题；

领导情境理论回答的是“领导者应该怎么干”的问题；

领导变革理论回答是“领导者究竟为什么干”的问题。

1. 领导特质理论

领导特质理论是指从领导者的性格、智力、生理和社会因素等方面，确认领导者特有或者应有品质的理论，也称素质理论。从二十世纪初期到二十世纪三四十年代，是领导特质理论十分盛行的时期。这些研究旨在分离出一种或几种领导者具备而非领导者不具备的特质。

传统特质理论认为，领导特质分为外在特质和内在特质，拥有的特质越多，当好领导的可能性就越大，因此，根据领导特质理论，领导是可以精选出来的。领导特质虽先天居多，但也可以通过后天的学习获得。领导根据其性格和气质可以分为四种类型：驾驭型、表现型、分析型和平易型。各类型领导之间的相处有一定的规律。

现代特质理论认为，领导者的特性和品质并非全是与生俱来的，而可以在领导实践中形成，也可以通过训练和培养的方式予以造就。主张现代特质理论的学者提出了不少富有见地的观点。美国普林斯顿大学教授威廉·杰克·鲍莫尔（William Jack Baumol）针对美国企业界的实况，提出了企业领导者应具备的十项条件：①合作精神；②决策能力；③组织能力；④精于授权；⑤善于应变；⑥勇于负责；⑦勇于求新；⑧敢担风险；⑨尊重他人；⑩品德超人。日本企业界认为，有效的领导者应具备十项品德和十项才能，如表1所示。

表 1 领导者的十项品德和十项才能

十项品德		十项才能	
1. 使命感	6. 公平	1. 判断能力	6. 劝说能力
2. 责任感	7. 热情	2. 创造能力	7. 对人理解能力
3. 依赖性	8. 勇气	3. 思维能力	8. 解决问题能力
4. 积极性	9. 忠诚老实	4. 规划能力	9. 培养下级能力
5. 进取心	10 忍耐性	5. 洞察能力	10. 调动积极性能力

领导特质理论虽已完成了成百上千例的研究，但是却发现单独的特质因素与领导有效性之间无法建立较强且一致的相关关系。这是由于早期的研究者没有对情景的作用予以充分注意，且未将个性与行为作为整体来考虑。近年来，由于在研究中包含了更多的相关因素，采用了更好的方法，领导者特质的研究取得了更多的成果。现代特质研究方法对于提高领导有效性具有重要意义，我们可以思考，在不确定和颠覆性创新背景下，哪些特质对领导者更有意义；以及如何运用关于个人的品质和技能的信息，来选择今天的领导人、发现培训需求及培训设计等活动。

2. 领导行为理论

从 20 世纪 40 年代末至 60 年代中期，有关领导的研究集中在探讨领导者偏好的行为风格上。研究者想知道，有效的领导者在“做”上，也就是行为方面有哪些独到之处。

许多学者和学术机构通过调查研究发现，相对于领导者的特质，领导者在领导过程中的行为与领导活动效能之间有着更加密切的关系。他们为了寻求最佳的领导行为，展开了大量探索和研究，取得了丰富的理论和实践成果。在这些成果中，有的从领导行为指向分析，将领导行为区分为“以工作为中心”和“以员工为中心”两种模式；有的从领导行为主体地位角度分析，将领导行为区分为“领导者中心”

和“追随者中心”两种模式；有的从领导行为属性角度分析，将领导行为区分为“倡导型”“支持型”和“关怀型”三种模式；有的从领导行为方式角度分析，将领导行为区分为“权威型”“民主型”和“放任型”三种模式；也有的从领导者与追随者关系角度分析，将领导行为区分为“密切型”“分立型”“尽职型”和“整合型”四种模式。

以下是领导行为研究的主要成果，如表 2 所示。

表 2　领导行为研究的代表性理论

理论提出者	行为维度	结论
艾奥瓦大学	a）民主型风格 b）独裁型风格 c）放任型风格	最初研究表明民主型领导风格最有效，但而后的研究出现不一致的结果
俄亥俄州立大学	a）关怀维度 b）定规维度	高关怀和高定规使下属的工作绩效和满意度更高，但并非在所有情境中均如此
密歇根大学	a）员工导向 b）生产导向	员工导向型领导者与高群体生产率和高工作满意度正相关
布莱克和莫顿提出的管理方格	a）关心人 b）关心生产	对员工和生产均高度重视工作效果最佳

然而，几十年领导行为的研究多数未能得出确切的结论，区分领导行为类别的有效、全面的方法似乎并不存在，这也就催生了领导情境理论。

3. 领导情境理论

组织行为学家保罗·赫塞（Paul Hersey）和管理学家肯·布兰佳（Ken Blanchard）在 20 世纪 60 年代提出了领导情境理论（Situational Leadership）。该理论认为，领导者的行为要与被领导者的准备度相适应才能取得有效的领导效果。

请注意，该理论最初提的还是“被领导者”。现代领导理论认为，领导者背后站着的，不是“被领导者”，而是“追随者”。情境理论对领导工作的意义在于它建议有效的领导者应该不断地了解周围的情境并考虑如何让行为适应情境。最有代表性的情境理论为菲德勒的权变模型，这一理论指出有效的群体绩效取决于两个方面的恰当匹配，一是与下属发生相互作用的领导者风格，二是领导者能够控制和影响情境的程度。这一模型基于这样的前提假设：在不同类型的情境中，总有某种领导风格最为有效。

任何领导总是在一定的环境条件下，领导者通过与追随者的交互作用，去完成某个特定目标的行为。美国著名的领导力培训专家斯格特·坎贝尔和艾伦·赛密尔克在他们的专著《五维领导模式》中，通过一系列的真实案例，深入探讨了当代最成功的领导者所采用的五种关键的领导模式：命令、愿景、参与、沟通和培养，并且通过七种典型的商业情景来展示如何运用这些领导模式。从而帮助读者快速提升领导力，创出一流业绩。

五维领导模型，如图 9 所示。

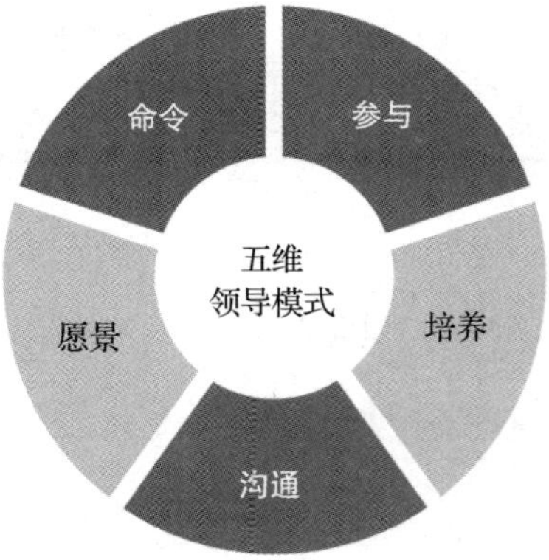

图 9　五维领导模式

领导情境理论开创了现代领导学理论的新阶段，使以往盛行的领导发生学和领导形态学理论研究全面转向了领导生态学研究。领导情境理论明确将追随者纳入了领导学理论范畴，将以追随者为重要内涵的领导情境作为决定领导特质和领导行为的基点，因此，领导情境理论不仅极大地拓展了现代领导学的研究领域，而且由于其将领导者与追随者放在同样重要的地位予以关注和研究，从而真正实现了古典领导学向现代领导学的根本转变。

4. 领导变革理论

领导变革理论，是 21 世纪初以来，领导学研究领域影响最大的理论。变革型领导力，就是指领导者在组织变革时期，激励追随者实现自我转变、引导组织变革以应对各种挑战和把握机遇的能力。

“变革型领导”作为一种重要的领导理论是从政治社会学家伯恩斯（Burns）的经典著作 *Leadership* 开始的。在他的著作中，伯恩斯将领导者描述为能够激发追随者的积极性从而更好地实现领导者和追随者目标的个体，进而将变革型领导定义为领导者通过让员工意识到所承担任务的重要意义和责任，激发下属的高层次需要或扩展下属的需要和愿望，使下属为团队、组织和更大的政治利益超越个人利益。巴斯（Bass）等最初将变革型领导划分为六个维度，后来又归纳为三个关键性因素，阿沃利奥（Avolio）在其基础上将变革型领导行为的方式概括为四个方面，理想化影响力（Idealized Influence）、鼓舞性激励（Inspirational Motivation）、智力激发（Intellectual Stimulation）、个性化关怀（Individualized Consideration），如表 3 所示。具备这些因素的领导者通常具有强烈的价值观和理想，他们能成功地激励员工超越个人利益，为了团队的伟大目标而相互合作、共同奋斗。

表 3　阿沃利奥变革型领导行为的四个方面

关键因素	说明
理想化影响力（Idealized Influence）	理想化影响力是指能使他人产生信任、崇拜和跟随的一些行为。它包括领导者成为下属行为的典范，得到下属的认同、尊重和信任。这些领导者一般具有公认较高的伦理道德标准和很强的个人魅力，深受下属的爱戴和信任。大家认同和支持他所倡导的愿景规划，并对其成就一番事业寄予厚望
鼓舞性激励（Inspirational Motivation）	领导者向下属表达对他们的高期望值，激励他们加入团队，并成为团队中共享梦想的一分子。在实践中，领导者往往运用团队精神和情感诉求来凝聚下属的努力以实现团队目标。从而使所获得的工作绩效远高于员工为自我利益奋斗时所产生的绩效
智力激发（Intellectual Stimulation）	是指鼓励下属创新，挑战自我，包括向下属灌输新观念，启发下属发表新见解和鼓励下属用新手段、新方法解决工作中遇到的问题。通过智力激发领导者可以使下属在意识、信念及价值观的形成上产生激发作用并使之发生变化

续表

关键因素	说明
个性化关怀（Individualized Consideration）	个性化关怀是指关心每一个下属，重视个人需要、能力和愿望，耐心细致的倾听，以及根据每一个下属的不同情况和需要区别性地培养和指导每一个下属。这时变革型领导者就像教练和顾问，帮助员工在应付挑战的过程中成长

变革型领导在中国情境下的研究表明，中国的变革型领导也需强调四因素结构，只是具体维度有所变化，在中国，要特别强调如下四个维度：德行垂范、愿景激励、动能激发、个性化关怀。

（二）领导学最新研究的引领

1. 积极领导力

密歇根大学的金·卡梅伦教授关注积极因素在组织中的重要作用。她指出，面对经济衰退、资源有限、竞争激烈的环境，企业领导往往看到的都是问题，拼命用强硬的竞争性策略来提高公司利润，美德、关怀、同情、善良等正面词语逐渐让位于打败、对抗、竞争等充满负面意味的词语。在不利的环境中，保持负面事件的警醒会使我们过度关注问题和障碍，以致让负面效应主导了我们的行为。

有一类组织领导却在不利的经济形势中取得出人意料的巨大成功。对这类组织的研究显示，他们普遍采取了基于积极组织领导力的非常规策略。关注积极因素可以形成“向阳效应”——所有生命系统都有一种获取积极能量、避免消极能量的趋势。积极能力不只是面对灾难保持乐观，它还有一种“促发生机”的作用。无论员工是否合群、是否外向，其积极能力，都可以在后天习得、发展和提高。

积极领导力主要聚焦于在管理中发掘人的积极品质，激发人的积极心理活动，进而达到卓越的效能与正向结果。积极领导力是一种肯定的导向力量。它关注长处多于弱势，强调积极乐观多于消极悲观，强调支持性沟通多于批评性沟通。积极领导力强调向善和快乐主义。它关注如何使人们达到最佳状态，如何开发人们内在的优异品质。

积极领导力可以帮助组织恢复必须的平衡，保持组织的顺畅运作。积极领导力意味着倡导活跃的工作环境，融洽的人际关系，符合道德的行为，积极向上的情感和富有活力的关系网络。实现积极领导力的方法主要有：①利用向阳效应；②以道德的方式应对低迷；③关注超常差距；④创造积极能量；⑤采取积极做法。在当今动荡、焦虑的环境下，非常需要积极领导力。用我们今天通俗的话来讲，就是积极提供正能量。

实务操作指南

提供正能量的五个途径

在现实生活中，有的人认为自己是悲观者，有的人认为自己是乐观者，有的人认为自己是务实的乐观者。大家的自我认知不一而足。作为领导者，自我的认知其实并不重要，重要的是，让大家在绝望中看到希望，在希望中获得力量，并且带领大家一起向前走。这就需要提供正能量。

提供正能量的主要方法有：

在企业内形成强烈的变革的紧迫感。

确立一种鼓舞人心而且值得为之奋斗的使命。

设定具体的能够拓展人们能力的目标。

通过企业文化和运营机制建设团队协作的精神。

采取多种手段树立实现目标的信心。

2. 分布式领导

最近，有不少领导力研究文献都提到，21 世纪的领导是分布式领导。管理学大师彼得·圣吉有这样一个判断，领导力是分布的，领导力并非只属于CEO，它能够且应该渗透到公司的所有层级中。这描述的正是最近几年在西方领导力研究和实践领域最具革命性的概念之一：分布式领导。

分布式领导（也叫共享型领导）主要探讨由多人担任领导角色的领导模式。管理大师明茨伯格提出组织应该将以个人为中心的领导模式转变为分布式领导。分布式领导就是组织的不同成员根据自己的能力和环境条件的变化动态地分享领导角色。MIT领导力中心甚至决定将未来20年的研究重点放在分布式领导上。

管理学的另一位大师查尔斯·汉迪也指出了分布式领导的重要意义，并且还用一个赛艇团队的例子说明了分布式领导的模式。比赛时，领导角色由站在船尾的矮个子担任，他可能并不会划船。尾桨手决定划桨的节奏，所以也是领导者。此时的船长只是一个普通的桨手。而在不比赛时，船长和教练分享着领导的角色。这也正与分布式领导开创学者之一的斯皮兰斯在2004年提出关注领导者、下属和情境三者的互动过程相吻合。他认为，随着时间和环境的推移，领导和下属的角色可以交换，而在某一具体时刻，领导者可以多于一人。极端情况下，所有人都可以共享领导角色。

Gronn提出分布式领导有三种形成方式，即自发的、本能的和制度化的，这对于认识分布式领导的运行模式有很大的帮助。如果为了解决某一问题，多人甚至是所有人都贡献出知识和领导力，问题解决完后大家的合作自动消解，几乎没有人意识到自己也提供了领导力，这就是自发的分布式领导。如果经过一段时间后，两人或两人以上形成了紧密的合作关系，合作伙伴之间也都意识到自己是“共同领导”，这就是本能的分布式领导。这两种情况在项目研发团队或咨询团队中都是比较常见的。而如果企业通过正式的制度或结构的调整将领导力分散下去，不管是正式领导还是非正式领导，都是在这样正式的安排下产生的，这就是制度化的分布式领导。比如，Dell 公司专门成立“CEO 办公室”，首席执行的责任通过制度化的方式分解给几个人，而非只是 CEO 一人担任。对一个企业而言，现实的情况往往是三种形成的方式都存在，但通常应该是以一种方式为主。

分布式领导被称为“领导力的明天”，这是因为分布式领导方式与当今的不确定性和颠覆性创新的时代特征高度吻合：① 外部环境的复杂性和模糊性经常使得单独作战的领导者无所适从；② 更加专业化的知识型员工具有高度自主性，他们希望寻求可以施展自身技能的机会；③ 当今组织扁平化已是大势所趋，相应产生了很多自我管理型团队，组织中更需要群体的领导力而非个人的领导力。

实务操作指南

分布式领导的十个方法

（1）让人们了解企业发展蓝图，增强他们的主人翁意识。

（2）提供必要的资源（尤其是信息），使人们高效地工作。

（3）采取行动、以使人们感到很有能力，完全掌握自己的环境。

（4）让人们对如何做好工作、服务好客户有选择的权力。

（5）尽快去除常规的任务安排。

（6）根据人们的工作找到他们技能与挑战的平衡点。

（7）表现出你对追随者和同事的能力充满信心。

（8）抽出必要的时间教练员工。

（9）使自己和追随者接受教育、教育、再教育。

（10）只提出问题，让人们自己找到答案。

3. 正念领导力

东方禅修有很强的生命力。修禅即修心，修炼的是心力和对人心，也就是人性的洞察。禅修让我们的心高度集中，使人更有能量，更高效，更富创造力，对未来也更有洞察力。修行人不刻意追求成就，但有些成就，也是修禅外化的结果。当东方禅修的“正念”思想与西方的领导力理论相结合时，“正念领导力”（Mindful Leadership）便诞生了。正念领导力与传统领导力不同，传统领导力强调领导者行为，而正念领导力则更加关注领导者内心，关注领导者思维模式及其对自身和他人的影响。

梅纳德・布鲁斯曼（Maynard Brusman）研究了正念、冥想与领导力发展的关系，明确指出，缺乏自我认知是领导者领导力发展的重要障碍，而正念、冥想可有效改善这种状况。因此得出结论：正念是一种发展领导力的有效手段。

正念是一种发展领导力的有效手段。正念有助于人们明智判断：什么重要，什么不重要；什么正确，什么不正确。

正念领导力的目标如下。

认知自我：旁观自己的内心；

控制自己：做自己内心的主人；

感知他人：走进他人的内心；

影响他人：做他人内心的领导者。

相关链接

正念领导力的典型企业

Google 公司自豪于很有社会意识、为员工提供大量的福利和津贴，包括12项以上的正念课程。Google最受欢迎的正念课程是自2007年开设的“搜寻内在自我”（Search Inside Yourself），已有成千上万人结业。Google认为，这些正念课程传授情绪智慧，它可帮助人们更加了解同事的动机。这些课程也能提升抗压力，促进精神的集中。

通用磨坊食品公司已将正念领导力项目提升到了制度层面，对这家主流跨国公司来说，这是一项特殊而又意义重大的举措。自此，该公司因成为企业领导者的试验场而名声大噪。卓越领导力杂志将其评为2011年度最佳发展领袖。

在参加课程的高管中，80%表示决策能力有了积极的转变，而89%的人表示他们成为更好的倾听者。

实务操作指南

正念领导力的修炼之旅

正念领导力的修炼之旅如图10所示。

用心思考自身的核心优势在哪里？从而发现并思考如何利用自身独特的优势	发现意义
用心思考当前你在经历困境和逆境时的身心状况，在这之后，你又打算如何通过选择来改变自己的思维模式，调整自己的行为及行动的范围，使其与自身发展预期保持一致	调整视角
用心思考如何建立信任，发展社交网络，打造一个紧密连接的团队，拓展自己的人脉，并成为助人之人	建立关系
用心思考如何培养或拓展你的当下感。以使你实现原本的意图，和你分享承担风险和采取行动的各种方法。以帮助你在自己的团队和公司里引领积极的变革	积极参与
用心思考如何帮助你学会主动地管理能力的来源和使用，以及短期和长期的能量恢复	管理能力

图10 正念领导力的修炼之旅

4. 量子领导力 ①

21 世纪以来，牛津大学的左哈尔教授提出了量子管理学，她认为，要应对如今的以互联网为代表的新技术带来的不确定性，需要的是自组织，为此就需要赋予员工自下而上的动力和空间，让他们了解工作对自己的意义，帮助和鼓励员工释放自己的才华。

在“量子的组织”中，各个部分不是像机器一样，按照确定的规则运行的，它没有稳定的官僚阶层，而是成为一个“自组织系统”，即组织中的每一个人，都通过自己的行为与其他人产生互动，相互影响，并带动发展，因此，每一个人都是领导者。领导力是一种激发人的能量并将其转化为行动的能力。量子管理学用量子思维来定义领导力。量子管理学有一个颠覆性的概念，就是要打造服务型领导。有别于强调控制的牛顿式领导，服务型领导不是去控制公司，而是靠愿景、靠与员工建立信任关系来领导企业，这是量子领导力的核心内容之一。量子领导力更像中国传统道家的智慧，更加关注人与人、人与世界的关系，领导就是引导员工去找到正确的“道”，帮他们寻找更好的方式来实现自我成长。牛顿式领导与量子领导的比较如表 4 所示。

表 4　牛顿式领导与量子领导的比较

牛顿式科学管理	量子管理
确定性、连续性	不确定性、非连续性
可预测性	快速变化，不可预测
层级制	非层级制
基于功能模块的个体劳动分工	集成的多功能的整体
权力集中于上层或核心层	权力分散化
员工为被动的生产单元	员工是创造性的合伙人
只有一个最佳方案的单一视角	从 A 到 B 之间有多种路径的多元视角
竞争	合作
不灵活，注重管控	灵活响应，放权

① 根据量子领导力与服务型领导（成刚）、量子型领导能力与领导行为（张佰华）、量子领导思维的基本原则与塑造策略（马正立）、量子领导学评述——品读领导能力的 9 项法则（于强）等文章综合整理。

续表

牛顿式科学管理	量子管理
重效益	关系管理和价值驱动
自上而下	自下而上

《领导能力的9项法则》的作者沃伦·布兰克通过对自然科学的体悟，将反叛精神带入自己的研究中。布兰克在他的著作中，详细介绍和说明了“领导能力的9项自然法则”，它们分别是：①一个领导者要有心甘情愿的追随者；②领导能力是一个相互作用的活动范围——是领导者与追随者们之间的相互关系；③领导能力随着事件的发生而发生；④领导者们不是依仗职权施加影响；⑤领导者们在组织体制所规定的程序之外工作；⑥领导能力伴随着风险和不确定性；⑦不是每一个人都愿意追随领导者的主动性的；⑧意识——信息的处理能力——产生领导能力；⑨领导能力是一种自我安排的过程。领导者们和追随者们从他们各自主观参照的内在框架处理信息。

量子型领导学说与传统的领导科学在以下四个方面截然不同：领导能力及领导行为是一种相互作用，领导能力及领导行为具有不连续性，领导行为具有不确定性，领导能力及领导行为具有主观性的本质。

“量子型”领导能力及领导行为的作用模式如图11所示。

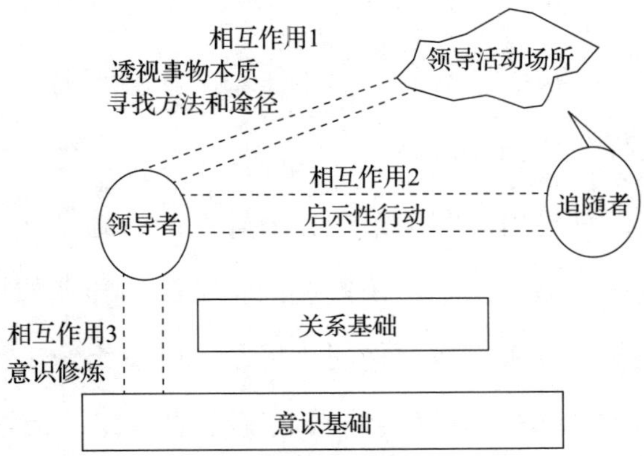

图11 量子型领导能力及领导行为作用机制

实务操作指南

复合型高适领导力的三个层面

量子领导力如何体现？英国的尼克·奥博伦斯基提出了复合高适领导力模型。如图12所示。

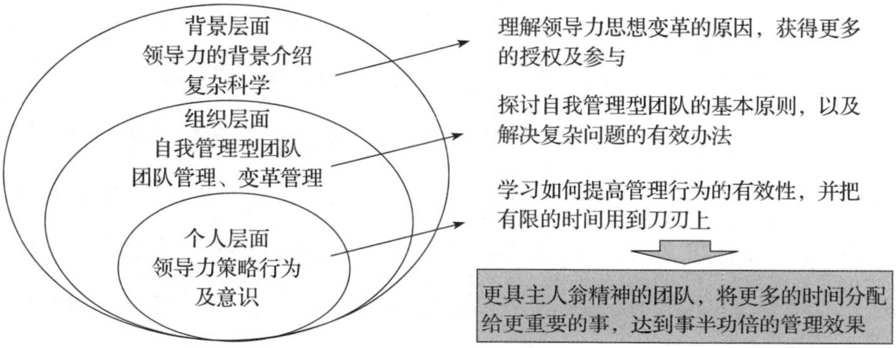

图12　复合型高适领导力的三个层面

（三）领导学历史沿革的启迪

从对领导学经典理论和最新发展的研究中，我们发现领导发展的侧重点在发生变化，主要表现在：从关注个人到关注群体；从关注正式权力职位到关注非正式权力职位；从关注寡头领导体系到关注多头领导体系。

1. 从关注个人到关注群体

长期以来，领导力研究都集中在领导者的性格、技能、风格等个人领导力影响因素方面。在组织发展的早期，领导者的思想和行为的确对提升组织效率发挥了重要作用。但是，随着组织工作从简单重复的常规工作向复杂和互相依赖的知识工作的转变，组织需要的是有领导团队来管理。伟大的领导者和追随者总是致力于富有创造性的合作。一个有天赋的人就能够解决我们所有问题的时代早已一去不复返，如今我们面对的问题来得太快，也太复杂，以至于要解决他们，我们需要领导团队率领下的人才群体。伟大团队是完全投入到惊心动魄的探索过程中的组织。充满活力与创意。好的群体是完全投入到惊心动魄的探索过程中的组织。充满活力与创意。成员多姿多彩，才华横溢，并能在极高的风险和时间压力下有效工作。好的群体很少有士气问题，成员大多自动自发，陶醉在解决问题喜悦中。全体的注意力集中于一个伟大的计划，对于一般环境下所产生的困扰全无知觉。

其实，领导可以不限于个人，组织可以根据任务或时间的不同来分配领导角色。根据任务要求和个人专长分配不同的领导角色，其原理与职责分配类似。比如，在排球比赛场上，主攻手、副攻手、二传手和自由人各司其职，但是当排球从对方传过来的时候，球的方向和力度就决定了接球的第一人对这一轮决策的重要作用，只要能够击球过网得分，谁都可以担任领导者。根据时间来分配角色，其特点就像雁群飞行。雁群的 V 字形队伍，能够有效减少雁群总体消耗的力气。领头雁正面迎风，消耗体力最多。为了保证雁群能够长时间飞行，雁群会有序地更换领头雁的角色，每只大雁都有机会充当领导角色。可见，领导角色不是一成不变的，它可以根据时间和任务要求以及组织成员之间的关系和特点发生变化。

2. 从关注正式权力职位到关注非正式权力职位

领导权力分为职位权力和非职位权力两种。在层级制组织中，领导力的大小决定于组织职位，而知识创新型组织更加强调以专业技术为背景的非职位权力。如果仅仅运用职位权力对知识员工进行强制性管理，其后果可能是知识员工口服而心不服，不利于激发他们的工作主动性和奉献精神。

在创新型组织中，领导力的基础不是职位权力，而是信任。组织相信自己的每个成员都有担任领导角色的能力，相信他们有为组织贡献个人能力以实现组织目标和个人价值的意愿。在信任的组织氛围下，领导可以不是一个固定的职位，而是知识员工共享的角色分工。没有一个领导者能够为组织所面对的所有复杂问题找到正确的答案，在组织面临特定挑战的时候，最有能力解决相应问题的人理应担负领导职责，尽己所能地提出并实施解决方案。这样，组织不仅能够优化利用自己的人力资源，而且还可以提高决策速度和应对外部变化的能力。

3. 从关注寡头领导体系到关注多头领导体系

领导不只是一个固定的集权职位，还可以是一种动态的角色分工，也就是说，根据个人特长和任务情境，每个组织成员都有机会担任一定的领导角色。而多头领导体系正是这种为了实现组织目标，根据组织任务特点和组织成员个人特长，由多名组织成员交替担任领导角色的动态领导模式。

约翰·阿戴尔（John Adair）从领导力职能角度，对寡头领导体系和多头领导体系做了比较，如图 13 所示。

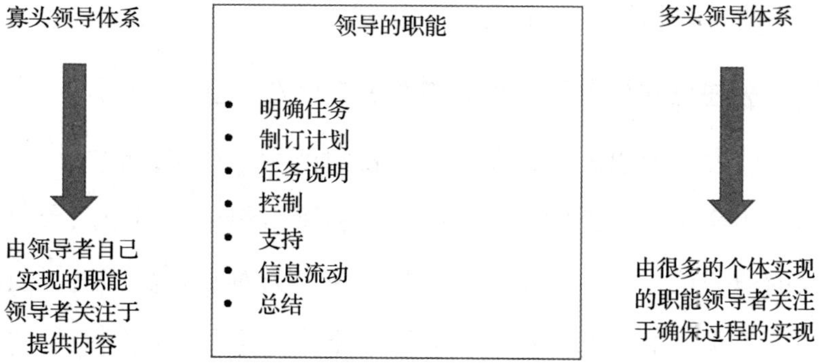

图 13　寡头领导体系和多头领导体系对比

约翰·阿戴尔领导力职能的动态循环如图 14 所示。

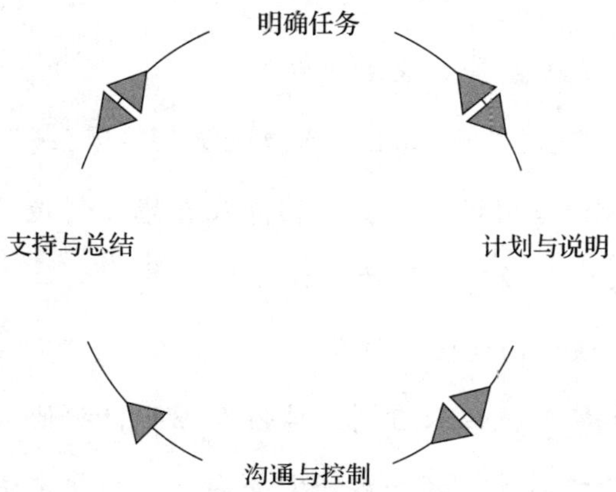

图 14 约翰·阿戴尔领导力职能的动态循环

相关链接

领导力大师如是说

- **沃伦·本尼斯**

如果只选择一个名字来代表领导力大师，那么这个名字就是沃伦·本尼斯。

沃伦·本尼斯（Warren Bennis，1925—2014），全球最知名的领导力大师之一，被《福布斯》杂志称为“领导力大师们的院长”。他撰写和编辑了近 30 本著作，其中《领导者》和《成为领导者》有超过 20 种语言的译本。他担任过四任美国总统的顾问委员会成员，并为许多财富 500 强公司担任顾问。他在 20 世纪 70 年代长期担任辛辛那提大学校长，是极少数具有亲自领导大型组织经验的领导力大师之一。

本尼斯提出了领导力的四项策略。他有时也把这四项策略称为领导者的四种胜任力，或者四种特质，或者四种技能。什么是领导者做的正确的事？实际上本尼斯说的这四项策略，就是领导者做的四件事情。

第一件事：通过愿景管理注意力。

本尼斯说："通过愿景管理注意力就是创造专注。"领导者有强有力的愿景，把人们吸引过来，让人们专注在想要创造的结果上，这个愿景将带人们去他们没有去过的地方。

第二件事：通过沟通管理意义。

要让愿景和梦想被他人看到，被他人理解，被他人接受，把他人联合在愿景和梦想周围，领导者还需要沟通。领导者不仅仅通过形象的语言沟通，还通过其他方式沟通。

第三件事：通过定位管理信任。

本尼斯说："信任是让组织得以运行的润滑剂。"他引用了一项研究，指出人们宁愿跟随他们信任的人，即使他们不同意他的观点，也不愿跟随那种他们认同其观点，但是经常变来变去的人。本尼斯总结说："定位是领导者为了实现愿景而必须采取的行动。"领导者以愿景为指引，坚持不懈、始终不渝地向着一个方向行动。实际上，本尼斯说的定位就是不变，前后一致，表里一致。

第四件事：通过积极的自我认识和沃伦达因素管理自己。

在《领导者》出版近20年后，本尼斯总结了该书最有用的五点思想：对领导与管理的区分；授权；愿景；信任；对意义的管理。后面三点分别对应着前面谈到的领导力的三个策略，或者说领导者做的三件事。本尼斯唯独没有谈到领导者做的第四件事：管理自己。而在我看来，这一点至少和前面几点同样重要。

本尼斯认为，管理自己有两个方面，第一是通过积极的自我认识来管理自己。这包括三个要素：一是认识自己的长处和短处。要认识到自己的短处，但是要强调自己的长处。二是对自己的发展负责，通过寻求反馈等方式，严格地培养、发展自己的长处。同时，要弥补一些至关重要的短处，比如人际技能。三是认清自己的技能和工作的要求之间的匹配程度，知道自己适合什么工作，不适合什么工作，并能够建立一个团队来弥补自己之短。

管理自己的第二个方面是沃伦达因素："专注于积极的目标的能力，把精力倾注在任务上的能力，而非向后看、为过去的事件寻找借口"，也就是承担风险的能力。本尼斯访谈的领导者们不把失败看作失败，而看作学习的机会、成长的必经步骤，因此他们勇于承担风险、勇于行动。沃伦达因素基本上是关于学习，因为任何学习都要经历一定程度的"失败"。

- **吉姆·柯林斯**[①]

柯林斯（Jim Collins）从调查中发现，存在着一种领导特质是构成企业业绩持久的要素。这种领导特质表现为企业一把手的一种表面看来有点矛盾的性格——"谦逊而执着，腼腆而无畏"。

柯林斯将具备这类特质的领导者称为第五级领导者。第五级领导者谦逊为人又勇敢地坚持原则，这就为他树立起了威信，帮助他赢得了人们的信任和尊敬；他执着而低调，这又使他避免了在许多细枝末节上惹上不必要的纷争，这份执着和专心致志也为他在事业领域积累起足够的经验、深沉的思想和超人感悟创造了条件。上善如水，第五级领导力指的就是行无言之教，善于造势而又顺势守道的成功领导境界。

① 吉姆·柯林斯（Jim Collins），毕业于斯坦福大学。著名的管理专家及畅销书作家，影响中国管理十五人之一。曾获斯坦福大学商学院杰出教学奖，先后任职于麦肯锡公司和惠普公司。与杰里·I. 波勒斯合著了《基业长青》。

- **库泽斯和波尔纳**

作者通过近30年的研究和对几千个领导者实践案例的分析，提炼出了卓越领导者五种习惯和十大承诺，并给出了具体的行动指南，如表5所示。

表5 卓越领导五种习惯行为与十大承诺

五种习惯行为	十大承诺
以身作则	1. 明确自己的价值观，找到自己的声音 2. 使行动与共同的价值观保持一致，为他人树立榜样
共启愿景	3. 展望未来，想象令人激动的、崇高的各种可能 4. 描述共同愿景，感召他人为共同愿望奋斗
挑战现状	5. 通过捕捉创意和从外部获取新方法来猎寻改进的机会 6. 进行尝试和冒险，不断取得小小的成功，从实践中学习
使众人行	7. 通过建立信任和增进关系来促进合作 8. 通过增强自主意识和发展能力来增强他人的实力
激励人心	9. 通过表彰个人的卓越表现来认可他人的贡献 10. 通过创造一种集体主义精神来庆祝价值的实现和胜利

三、五星领导力的应运而生

（一）不确定性及颠覆性创新对企业领导者的新要求

在不确定性及颠覆性创新背景下，企业领导者的当务之急：是提升前瞻力，做出正确的战略定位；是提升平台力，寻找最好的制度安排；是提升创新力，领导最佳的创新流程。

前瞻力、平台力、创新力的提升：与时俱进的运行机制是保障，利益相关者的充分共识是基础。

我们强调，领导就是做正确的事。卓越的领导，就是在正确的时间，找正确的人，用正确的方法，做正确的事。所以我们现在强调的“五力”，与做正确的事之间的关系，也可用图15表示。

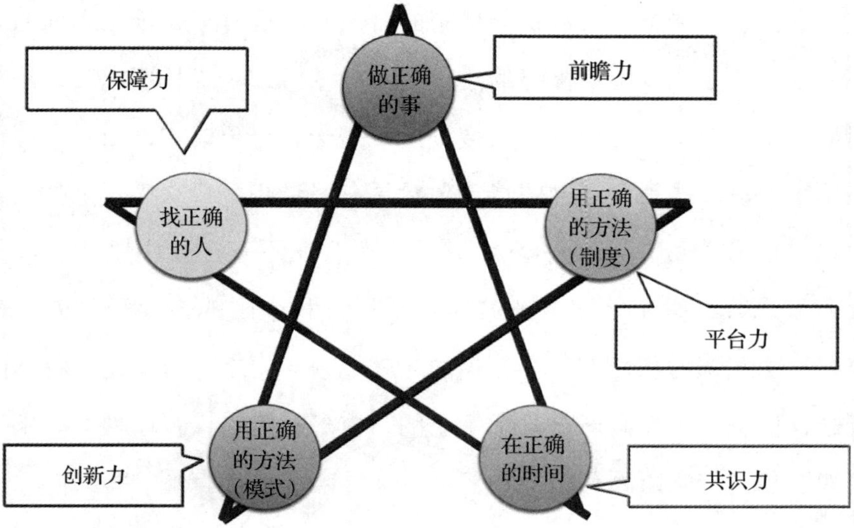

图 15 “五力”与做正确的事之间的关系

（二）不确定性及颠覆性创新背景下领导哲学新思考

1. 批判性思考

学会批判性思考，是领导力修炼的重要基础。批判性思考，就是通过一定的标准评价思维，进而改善思维，是合理的、反思性的思维，既是思维技能，也是思维倾向。最初的起源可以追溯到苏格拉底。在现代社会，批判性思考被普遍确立为教育特别是高等教育的目标之一。

因为我们处在不确定性和颠覆性创新的年代，原有的认知成了我们思维的桎梏。打破这个边界，要靠批判性思考。批判性思考，可帮助我们重新审视自己看待世界的方式，帮助我们打破自己的认知边界，突破创新的窘境，实现思维的刷新。

2. 成长融合型思维

培养成长融合型思维，是领导力修炼的重要途径。

成长融合型思维，是本书首先提出来的，是借鉴成长型思维的研究成果，结合中国国情提出的一种新的思维模式。成长型思维，是斯坦福大学卡罗尔·德韦克[①]教授提出，是一种心智模式，相对于固定型思维而言。成长型思维的特点包括具有好奇心，喜欢接受挑战，喜欢在挑战和失败中不断学习和成长，喜欢在不确定性中胜出。成长融合型思维，强调将西方的最新科学思维和中国的古代智慧融合起来，中国式领导和西方领导有相同之处。领导力之“力”是个科学的概念，但领导工作有时是科学不了的，更多的时候，则体现为“来去自如”和“方圆兼顾”的领导艺术。领导艺术是没有唯一答案的。把西方的成长性思维和东方的智慧融合起来，也许是中国式领导最大的特色和优势。在西方人看来领导艺术也许是不可思议的事，但实际上在中国的领导情境中，恰恰是天经地义的，是最有价值最有效果的。

成长融合型思维，是在不确定性及颠覆性创新背景下，领导者要想取胜的必要的心智模式。

3. 适应性变革

培养现实的理想主义者，是本书的重要目标。这就要求既敢于变革，又善于变革。这就体现为“适应性变革”。适应性变革要求变革体现适时性和应用性。

对变革型领导者来讲，其适时性就表现为能够及时有效的捕捉到变革的气息，发现时代变革或转型期带来的新形势新发展，准确把握新形势新发展的特点，进而积极能动的使自身和组织符合时代的要求。

---

① 卡罗尔·德韦克（Carol S.Dweck），人格心理学、社会心理学和发展心理学领域的杰出研究者，其研究成果获得了世界广泛的赞誉。

其应用性表现为，变革型领导者在变革发生前、发生中或发生后，对自身或组织的观念和行为，在操作层面上都能采取适当的措施，做到恰当应用。

在变革型领导力中，适时性和应用性二者始终是紧密结合的，共同作用的。

4. 共享型发展

共享经济，是未来社会发展的大趋势。以共享型发展为指导，是领导力修炼的大趋势。领导者的格局，决定了企业的未来发展。

共享经济正成为自法国大革命以来人类的又一次产权制度革命。它不但会影响我们的各种行业，更会深刻地影响我们的领导习惯与行为，并给这个社会带来新的秩序。云计算、大数据、宽带网络与智能终端这四种力量的聚合，催生着共享经济的新形态。它改变着我们传统的拥有、产权等核心观念。转变为使用、信任和合作。领导者要深刻认识“共享经济”带来的新机遇、新变化和新挑战，强化“共治、共生、共赢、共创”的发展思路。以共享型发展为指导，是领导力修炼的大趋势。领导者的格局，决定了企业的未来发展。

（三）顺应不确定性、颠覆性创新之势的五星领导力

顺应时代的新要求，秉承领导哲学的新思考，“五星领导力”应运而生。对如何做“正确的事”的“五力”结构，也就进一步发展为“五星领导力”模型，如图 16 所示。

这“五力”中，前瞻力是前提，平台力是关键，创造力是源泉，保障力是保证，共识力是基石。价值观是元动力，是动力机制。

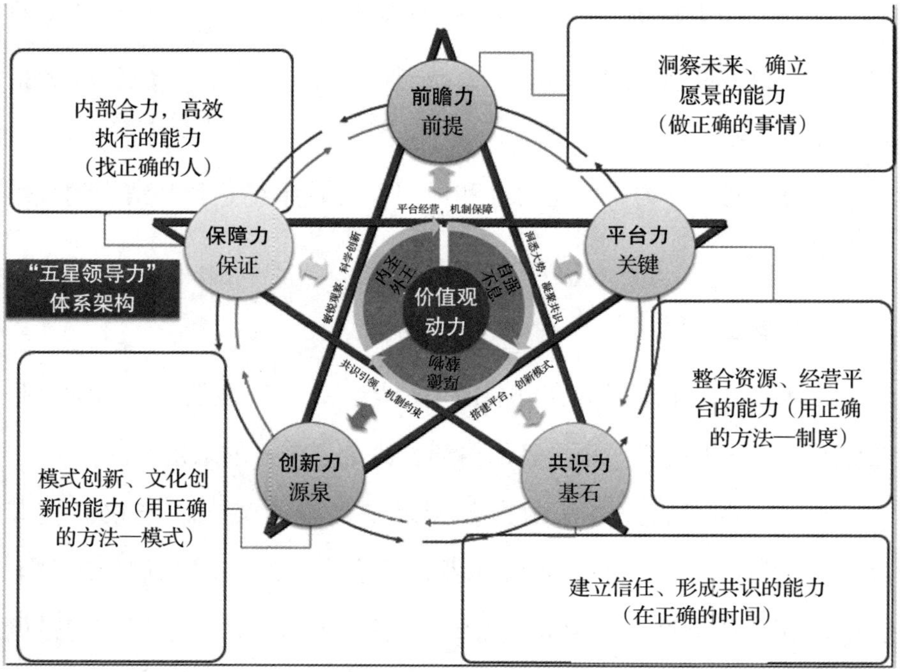

图 16　五星领导力模型

五星领导力就像是一辆伴随时代进步而高速运动的动车。第一，前瞻力就如动车的能量来自电力一样，我们的机车通过从蒸汽机车头到柴油机车头再到现在的电力机车头，最终通过分布式的各个车厢的独立动力实现跑得更快更稳的目的，前瞻力就是先决条件，方向决定了大的格局。第二，平台力就是企业这台动车的发动机，借助这个平台整合各方面的资源及原料，形成企业前进的动力，平台生态圈的状态决定了企业发动机输出的功率，体现出企业这台动车前进的动能。第三，创造力就如企业这台动车的变速箱（齿轮箱），在企业高效的商业模式下，创造力使平台整合后的资源力量进行更好的配置，发挥更大的动能。第四，保障力就如企业这台动车的驾驶台和每位保障人员，是企业的组织架构，也是人才的结构组成，只有在高效的执行力下才能使各种力量协同配合，快速有效的走在正确的道路上。第五，共识力就是利益相关者之间对于愿景目标的一致性，就如企业这台动车上的每节车厢，大家的方向只有一致了才能发挥出最大的动能，跑得更快而且更远。第六，价值观是元动力，就是想清楚到哪去的问题，为什么要到那里去，也就是明确的愿景。就如企业这台动车通过元动力快速启动，及时应变，克服障碍，高效协同，始终保持行驶在正确的轨道上。

五星领导力的这“五力”是相辅相成，相得益彰的。

2

第二章

前瞻力修炼

本章要点

前瞻力，是追随者最想追随的领导者的品质。具有前瞻力的领导者，更能够吸引和激发追随者的努力，凝聚团队，动员集体行动，最大化地创造个人和组织业绩。

前瞻力，是指敏锐感知周围世界的变化，并与时俱进，提出创新的组织目标的能力。

本章首先分析了前瞻力从何而来，它的作用机制是什么？

其次联系当今企业的实际，指出了影响领导者前瞻力提升的直接原因和根本原因。

本章重点从操作性角度，围绕聚焦客户体验，探索了新经济的动能、趋势和逻辑；探索了领导者如何从变与不变，以及连续性和颠覆性创新的维度，从天时、地利、人和的角度使企业的新愿景落地。

开篇案例

微软的涅槃重生①

- **微软的转折**

2013 年 8 月 23 日，微软公司宣布 CEO 史蒂夫·鲍尔默（Steve Ballmer）将在未来 12 个月内退休，消息放出后，微软公司股价开盘上涨 8.37%，报 35.17 美元，如图 1 所示。

史蒂夫·鲍尔默于 1980 年加入微软，2000 年 1 月，接任了公司 CEO 一职，在 CEO 职位上任职 13 年。

难道是鲍尔默领导微软 13 年的业绩不好吗？在鲍尔默领导的 13 年里，他成功推动了 Windows 和 Office 业务的稳定发展，壮大了服务器与工具部门，在 2000—2013 年的 13 年中，微软营业收入从刚刚超过

① 根据纳德拉的自传《刷新》及网上资料整理。

200 亿美元增长至 778 亿美元，提升近 4 倍，年利润增长近 10 倍，员工数量也增长了 3 倍，Windows 系列桌面和服务器系统时至今日仍然保持着 90% 以上的月装机量份额。这张成绩单可以说十分亮丽，但是，市场为什么不认可？公司市值为什么不升反降？鲍尔默也做了一系列改革，可是市场不认可，那鲍尔默可能的过失在哪里呢？华尔街的投资者认为，在鲍尔默的领导下，微软失去了技术上的优势，也未能成功摆脱对传统 PC 的依赖，错失了发展移动互联网和云计算的大好时机。

图 1　微软股价上涨

- **微软的曙光**

2014 年 2 月 4 日，微软新任 CEO 萨提亚 · 纳德拉（Satya Nadella）上任，他上任后，就给员工写了一封公开信，这封信里提出了四个问题：第一，我是谁？第二，我为什么来到这里？第三，我们为何而生？第四，下一步我们该做些什么？纳德拉在这封信中最核心的内容提到，“许多公司都渴望能改变整个世界，但极少有公司拥有所有的必要元素：人才、资源和毅力。微软已经证明，它拥有所有这三种元素，而且还都很充足。作为新任首席执行官，我已经拥有了一个不能再好的基础。让我们携手并肩，一起在这个基础上继续建设发展这家公司吧。”

纳德拉当时还说：“我们会在七天里面，也就是一个星期里面推出一个革命性的产品，就是Office In Pad，一个离线操作系统。”这个产品推出以后，市场效果很好。其实，鲍尔默在微软时，微软就已经有了这个产品，只是鲍尔默不愿意拿出来。纳德拉刚上任18个月，微软美国Redmond总部就已发生了一系列的变革：①推行“成长型思维模式”；②更注重组织整体能力而非个人能力；③新软件工程；④新硬件工程；⑤新微软设计；⑥技术的觉醒：微软认为未来是什么？

纳德拉希望人们忘记那个仅仅销售Windows和Office软件的微软，而是把微软定位为一家为全世界提高生产力的云平台公司。

- **微软的刷新**

从纳德拉自传《刷新》和微软公开报道的材料中，我们看到纳德拉上任四年多来，在三个方面的重要刷新。

第一个方面，思维方法的刷新。

纳德拉的领导力深受斯坦福大学教授Carol Dweck写的一本名为《思维模式》的书的影响。这本书中提出了两种思维模式：固定型思维模式和成长型思维模式。

纳德拉把《思维模式》推荐给微软高层和微软员工，他在微软内部积极倡导成长型思维模式，他告诉微软员工要积极拥抱挑战、敢于失败、在不确定性中打出一片天。微软首席人力官Kathleen Hogan告诉记者，推行成长型思维模式是微软文化变革最重要的一步。

第二个方面，使命愿景的刷新。

纳德拉担任CEO后，重新塑造了公司的使命和愿景，如图2所示。

第三个方面，企业战略的刷新。

第一次转型：微软向服务转型。

2014年7月17日，微软宣布，将微软由以软件为主的公司，转型为以销售帮助企业和个人提升效率的网上服务。消息振奋华尔街，美国时间17日，微软股价盘前上涨2.4%，达到45.21美元。

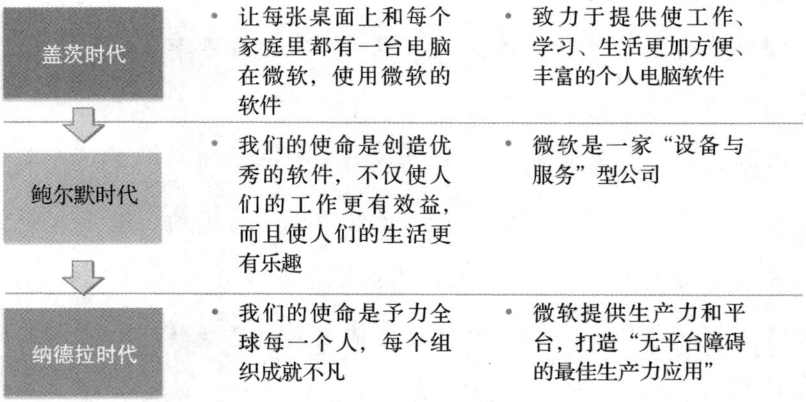

图2　微软使命、愿景的变迁

第二次转型：微软向“创造生产力和平台公司”转型。

微软于2016年6月13日收购职业社交网站领英。二者联姻，可以实现“职业工具”与“职业社交”的高度互补，从而产生协同效应。此次收购领英也被视为微软从“设备与服务”向“创造生产力和平台公司”转型的又一举措。

第三次转型：微软向云服务公司转型。

纳德拉上任后，为微软制定了Cloud First（云服务优先）战略，定了云服务销售过200亿美元的目标。

策略明确，从Windows/Office First到Mobile and Cloud First。Office新特性先在O365上发布，Windows Media Servers等只做云服务，停止发软件包，拥抱开源。Azure从Windows Azure改成Microsoft Azure。微软的组织调整，Bing+office做SaaS，陆奇带队全面学习互联网，建设好能力后辐射全公司。把规模应用搬到公有云Azure上。微软内不支持云化转型的，通过组织调整，杂音全部清理。

微软云化转型付出了销售额下降，裁员，组织频繁变动，高层出走的代价，但是最终获得了成功。

- **微软的涅槃重生**

大公司的生与死往往缓慢难以察觉。在过去四年里，微软重新走向了上坡路，从一次大滑坡或者死亡边缘逃离。

四年时间里，微软成为一家完全不一样的公司——砍断在个人消费者业务上的巨额投入，发展壮大了仅次于亚马逊的云业务和企业服务。微软在最新财报中表示，2017 年云业务的收入达到 189 亿美元，十分接近前一年所定下的 200 亿美元的收入，已经转型为“一家云服务公司”。投资者也给予了充分的肯定。纳德拉接手微软以来的股价变化如图 3 所示。

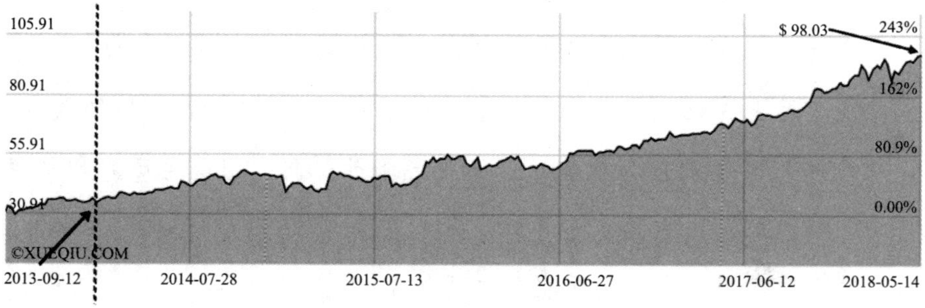

图 3　纳德拉接手微软以来的股价变化

感　悟

微软涅槃重生之路：

自我颠覆、认知刷新、确立愿景、三次转型

微软从颠覆他人创立（建立之初，打破了 IBM 时代的计算集中化）。

微软靠颠覆自己重生（在计算能力重新集中化的技术浪潮来临时，迅速转身，避免了被颠覆）。

一、前瞻力修炼的科学内涵

前瞻力，是追随者最想追随的领导者的品质。

2002 年，美国著名领导学学者库泽斯（James M. Kouzes）和波斯纳（Barry Z. Posner）对全球 7500 个高层领导者进行了问卷调查，结果有近 70% 被调查的高层领导选择“前瞻能力”作为他们最想追随的领导者的品质。

（一）前瞻力修炼的内涵

前瞻力，是指敏锐感知周围世界的变化，并与时俱进，提出创新的组织目标的能力。

前瞻力，也就是“描绘梦想和愿景的能力”，具体包括以下内容：

第一，掌握愿景和未来规划等方面的知识。

第二，了解组织外部宏观环境的发展趋势和规律。

第三，联系本企业实际确定创新的组织目标。

第四，共启愿景或者说整合追随者和利益相关者的愿景。

前瞻力的强弱，决定领导者能否做正确的事。

相关链接

阿里巴巴 2007 年的前瞻力[①]

2007 年 9 月 28 ～ 30 日，在宁波开的阿里巴巴集团战略会，讨论出阿里巴巴未来十年的战略，“建设一个开放、协同、繁荣的电子商务生态系统”。这个战略，后来十多年没变。2018 年马云提出未来新的目标，是阿里巴巴要积极推动打造一个互联网经济体，当然，互

① 曾鸣：阿里巴巴历史上最重要的一次战略会。

联网经济体是电子商务生态系统的一个升级，所以这个思想是一脉相承的。

下面这张表，是当时会议折腾到第二天半夜12点画出的一张表，这是阿里巴巴历史上，他们第一次觉得，他们有可能成为一家千亿美元的公司（2007年9月，那个时候公司市值大概也就一百亿美元左右。淘宝在急剧扩张之后，下一步往哪走？内部有非常激烈的争论。淘宝总裁一口气引进了六个副总，每个人对公司未来下一步该怎么发展都有自己的观点。而且，当时淘宝跟支付宝打得不可开交，核心的原因就是支付宝到底应该是淘宝的一个职能，还是应该独立向外发展)。阿里巴巴2007年的战略草图如图4所示。

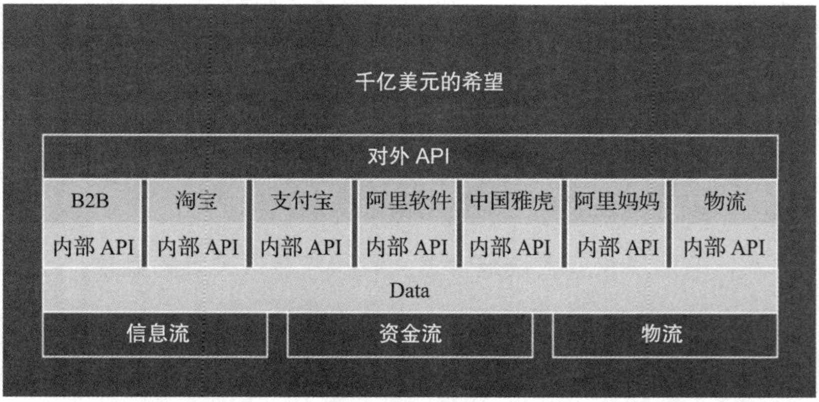

图4　阿里巴巴2007年的战略草图

这张图最核心的是要建一个生态系统。生态系统核心是什么？核心是客户，是数据，是最底层的信息流、资金流、物流，所以阿里巴巴就需要把数据贯穿到所有子公司，并把业务打通，他们叫作整个集团未来的“奔月计划”，他们认为这个是公司未来发展最重要的核心，也是生态系统最重要的基本。正是因为有了“奔月计划”的提出，会上明确阿里巴巴一定要在一年的时间内找到一个CTO，能够带领公司完成“奔月计划”，在数据这个领域里面能够走向未来，所以后来才有了王坚博士加入阿里巴巴，开创了云计算的一段传奇，其实源头就是这次战略会议上对于这个数据的战略意义的理解和确定。

感 悟

当企业发展陷入某种迷茫的时候，真正花时间去琢磨未来，提升前瞻能力，形成一个对未来的判断，反而能把企业带向一个全新的格局。

（二）前瞻力修炼的紧迫性

确定性的背景下，未来容易判断。而在不确定性和颠覆性创新的大背景下，前瞻力修炼更为紧迫。

1. 领导者就是要做正确的事情

正确的事，就是领导一群人达到大家预想不到，但另一创新阶段的目标（或者说，就是确立新愿景）。我们发现，最近 20 年诞生的伟大企业，都做对了一件事情，顺应互联网大潮，用平台生态方式发展。

如果说 20 年前，中国还没有“BAT”，那么，我们现在也可以大胆预言，20 年后中国引领潮流的企业，现在还没有诞生。时代的变迁将诞生很多伟大的企业，要引领时代，只需做一件事，那就是判断下个时代是什么，用未来定义未来，用未来定义现在。而未来 10 年、20 年，人工智能、平台经济、互联网经济体将重构全球经济格局。

2. 做正确事的基础是大判断正确

我们强调做正确的事，是顺势而为的努力。方向要是没弄对，光努力是不行的；环境变化了，新的趋势在涌动，若是还执迷不悟，肯定是行不通的；领导者不能陷在过程当中，而要跳出来，聚焦未来，活在当下。

3. 判断失误是企业灾难的根源

我们强调大判断正确，不仅强调要判断准行业未来的发展趋势，而且要判断准实现未来趋势的方式。我们以雅虎为例，雅虎公司曾是马云的恩人，18 年前曾价值 1300 亿美元，现在核心资产只值 48 亿美元被卖出。这其中的重要原因是大判断失误。很多人认为，是杨致远和团队没有远见，看错趋势，才导致雅虎的败局。实际上互联网的大趋势，杨致远 10 年前都看到并且看准了。当时，已经投资成为阿里第一大股东，坚定看好电子商务的杨致远，曾在电商之外明确表示，社区、内容、搜索、个性化，是未来互联网的四个战略核心。

看准了未来的趋势，却押错了赢得未来的方式，才是雅虎的致命伤。雅虎第一个押错的是搜索和内容的未来方式。起初的雅虎，本质上是一个内容搜索公司，他们的页面也曾经跟今天的专业搜索引擎更类似。但雅虎觉得依靠搜索意味着“内容还是别人的”，他们要自己掌握内容才行，于是“大干快上”，朝向门户和媒体公司而去。进而发生了今天想来很荒唐的事，当全球互联网加速转向技术驱动内容甚至一切时，雅虎，这个全球互联网霸主却回归传统，将大量精力放在了人工做内容上。于是，悲剧很快发生，技术驱动内容很快走到“人工干死也干不出那么多内容”的程度。雅虎这才猛然发现，谷歌那条什么都没有的搜索框，才是帮助人们最便捷地获得最多、最想要信息的最好方式。押错了搜索、内容的未来方式，让雅虎输掉了一大局。而错过了社区的未来方式，错过了移动互联网，则让原本有机会扳回一局的雅虎，彻底葬送了自己。

这其中的一个普遍规律是，在一个产业从无到有，竞争有限的初始爆发里，成功往往是机会大于能力，偶然大于必然。但再往下走，竞争不断加剧，产业从有到好，从好到差异化细分，要继续取得成功或者捍卫成功，能力，特别是领导者的前瞻力，会逐渐与成功成正比，必然的东西更将主宰参与者的命运。

（三）前瞻力修炼的挑战性

对领导者而言，前瞻力极为重要。但前瞻力修炼又充满挑战。在现实生活中，企业家都希望自己洞若观火，但我们看到了太多的“看不见，看不起，看不懂，看走眼”。以看走眼为例，2017 年知名企业的“死亡名单”如表 1 所示。

相关链接

2017 年知名企业“死亡名单”①

表 1　2017 年知名企业“死亡名单”

序号	企业名称	倒闭原因
1	悟空单车	难以形成规模、资金链断裂
2	光圈直播	平台初创，没有细分特色、足够流量，融资不利
3	完美幻境（VR 相机）	资金链断裂，行业未完全爆发，投资趋冷
4	借卖网（电商）	烧钱太快，又无盈利模式，财务的入不敷出
5	订房宝（酒店电商）	市场确实存在，但是太过低频，导致用户成本一直始终无法下降

① 根据网络资料整理。

续表

序号	企业名称	倒闭原因
6	绿盒子（童装电商）	童装同质化现象严重，融资失败及实体店布局导致资金压力剧增
7	周伯通招聘	模式缺乏核心竞争力
8	京东到家上门服务	用户难寻、高企的运营成本与无法形成壁垒的商业模式
9	京东酷卖（二手交易）	二手商品标准不一，质量难以保证，一旦出现问题，对平台的伤害更大
10	友友用车（共享汽车）	资金链断裂
11	安个家（房产 O2O）	资本寒冬叠加行业的宏观环境，团队依然没有找到这个行业互联网化的有效模式
12	微视	在竞争中失去独特性、创新性质，也失去领跑优势
13	搜狐社区	模式陈旧
14	彼岸（殡葬 O2O）	实体店成本过高、消费者接受程度不够、不受资本市场欢迎等因素

按理说，这都是一些自以为有很强前瞻力的投资人和企业家所投的项目，为什么会碰到这样的问题呢？我们分析一下影响前瞻力的直接原因和根本原因。

1. 挑战前瞻力的直接原因

我在多年教学和企业实践的过程中，深深感觉，挑战的直接原因，主要有以下四个方面。

第一，挑战来自以往经营成功经验。

以手机行业为例，可以看出以往成功经验如何葬送了企业的未来，如图 5 所示。

我们看到，为何很多企业昙花一现？其主要原因是对环境变化反应迟缓，陶醉在“成功的喜悦中”，盲目延续过去成功的经验，错过新机遇，最终丧失竞争优势。在不确定背景下的发展，并非意味着企业需要做得更多更好，而是需要做不一样的事情。这就对前瞻力提出了很高的要求。

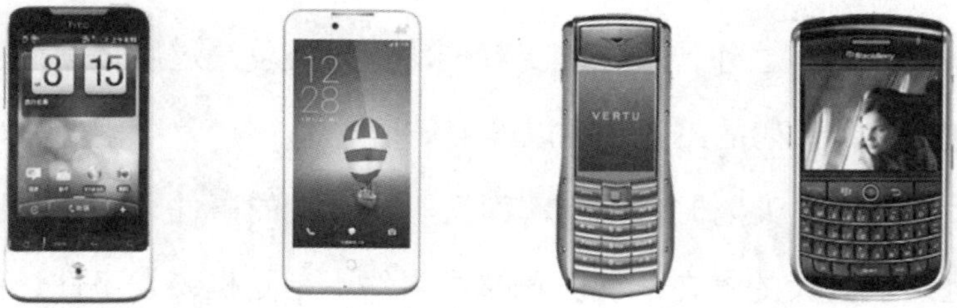

	HTC	酷派	Vertu	黑莓
曾经成功模式	技术创新 产品领先	市场领先 依靠运营商补贴模式	差异化 奢侈品路线 秘书服务	专业化 商务应用场景
当前状况	2017 年 9 月 21 日卖给谷歌	严重亏损 内忧外患	破产清算	被 TCL 收购
今天失败教训	技术优势不再手机还是手机，而未成为终端	供应商补贴取消后，酷派再无优势	威图引以为豪的秘书服务，在智能机时代不值一提，APP 完全可以替代，且更便宜	智能机时代，软件比硬件更重要，没有好的第三方软件生态，无力回天

图 5　手机行业巨头的变化

第二，挑战来自现在经营业绩挑战。

行业的领先企业，往往关注经营业绩。通常选客户的标准是三高：高端客户、高毛利率、高市场规模。

在很多情况下，企业最关心的不是利润多少，而是利润的增长速度，以至于大公司没有办法进入小市场。一个公司年销售 4000 万元，想增加 20% 的收入，只需要进入收入为 800 万元的市场，但对于年收入 40 亿美元的公司，800 万元的市场你根本就不在乎，因为你会把资源用在占比重更高的业务上，这是合理和明智的。

问题是小市场一旦爆发式增长，大公司就再也追不上了。这也是一些著名大公司被跨界的不起眼的小公司颠覆掉的重要原因。

第三，挑战来自不确定的经营环境。

今天是一个“黑天鹅”与“灰犀牛”并存的时代。

黑天鹅事件指非常难以预测，且不寻常的事件，通常会引起市场连锁负面反应甚至颠覆。黑天鹅的存在寓意着不可预测的重大稀有事件，它在意料之外，却又改变着一切。人类总是过度相信经验，而不知道一只黑天鹅的出现就足以颠覆一切。

类似以黑天鹅比喻小概率而又影响巨大的事件，灰犀牛比喻大概率且影响巨大的潜在危机。灰犀牛事件不是随机突发事件，而是在一系列警示信号和迹象之后出现的大概率事件。

我们很容易看不到局势正在恶化的事实。面对可能的危机、困境，我们之所以会一拖再拖，不立即采取行动，是因为我们以为自己还有足够多的时间能摆脱困境。

第四，挑战来自新时代的创新特征。

新时代的创新，是开放创新、跨界创新、边缘创新、迭代创新、颠覆性创新！

余额宝抢走了银行的饭碗，免费的360淘汰了金山毒霸，外卖让方便面市场大幅萎缩，手机品牌混战中率先倒下的却是传统相机，香口胶销量大跌元凶之一竟也是因为智能手机——因为人们闲暇时间都在刷手机，不再分神买口香糖了……在这个跨界打劫、迅速迭代的时代，你永远不知道你的对手从哪里冒出来！

新时代的创新，不仅需要新的功能，还需要出人意料。如果你的产品只是满足了消费者提出的需求，那么你就可能不是创新，而只是做出回应。

2. 挑战前瞻力的根本原因

上面挑战前瞻力的四个直接原因是我们直接能够看到的，但这四个原因背后的原因是什么呢，我们认为根本原因是价值观影响下的思维方法，是领导者的认知能否与时俱进。

下面，以案例“柯达破产与腾讯重生”来说明这一问题。我们相信，实践是最有说服力的，比较是最有震撼力的。

案例分析

柯达破产与腾讯重生

- **柯达破产**

柯达在破产前是一个发展 130 多年，拥有超过 1 万项专利，市值曾超过 310 亿美元，员工在巅峰时期曾超过 14.5 万人的企业。在 1880 年，当时柯达的创始人乔治·伊斯曼提出，要让老百姓拍照像削铅笔一样方便，这样的使命愿景，促使了柯达胶卷事业的迅猛发展，成为全球该行业的龙头。20 世纪 80 年代初，富士胶片就已经预测到数码市场的美好前景，并大力投资数码相机市场，之后，尼康、佳能也纷纷进军数码市场。但是，柯达作为当时胶卷相机的龙头企业，却没有把握好这一发展趋势。2012 年，柯达遭破产清算。表面上看，柯达是被数码技术打败的。可事实是，最早发明数码技术的是柯达，全世界最强大的数码技术在柯达，世界上第一台数码相机就是柯达发明的，如图 6 所示。

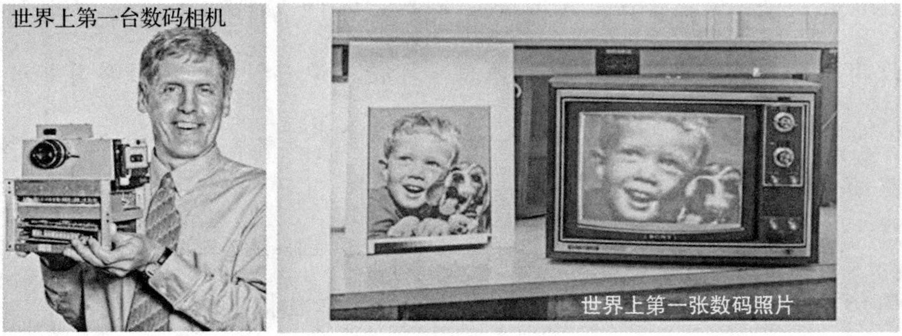

图 6　第一台数码相机

1974年时，在柯达的应用电子研究中心服务的工程师Steven Sasson设计出一部“电子手持式静态相机（Handheld Electronic Still Camera）”。第二年，他做出第一个可使用的原型，重8.5磅，使用16颗AA电池作为电源，可将影像储存在卡匣式录音带中，就这样第一台数码相机诞生在Kodak实验室，这个原型相机于1975年10月7日拍摄出历史上第一张的数字静态相片。当时的企业高层看了之后，共同的态度是：这东西很好，藏起来，不要让任何人知道。

长期以胶片为主要业务的柯达认为胶片市场仍然有很大的利润空间，不愿放弃已有的胶卷市场去开发新的数码市场，一心希望把胶片市场的利润赚尽。数码市场飞速发展，当柯达想要进军时，数码市场已经没有柯达的一席之地。

可见，柯达高层在认知上的出发点是：我不做，人家也不会做。

柯达输在被“成功经验”所累；被“优质资产”所累；被“眼前市场”所累；被“既得利益”所累。根本来讲，是输在固定型思维模式。

- **腾讯重生**

2018年6月，腾讯的市值已达5000多亿美元，这中间，微信的崛起起了重要的作用。

2013年11月8日，马化腾在“道农沙龙”的演讲中提到：“如果没有微信，我们现在根本就挡不住。即使是像QQ已经有每个月超过6亿名的活跃用户，两三年前已经达到这个水平了，但是在这个领域里面依然有创新或甚至差点被颠覆的可能性。

坦白讲，微信这个产品出来，如果说不在腾讯，不是自己打自己的话，是在另外一个公司，我们可能现在根本就挡不住。

生死关头其实就是一两个月，那时候我们几个核心的高管天天泡在上面，说这个怎么改，那个怎么改，在产品里调整。所以也再一次说明，互联网时代、移动互联网时代，一个企业看似好像牢不可破，其实都有大的危机，稍微把握不住这个趋势的话，其实就非常危险的，之前积累的东西就可能灰飞烟灭了，但一旦过了那个坎儿就势不可当了，这是一个感受。”

可见，马化腾在认知上的出发点是：我不做，人家也会做的。

腾讯赢在因“紧迫感”而赢；因“自我颠覆”而赢；因“内部竞争”而赢；因“创新文化”而赢；根本来讲，是赢在成长型思维模式。

二、前瞻力的作用机制

前瞻力如此重要，那领导者的前瞻力又从何而来？

（一）使命愿景决定看多远

人，只有站得高，才能看得远。同样企业的高度，取决于它的使命和愿景。

使命是企业的发展之本，愿景则凝聚了注意力。“会当凌绝顶，一览众山小”“只有正确的使命和愿景，才能引领我们走向远方”。

使命，体现为领导者的格局。一个企业未来的上限，往往取决于领导者的格局。领导者的格局，可分为高下立判的四个层次，如图7所示。

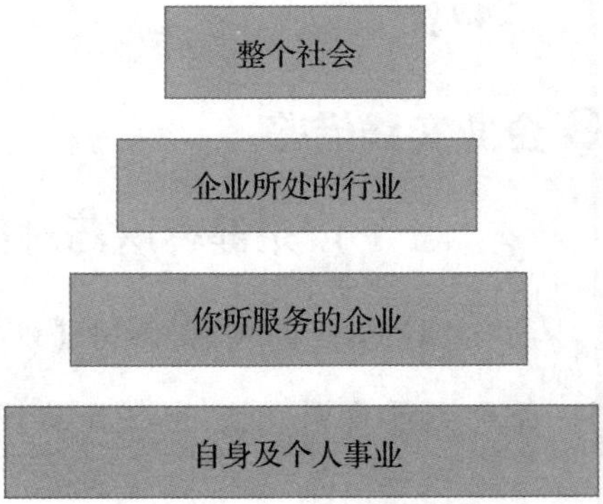

图7 领导者的格局层次

愿景通过组织在一定时期内希

望达到的目标反映了领导者对于人性、科技、经济、科学、政治、艺术、道德伦理的基本信念和假设。

卓越的领导者，高瞻远瞩，他们能够预见未来，看到即将到来的机会，他们认为伟大的目标是可能实现的。平凡中能拥有神奇。他们能够描述一个理想的、独特的、未来的共同愿景。

愿景不仅仅属于领导者，也属于大家。每个人都有梦想、愿望，都希望明天更美好。当愿景被大家共享，就能够吸引越来越多的人，给予大家更高层次的激励，使大家能克服更大的困难。领导者必须确保他们看到的未来也能够被其他人看到。

相关链接

苹果、通用电气、星巴克的“使命”

苹果公司：开发先进的工具，提升人类并为世界做出贡献。

通用电气：以科技及创新改善生活品质。

星巴克：激发并孕育人文精神，每人，每杯，每个社区。

企业实践借鉴

广东健客医药对使命、愿景的认知[①]

广东健客医药有限公司（以下简称健客）成立于2006年，历经10余年高速发展，打造出目前国内知名的互联网＋医药健康服务平

① 相关资料由2017级EMBA学员，广东健客医药有限公司孟丽君提供。

台。2017 年，健客宣布获得由 Asia-Pac eCommerce、PGA 基金、火山石资本等共同完成的 A+ 轮 5000 万美元融资。至此，健客完成了总共 10 亿元人民币的 A 轮融资。

健客的使命、愿景定义如图 8 所示。

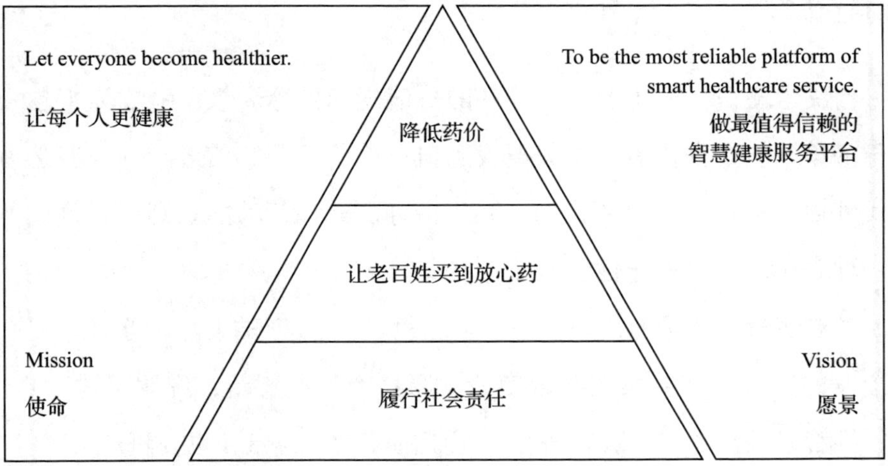

图 8　广东健客医药有限公司的使命、愿景

广东健客医药有限公司致力于成为中国值得信赖的网上药店，为人们提供更便捷、安全、低价的在线购药服务是健客的使命。健客已与国内数千家药品生产厂商建立了战略合作关系，主要经营药品、医疗器械、保健食品、护肤品、母婴用品等数万种产品。药厂直供，减少中间环节，严格管理采购渠道，确保合法、合规。

打造最值得信赖的智慧健康服务平台是健客的长远发展目标。健客目前拥有签约执业医师团队及专业药师团队，为用户提供免费的一对一健康咨询及用药指导服务。在保障隐私安全的前提下，通过构建用户健康档案和患者数据库，打造在线问诊、购药、健康管理、移动医疗的大健康产业闭环。在互联网新技术的研发与应用上，健客一直走在行业前沿，为了提升用户体验，在运营中引入了大数据、人工智能等技术。

通过互联网服务让每个人更健康是健客的美好愿景。在创新药品管理和运营模式方面，健客通过不断提高药品的可及性、用药安全性以及用药的精准性，帮助提高国人的用药依从性，从而帮助国人提升健康自我管理水平，增强生命健康质量。

决定使命、愿景的是领导者的价值观和信念。领导者成为卓越领导的第一步是向内看，首先要找到自己的价值观和信念，领导者必须找到自己的声音，必须找到一系列指导决策和行动的原则，必须找到一种表达自己的领导哲学的独特方式。

对使命、愿景的认知，是一个过程。“匹配”的使命、愿景，促进企业的发展。开篇案例微软使命、愿景的三次刷新，说明了这一点。领导者必须清楚：社会在进步，组织的使命、愿景，也要进步。

相关链接

阿里巴巴使命、愿景的刷新

- **阿里巴巴的使命：让天下没有难做的生意！**
- **阿里巴巴的愿景（2001-V1）**

——80：就是发展80年的企业。

——10：就是十大网商之一。

——1：就是只要是商人就都要用阿里巴巴。

- **阿里巴巴的愿景（2005-V2）**

——成为一家持续发展102年的公司。

——成为全球最大电子商务服务提供商。

——成为全球最佳雇主公司。

- **阿里巴巴的愿景（2010-V3）**

——分享数据的第一平台。

——幸福指数最高的企业。

——活 102 年。

- **阿里巴巴的愿景（2014-V4）**

——构建未来的商务生态系统。

——让客户相会、工作和生活在阿里巴巴。

——持续发展最少 102 年。

企业实践借鉴

“看看新闻 Knews”的愿景刷新——从播出到传播①

上海广播电视台（SMG）融媒体中心，是由东方卫视原新闻团队、上海电视台新闻团队、外语中心团队和看看新闻网团队联合组建，力争打造互联网世界中独树一帜的原创视频新闻品牌。其原创新闻内容将在东方卫视、百视通互联网电视（OTT）、IPTV 和看看新闻客户端等渠道，以及海内外多个社交网络平台上广泛呈现。2016 年 6 月正式成立。

“看看新闻 Knews”是从“＋互联网”到“互联网＋”、从“你中有我，我中有你”到“你就是我，我就是你”的一次真正转型。要变以往的“为播出服务”为现在的“为传播服务”。

以纪录片为例，按照过去传统媒体的思路，一部纪录片的拍摄，其最终使命是为了在电视平台上实现播出的任务，所以过去所有的生产都围绕着播出的目标进行。而在今天的媒体融合时代，播出充其量

① 参考资料来源于看看新闻官网及 2015 级 EMBA 学员，东方卫视新闻主编孟丽芳提供的资料。

只是传播环节中的一个点，应该在更多点中不断实现一个个延续的传播。对内容本身进行碎片化和社交媒体化传播，共同构成了内容的传播行为。

新媒体和传统媒体相比，轻质、便捷、成本低。草根化并不是传统广电媒体实现融合的方向，因为拼低成本制作，并没有优势可言。生产视频内容的成本非常高，剪一个短视频，往往要比生产一条短电视新闻成本高得多。高成本制作自然会带来收益问题，尤其是版权收益。

“看看新闻 Knews”的思维刷新，就是上海广播电视台“拥抱互联网”的深度融合与整体转型的最佳实践。为适应全媒体内容产品的生产和传播需要，各业务单位均对原有的节目生产流程进行了再造。电视新闻中心和看看新闻网全面整合，建立全媒体融合指挥室和编辑部，实现新闻信息的一次采集、多媒体渠道产品生成，从为一屏（电视）生产转变为多屏生产，从有节点发稿转变为全天候发稿。这套新闻融合媒体系统已经初步达到 BBC 全媒体中心的应用水平，为跻身世界一流全媒体新闻机构奠定了基础。

（二）自我颠覆决定看多深

在今天不确定和颠覆性创新年代，领导者自我颠覆有多深，决定看问题有多深。互联网时代，要么是破坏自我，要么是被人破坏，没有其他的思路。即使像微软这样的时代新秀，在四年时间里也自我颠覆，转型了三次。

在我们教授的课堂上，EMBA 2016 春 3 班学生钟烨的发言很有代表性。她说：“企业家精神，就是永不停歇地破坏旧模式，永不停歇地创造新思想、新模式、新生活。敢于尝试、敢于走第一步、敢于打破传统。”

她是容德文化传播投资管理有限公司的董事长，2017 年上半年赢得爆棚口碑的好莱坞大片《血战钢锯岭》背后，就有钟烨和团队的大手笔运作与辛勤付出。2017 年，他们又创新商业模式，引进了国际顶级文化 IP 太阳马戏的经典剧目《KOOZA》，在国内展开大规模巡演，取得了很好的效果。

（三）思维方法决定看多准

得法者事半功倍。思维方法决定领导者看多准，思维方法的核心是从提倡成长融合型思维模式入手。

从开篇案例中，我们可以看到，微软涅槃重生始于三次转型，源于新领导力，基于成长型思维模式的推行。

在斯坦福大学心理学家 Carol Dweck 撰写的《思维模式》一书中，提出了两种思维模式：固定型思维模式和成长型思维模式。

固定型思维模式非常容易出现在大公司，特别是像微软这样成功的大型公司身上。固定型思维模式的 CEO 和高管们，很容易做出能产生短期业绩、却让公司长期受损的决策。

在全球公司 CEO 历史上，前通用电气 CEO 杰克·韦尔奇、前 IBM CEO 郭士纳、前 Xerox CEO Anne Mulcahy 等都是成长型思维领袖，他们都在公司重大危机的时候成功完成了大转型。

因为本书的主要对象是中国企业现在和未来的领导者，我们强调在中国做领导，要将西方最新科学思维和中国古代智慧结合起来，我们提出能融合东西方智慧的成长融合型思维。拥有成长融合型思维的领导者，是喜欢接受挑战的现实理想主义者，是喜欢在挑战和失败中不断成长、喜欢在不确定新生中胜出的乐观主义者，是重视人际关系、善用领导艺术、懂得适时妥协和适时进攻的资源整合者。

实务操作指南

如何培养成长融合型思维

成长融合型思维如何培养，我们可以采取四步走的方法：第一步，自我分析评价，看看在一些最基本的问题，自己离成长融合性思维的距离有多远；第二步，制订提升计划；第三步，定期自我检查；第四步，不断反馈提高。下面，我们将第一步自我分析评价进行具体介绍，如表2所示。

表2　自我分析评价

	目前我的态度	固定型思维	成长融合型思维
对挑战的态度		他们只愿意做自己擅长的事情，习惯性地回避挑战，遭遇阻力时容易放弃，因为他们害怕失败	我们认为挑战可以帮助人们学习和成长，挑战失败不意味着“我是个蠢蛋”，而是“我还有成长的空间”，而且挑战越大，发挥的潜能越大
对努力的态度		他们潜意识里支持“天赋决定论”，虽然自己会努力赢得成功，但会掩盖甚至是轻视这种努力，因为他们害怕面对努力了依然失败的结果，付出努力本身会让才华得到质疑，而且如果努力失败了那么就会失去借口（否则可以借口说自己只是没有努力）	我们坚信努力是取得进步的必经之路 我们倾注全力于今天，不断从事创造性的工作 全力以赴过好今天这一天，就自然能看清明天；全力以赴过好明天，就能看清一周；全力以赴过好一周，就能看清一个月；全力以赴过好一个月，就能看清一年；全力以赴过好今年一年，就能看清明年 全身心关注于眼前的每一个瞬间，活好当下这一刻。这才是关键所在
对能力的态度		他们坚信能力是可以通过一场考试来测试	我们认为没有经过长期的训练和努力，能力（尤其是未来将会发展的能力）不可能被测试
对缺点的态度		他们宁愿获得短暂的成就感也不想暴露自己的不足	我们认为挑战和失败可以暴露出自己的不足，而弥补这些不足就是下一个努力的目标

续表

	目前我的态度	固定型思维	成长融合型思维
对反馈信息的态度		如果反馈信息能反映他们的能力水平，这样的信息更能激起他们的情绪——因积极反馈而异常兴奋，因消极反馈而倍受打击	我们对能够增强自身能力的反馈信息更关注
对意见的态度		他们也不理会批评性意见——即便是对己有益的，因为如果自己没做好，那么就是“没天赋”，而不是“没努力”	我们欢迎批评性意见，尽力改进自己的行为
对别人成功的态度		如果别人取得成功，他们会感觉自身受到威胁	我们要有利他之心：不要发牢骚、鸣不平；时时保持谦虚，不骄不躁；感谢生活；付出不亚于任何人的努力；即便做出自我牺牲，也要努力为社会、为世人尽力。这种“祈愿他人更好”的、充满关爱的、美丽的“利他之心”，实际上也能让自己的人生变得更为美好

三、前瞻力修炼的操作思路

前瞻力修炼的操作思路，如图 9 所示 .

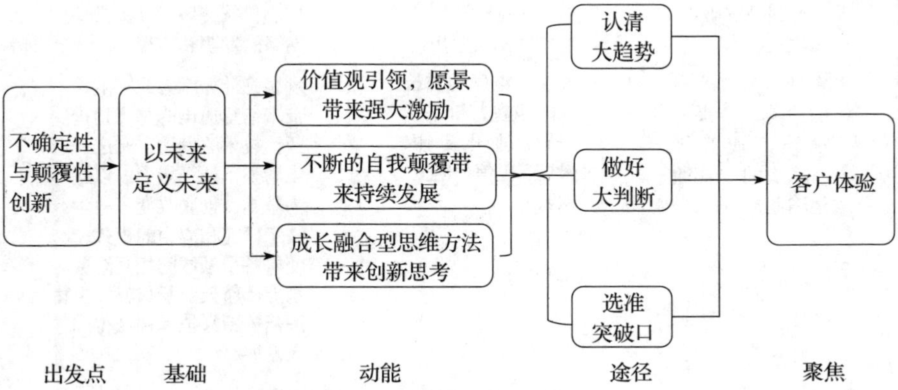

图 9 前瞻力修炼操作思路

前瞻力的修炼，要聚焦客户体验。因为客户是企业存在的唯一理由，客户体验是企业创新的龙头，组织的任何部分都是龙身，必须随龙头摆动和起舞。在我所接触到的做得较为成功的企业高层领导者的认知里，除了核心价值观永远不变，其他都可以变，都应依据客户的显性和隐性需求加以改变。这是一个很朴素、很直白、很有效的商业观，但能长期坚守并且不走样不扭曲，事实上非常不容易，甚至极具挑战性，因为它挑战的是人性，特别是领导者和各级管理者的人性。

聚焦客户体验，可从认清大趋势，做好大判断，选准突破口入手。

（一）认清大趋势，了解新经济的动能

认清大趋势，了解新经济的动能是前瞻力修炼的基础。

1. 新经济的动能

只有了解了新经济的动能，才能把握新经济的趋势。

（1）科技进步是时代进步源动力。

从图 10 中，我们可以看到科技进步是如何促进时代进步的。

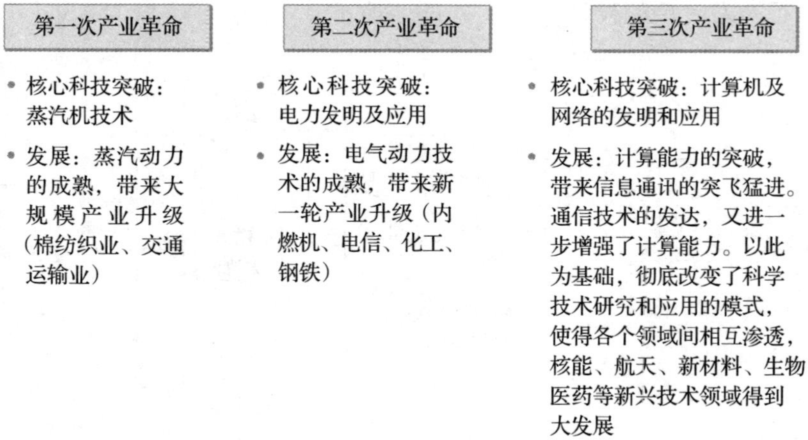

图 10　科技进步是时代进步源动力

（2）先进技术的应用是直接动力。

我们将蒸汽革命时代、电气革命时代、信息革命时代所产生的产业和大企业进行对比，看先进技术的应用，如何成为经济发展的直接动力，如表3所示。

表3 三次产业革命的技术集群及应用

项目	蒸汽革命时代	电气革命时代	信息革命时代
先进技术的集群性应用	珍妮纺纱机 改良蒸汽机 蒸汽轮船、蒸汽火车 螺丝切削机床 兰开斯特锅炉	电力广泛应用 内燃机的发明 通信手段发明 化学工业建立	计算机及半导体 互联网、移动互联网、物联网 云计算及大数据技术 人工智能、工业机器人 新能源及新材料、生物技术
新技术下诞生的新兴产业	棉纺织业 冶金业 采矿业 交通运输业	汽车工业、航空航海等交通运输业 化学工业 钢铁工业 电力工业	计算机软硬件制造业 互联网产业 广播电视传媒产业 高性能材料及新能源产业 生物医药
新产业造就的世界级大企业	主要以中小企业为主，包括：棉纺织业工厂、蒸汽机制造及维修公司、火车制造、铁路管理、轮船航运、采矿企业、海洋贸易等	福特等汽车制造企业 美孚等石油开采企业 巴斯夫等化工企业 蒂森克虏伯等钢铁企业 高盛等金融企业	因特尔、IBM等计算机巨头 思科等网络企业 微软、甲骨文等软件企业 谷歌、亚马逊、脸书、阿里巴巴、腾讯、百度等互联网企业

新一轮科技革命和产业变革正在加速演进，人工智能、互联网、大数据与传统的一些物理、化学、机械等（学科）相结合，可能是新一轮的科技革命。

革命的一些前兆、一些迹象已经显现，但是能不能有新的生产工具和新的理论产生，能不能使人类生产生活方式发生变化，能否改变国际经济产业等方面的格局和结构，我们要以积极的态度进一步研究。

（3）制度创新的勇气是发展土壤。

科技进步是时代进步的源动力，但制度的变革，一定是这个国家经济发展的第一动力源。试想，第一次工业革命为什么不发生在当时GDP占全球总量30%的中国清朝，是因为当时清政府的闭关锁国的制度阻止了新科技的采用。研究新经济，研究中国的新经济，必须高度关注中国改革开放的走向、制度创新的趋势。20世纪70年代末的农村改革、90年代末的外向型经济和城市化运动，以及数十年间一直处于徘徊探索中的国有企业改革和金融改革，都展现出中国式制度创新的独特性和复杂性。

2. 新经济的趋势

从目前情况看，新经济有四个趋势日渐明显。

（1）从移动互联到万物互联。

互联网巨头谷歌公司前执行董事长埃里克·施密特曾大胆预言："互联网即将消失，一个高度个性化、互动化的有趣世界——万物互联即将诞生。"

可以预见，未来将有数量巨大的IP地址、传感器、可穿戴设备，以及虽感觉不到却可与之互动的东西，时时刻刻伴随你。"设想下你走入房间，房间会随之变化，有了你的允许，你将与房间里发生的一切进行互动。"

美国市场研究公司Gartner预测，到2020年，物联网将带来每年300亿美元的市场利润，届时将会出现25亿个设备连接到物联网上，并将继续快速增长。由此带来的巨大市场潜力已经成为全球科技公司新的增长引擎。

整个中国正在变成一座互联工厂。未来你的影响力，取决于你的网络连接。

（2）从万物互联到人工智能。

从无人车、智能医生到谷歌最新推出的神经网络翻译，人工智能正深度改造人类的生产乃至生存形态。《人类简史》作者尤瓦尔·赫拉利认为，我们正经历的，是人类历史上一场非常重要的革命！在生物学上也是一场非常重要的革命，会影响我们的生命和地球。在过去几十年中，很多东西并没有实质改变，所有的生物体都是通过自然选择来进化的。但是现在，可能接下来的几代会有一个很大的变化，因为我们有了人工智能。自然选择可能会被取代，因为人工智能的设计已经加进来了，这是我们人类自己做出的人工设计。更重要的，这是我们第一次跳脱出原来更天然的、更小的范围。在接下来的几十年或者一百年中，我们可能会看到一些非有机生物体的出现。

赫拉利提出三大观点：人类的工作岗位将被人工智能取代；人工智能比人类更胜任工作；意识比智能更重要。

中国在大力推动人工智能这个要点上也在快速发展。根据清华大学中国科技政策研究中心最近发表的2018年中国人工智能发展报告，我们可以得到以下几点对中国人工智能发展的初步判断和反思：从国际比较来看，中国人工智能发展已经进入国际领先集团；从发展质量来看，中国的人工智能发展还远未达到十分乐观的地步；从参与主体来看，中国人工智能企业的自身生产能力亟待提升；从应用领域来看，人工智能与能源系统的结合是一个被忽视的重要领域；从发展方式来看，中国需要加强产学研合作促进知识应用和转化；从政策环境来看，各地方政府积极支持但也存在盲目跟风的倾向。

（3）数据将成为最重要资源。

对数据的新认知颠覆了传统的决策行为。谁拥有最强大的数据权力，谁就可能掌握未来。由此，企业与企业、企业与用户之间因数据带来的摩擦冲突，正在全球范围产生。

数据，也使得今天行业的跨界发展超过了任何一个时代。大数据本质上就是互联网、大计算及云数据。数据将成为最重要的生产资料，我们现在讲大数据讲得很多，大数据涵盖着两个关键，“大”不是“多”的意思，“大”是大计算的意思，大计算加云数据，这才是我们所认为的大数据。

企业实践借鉴

二十一城公司的大数据服务探索①

浙江二十一城文化发展有限公司（以下简称二十一城）成立于2010年6月，21座城市的21家公司共同出资组建公司，故取名二十一城。自此形成以社区媒体为主体的全国媒体平台，致力于成为中国领先的社区营销整合服务商。

二十一城认为，这是一个大数据媒体时代，而当前中国传媒市场现状特点呈现出市场大、零散碎片化、服务质量良莠不齐、缺乏数据支撑和精准度低等特点，需要创建创新型大数据社群智慧传播服务平台来解决上述问题，开启大数据引领的智慧传播模式，通过全媒体生态圈的DMP（Data Management Platform）\DSP（Demand Side Platform）的强化和完善，改变传统营销传播模式的盲目性，实现营销传播的智能化、精确化。

二十一城的大数据服务包括：向广告主提供数据分析报告、营销咨询方案；帮助广告主建立和完善客户数据资料库，提升广告主大数

① 相关材料由2016级EMBA学员，浙江二十一城文化发展有限公司总经理严建荣提供。

据应用水平；面向消费者需求，推送个性化需求的广告服务，为消费者带来便利及其他第三方服务等。目前公司已经拥有全媒体资源下的大数据融合能力。包括线上2亿人群的大数据储备，媒体资源覆盖全国150个城市媒体，总量95万面，与通信、地图公司的流量共享；与支付平台数据合作等。

二十一城的大数据服务业务结构如图11所示。

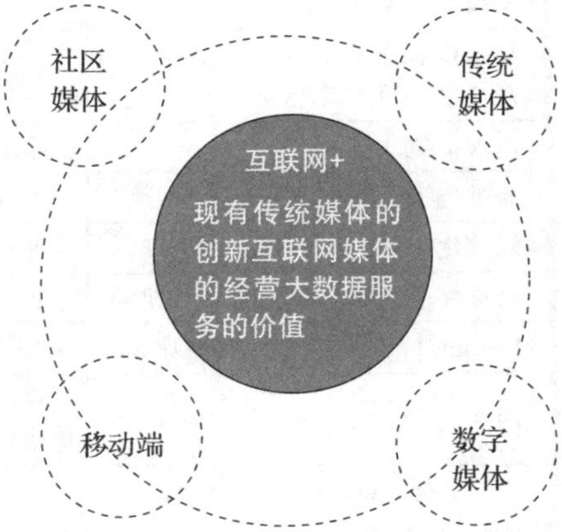

图11　二十一城的大数据服务业务结构

二十一城以社区、户外、移动终端、数字视频、电影及院线等媒体为接入口，通过对消费者数据的采集、分类、挖掘、应用，依托云计算，为客户提供基于大数据分析的营销咨询服务；以信息传播的分众化、圈层化、个性化，实现精准智慧传播，实现线上线下常态化互动和流量转换、交易，为社会、客户创造价值。成为中国大数据智慧传播和营销高科技服务领域的佼佼者。

（4）共享将成为最流行趋势。

共享经济重新定义了我们对于资产的理解，它是专属于个人的还是大众的？是私有的还是公有的？是商业的还是个人的？共享经济将在很多传统行业掀起新的产业革命，未来80%以上的产业都将被共享经济所改变。

共享经济鼻祖Zipcar创始人罗宾·蔡斯在其专著《共享经济——重构未来商业新模式》中，用一张表格，总结了工业资本主义经济如何转向共享经济，如表4所示。

表 4　工业资本主义经济转向共享经济

工业资本主义经济	共享经济
《大英百科全书》(4 万条解释)	维基百科（3200 万条解释，被翻译成 287 种语言）
单一化	多元化
集中式的	分散式的
维持现状	尝试、学习、适应、发展
少数人掌控资产和财富	大型网络胜出
美国电话电报公司（AT&T)、魏瑞森通信公司（Verizon）	Skype、WhatsApp、网状网络
追求垄断地位	追求最大的参与度
通过规模经济实现繁荣	通过自由经济（过剩产能）实现繁荣
标准化	订制化和个性化
通过商业机密和专利创造价值	通过意见交换和开放的标准创造价值
I Stock Photo（数百万张照片）	Flickr（数亿张照片）
网络电视（60 年来只有 3 个网络）	YouTube（每分钟上传 100 小时视频；每月的视频总量相当于网络电视的总和）
美国银行、第一资本银行（Capital One，大而不倒）	P2P 互联网借贷公司 Lending Club、Prosper（顺应社会发展、数量多）
拥有资产	租借资产
私家车	Zipcar、Car 2 Go
公交车和火车	Bla Bla Car
一美元等同于另一美元	无形资产变得有形、有价值
主流媒体	Blogosphere、Twitter、Tumblr

认清新经济的大趋势，目的是探索新经济的新逻辑。

（二）做好大判断，把握新经济的逻辑

做好大判断，把握新经济的逻辑是前瞻力修炼的关键。

德鲁克说过，在动荡的时代，动荡本身并不可怕，可怕的是延续过去的逻辑。

当今的领导者所遭遇的挑战，会与之前的领导者有着根本的不同，其中最大的不同，不仅仅是环境的改变，也不仅仅是技术的改变，而是企业发展的逻辑改变了。这需要领导者真正做出引领。

在刚刚过去的十年里，世界乃至中国的商业投资界发生了基础设施级别的巨变，如巴菲特所言，“今天的投资者不是从昨天的增长中获利的”。所有的产业迭代都非“旧土重建”，而是“新地迁移”。以互联网为基础性平台的生态被视为新的世界，它以更高的效率和新的消费者互动关系，重构了商业的基本逻辑。

新经济的逻辑，体现在如下五个方面。

1. 对商业主题的认知

从击败对手到追赶用户。过去商业世界的主题是和对手竞争；未来商业世界的主题是追赶上用户。用户是一条河，在奔腾向前。没有什么竞争，只有追赶用户。如果你将主题放在和对手竞争，那最好的结果就是和对手越来越像。当年的亚马逊，没有把目标放在与沃尔玛竞争上，而是放在追赶用户。所以今天的亚马逊，它的市值远远超过沃尔玛，甚至全美包括沃尔玛在内的八大零售商的总和都不如亚马逊。

2. 对产品创新的认知

从注重产品到注重服务。从“产品”到“产品 + 数据 + 内容 + 服务”。产品创新，也体现为服务创新。未来，将不再提大众市场的概念，而是提“精和准”的概念。

未来的制造业，一定是服务业。而未来的服务业，也一定是制造业。眼光局限在制造业，企业的路就走不远。

相关链接

GE 不是卖发动机的，而是空中优质动力的服务提供者

GE 航空发动机的数据传感器如图 12 所示。

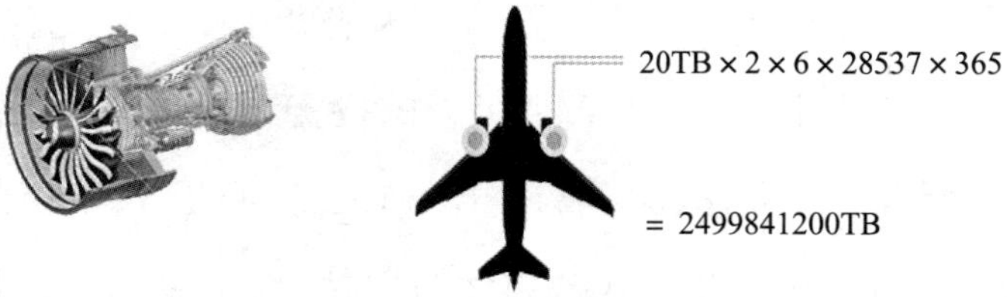

图 12　GE 航空发动机的数据传感器

GE 将 100 多个传感器植入发动机，收集有关运转、温度、湿度、气压等数据，并为客户提供数据解决方案，帮助客户降低成本、延长发动机寿命、提供针对性的维保方案，而发动机只是他们数据收集的入口而已……这样，GE 就从卖发动机的变成了卖优质空中动力服务的。

3. 对价值创造的认知

从企业为主到用户和企业共同创造价值。过去，企业作为主导为用户创造价值，而未来，客户跟企业在共同创造价值，是因为客户数据的本身、个体数据的本身是整个商业模式创造价值的一部分。

客户关系从一次性的交易变成了持久的关系，在未来的智能商业时代，产品跟用户的连接是持续的，是无处不在的，是永远在线的。因此，传统的价值创造过程也发生了重大改变。今天中国企业最大的机会，就来源于跟中国消费者深层次的互动中。今天中国消费者有能力表达对价值的认知、理解和体验，如果能很好地理解消费者，会发现一切“生意”都在价值创造的过程中。

4. 对发展模式的认知

从做大、做强追求垄断到跨界整合共赢发展。组织模式从公司加雇员到平台加个人。互联网平台模式就是对全社会资源进行开放重组和融合再造的组织方式。

这是一个合作共赢的时代，这是一个资源共享的时代，这是一个跨界发展时代。一个人能够与多少人合作就能成就多大的事业，一家企业能与多少家企业合共赢就能成就多大的平台。

只要一家企业具备网络协同、数据赋能和共赢机制这三种发展动力，它就会像黑洞一样吸收周边资源，越长越大，不可逆转。

5. 对需求变化的认知

从原来注重“吃、住、行”到新的三个注重：注重代际需求变化；注重中产阶级崛起；注重“游、养、娱”的实现。

关于注重代际需求变化，网上曾流传“70 后”“80 后”“90 后”都爱玩什么，很形象地反映了这一点，如图 13 所示。

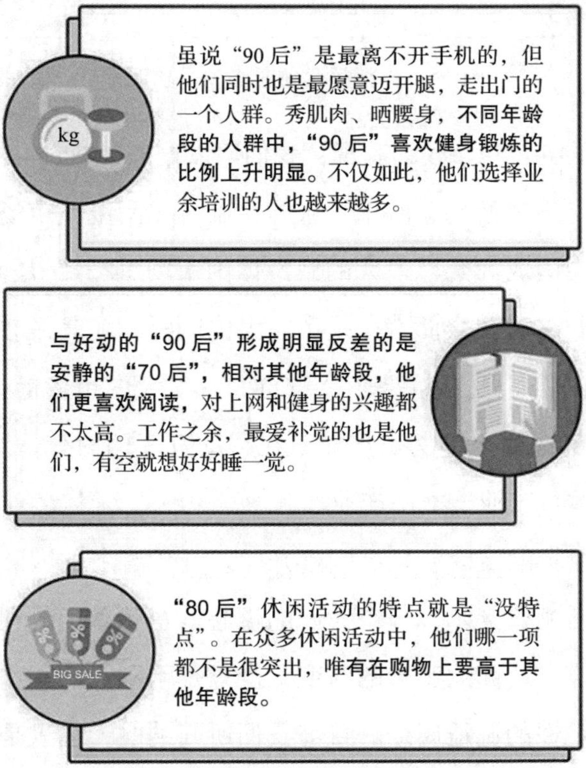

图 13 “70 后”“80 后”“90 后”都爱玩什么[①]

① 图片来自网络资料。

关于注重中产阶级的崛起，我们前面曾提到，中国中产阶级人数已超2亿人。不同阶层，需求的重点不同。下面这张“重新解读马斯洛的需求理论”，也有力说明了这一点，如图14所示。

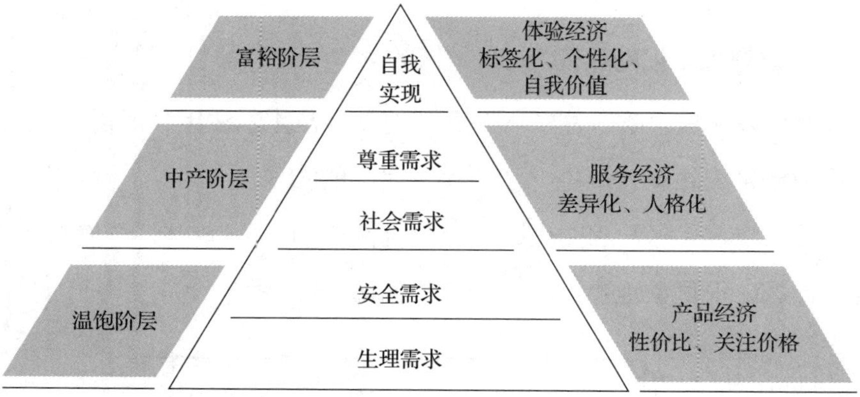

图14　重新解读马斯洛的需求理论

关于注重游、养、娱的实现，我们可以这样理解：“游”就是提高生活品质，走出去游玩、游乐、旅居。旅游休闲度假市场已经出现井喷式增长，中国成为全球最大的旅游休闲市场。“养”是养老、养生、养心和养子。这对公众而言，是个巨大的刚需。尤其是教育行业。今后对于孩子的培养教育将是一个重点，有很大的市场前景。“娱”就是娱乐，更宽泛地说是文化产业。在移动互联网时代，“娱”包括手游、电游、体育产业、文旅产业。

新商业逻辑的演变，只是刚刚开始。当代著名的国际政治理论家塞缪尔·亨廷顿曾揭示，一个大国的崛起，意味着新的利益调整周期的开始。同样，新商业逻辑的演变，也只是刚刚开始。这是一个漫长而充满不确定性的调适周期。目前我们所归纳的，也只是到目前为止国内外最新实践和研究的一个提炼。

尽管是初次归纳，可能浮泛，可能粗疏。但是还是必须尝试总结，人们所依赖的旧逻辑在坍塌，而新的世界已露出了最锋利的牙齿，我们要么被它吞噬，要么骑到它背上。

企业实践借鉴

哔哩哔哩（bilibili）对新经济逻辑的探索[①]

哔哩哔哩（bilibili）是中国领先的年轻人文化社区，该网站于2009年6月26日创建，被爱好者亲切地称为“B站”。根据数据公司Quest Mobile发布的《移动互联网2017年Q2夏季报告》，B站位列24岁及以下年轻用户偏爱的十大APP榜首。bilibili网站最大的特色是悬浮于视频上方的实时评论功能，爱好者称其为“弹幕”，这种独特的视频体验让基于互联网的即时弹幕能够超越时空限制，构建出一种奇妙的共时性的关系，形成一种虚拟的部落式观影氛围，让bilibili网站成为极具互动分享和二次创造的潮流文化娱乐社区。

- **哔哩哔哩对商业主题的认知——追赶用户**

B站无疑是追赶用户成功的范例之一。B站的用户很年轻，根据来自腾讯统计的关于B站用户的一个年龄比例，在B站0～17岁的用户占绝对主流。这么多的年轻人聚集在了B站，所以B站变成了富有多元化和富有创造力的。他们在物质生活上很富足，除了他们在教育方面条件更好之外，还有一个非常重要的原因，就是因为他们在小学的时候，就开始使用互联网了，他们是真正有创造力的一代，他们对创作工具的使用变得非常普及，每个人都会变成创作者。因此，B站自我定位为：我们不是一个创造内容的团体，B站只是为创造内容的人提供服务和平台的公司，是建立“UP主”和用户进行连接，让喜爱个性化、多元化文化的人把我们这里当作他们的乐园，上百万名年轻的“UP主”，把他

① 相关材料由2016级EMBA学员，bilibili弹幕网首席运营官李旎提供。

们的创作输出出来，这是B站在年轻群体中拥有持续魅力的重要因素。

- **哔哩哔哩对产品创新的认知——产品 + 互动**

对B站而言，除了相关的内容制作和播出之外，弹幕是其最重要的特色。弹幕，社交基因强。让用户一边看片一边讨论，体验一种部落式的观影氛围。这让B站拥有更深一层的社交基因和超越视频内容本身的趣味。实际上，知乎、淘宝、杜蕾斯等品牌举行大型活动时，大多都选择B站作为独家直播合作方，也是看中了B站超强的社交属性。从这一点看，B站不仅仅提供年轻人喜欢的内容产品，更是通过弹幕这个方式，创新了用户的服务，使得用户更加具有黏性。

- **哔哩哔哩对价值创造的认知——群体创造**

B站是一个典型的用户参与内容创造的平台，目前包括7000多种热门的文化圈组成的文化社区，拥有超过1亿名活跃用户，超过100万名活跃的“UP主”。用户投稿视频每天有数万部，90%是自制或者原创的视频。B站已经是中国较大的原创音乐社区之一，日均有1000多原创音乐和歌曲的投稿，李宇春在春晚上唱的《普通的Disco》最早就是在B站“火”起来的。

- **哔哩哔哩对发展模式的认知——跨界合作**

B站做了大量的跨界合作尝试。2015年3月，B站与杜蕾斯品牌合作，在B站直播首发史上最长的杜蕾斯广告片。具体经过是，白色情人节前夕，杜蕾斯在弹幕视频分享网站B站上为推广新品AiR安全套上市打造了一支以直播形式呈现的新品预告片，旨在利用广告内容的话题性与垂直社区的传播力，向目标受众推广新品上市的信息，并促进天猫首发的产品销售。该片颇为“无厘头”的剧情，在B站内与微博、微信等社交媒体上都引发了极其热烈的讨论与组团围观。B站直播间的在线观看人数峰值超过6500人次，弹幕总计20000余条，视频收藏数780次。总计独立IP70万左右，有8万多人全程看完3小时视频。直播后的弹幕视频播放量也达到了47万次，并在B站全站排行中名列第五。2018年开始，B站又开了咖啡馆，这家专为小型聚会设计的主题咖啡馆是B站与英国咖啡连锁品牌Costa开展的深度跨界合作。实际上，哔哩哔哩主题Costa咖啡馆并不是B站第一次在跨界这方面做的尝试。此前，其与日资便利店品牌罗森合作推出的跨品牌线下店铺——罗森—哔哩哔哩主题店也受到不少B站用户的喜爱。在店铺内，B站“粉丝”们可以买到以小电视、“22娘”“33娘”为主要形象设计的周边商品。

● 哔哩哔哩对需求变化的认知——社交需求

B站重要的用户是那些喜爱二次元文化的年轻群体。如上所述，弹幕是B站成功的重要因素之一。为什么弹幕会受到二次元年轻人的喜爱？因为弹幕有评论的作用，它可作为视频内容的延展，成为用户间沟通的桥梁。通常人们在观看视频作品时都有他人沟通的需求与期待。单独观看体验不到在影院与众人同时疯狂大笑或是唏嘘惊叹的感受。通过弹幕，年轻的二次元用户可以就当前画面进行评价，或是吐槽视频内容，或是发表内心感受，或是征询求解疑惑，或是与其他用户共同探讨问题等，比在影院的观影体验更具互动性与分享性。B站捕捉到了用户的需求，尊重用户的需求并且注重用户体验，让用户在弹幕中获得更多知识与共鸣，且激发用户创造更多内容的强烈动机，因而形成极具互动分享和二次创造的文化社区，不断地输出主流文化元素，并且在百度发布的热搜榜中，B站长期位列“00后”十大新鲜关注APP之首，成为年轻人的潮流代表。

（三）选准突破口，确定企业新的愿景

认清大趋势，做好大判断，目的是确立新愿景。确立企业新的愿

景，首先需确立新愿景的方向，这可从两个维度入手。

1. 从两个维度研究新愿景的方向

（1）“变”与“不变”的维度。

要考虑我这个企业、这个行业，哪些在变？哪些是不变的？

亚马逊贝佐斯有一段话讲得很精彩：“我经常被问一个问题，‘未来十年，会有什么样的变化？’但我很少被问，‘未来十年，什么是不变的？’我认为第二个问题比第一个问题更重要，因为你需要将你的战略建立在不变的事物上。”贝佐斯发现的零售行业不变的基本原则是什么呢？简单到令人难以置信的“三条简单规则”：无限选择、最低价格、快速配送。

（2）“连续性创新”与“颠覆性创新”的维度。

还是以亚马逊为例，亚马逊也是非常好地做到了连续性创新与颠覆性创新的统一。从“不变”维度考虑，坚持的是“连续性创新”；从“变”的维度考虑，实现的是“颠覆性创新”[①]，如图 15 所示。

亚马逊的颠覆性创新

网上书店 （颠覆传统书店）	电子商务 （颠覆传统超市）	Kindle 电子书 （颠覆传统书店）	Prime 会员 （从零售到生态）
Market Place 平台 （物流竞合平台）	AWS 云服务 （化身技术公司）	Amazon go 等 （回归线下零售）	Alexa 和 Echo 等 （布局人工智能）

图 15　亚马逊的颠覆性创新

我们以“永辉超市”为例，看看它是如何从“变”与“不变”，如何从“连续性创新”与“颠覆性创新”这两个维度，提出“超级物种”的创新业态，带领企业实现了跨越式发展。

① 引用自混沌大学亚马逊贝佐斯案例。

企业实践借鉴

永辉的“超级物种”之路[①]

永辉“超级物种”的创新路径：

第一，认清大趋势，融入新零售生态圈。

第二，围绕新零售，提出新愿景和目标。

第三，做好大判断，主业升级实现互补。

第四，选准突破口，带给客户极致体验。

永辉成立于2001年，十年创业，飞跃发展，是中国企业500强之一。近年来，努力在新零售领域展开一系列的尝试和探索，取得了不平凡的成绩。

永辉当前的发展战略如图16所示。

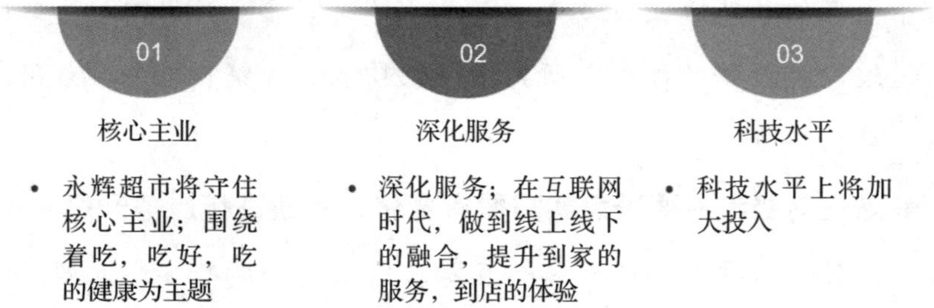

图16 永辉发展战略

- **永辉聚焦用户需求变化，推出全新零售业态“超级物种”**

2017年1月1日，永辉超市又一次赢来业内外的强烈关注。在继红标店、绿标店、精标店、会员店之后，永辉超市再推新业态——超级物种。这是永辉以“高端超市+食材餐饮+永辉生活APP”打造的全新品牌，也是一个基于会员电商平台及高端体验店的新零售业态。

永辉认为，中产阶级崛起、消费主力群年轻化，在这样的一个个性消费需求提升的体验经济时代，一成不变的商业终将被市场所淘

① 根据2016级EMBA学员，永辉超市副总经理杨李提供的素材整理。

汰。唯有不断创新、突破，迎合市场需求才能走得更远。

- **“超级物种”的创新业态**

超级物种业态如图 17 所示。

图 17　超级物种业态

永辉生活，就是引领一种全新的生活方式，这也正是“新零售”所倡导的价值主张。

超级物种经营过程中不接受现金支付，而是提供微信、支付宝、银行卡等其他的线上支付方式，这正是“新零售”其中的一个核心环节，通过对大数据的抓取与研究，提供精准的营销与服务，最终成为一家“数据公司”。

- **黏住消费者需要聚焦客户需求变化，不断进行服务升级**

如何黏住消费者，是永辉一直以来探索与创新的方向，超级物种的诞生给出了全新突破性的答案。超级物种在早前业态的基础上将商品和服务再次升级，搭建购物消费全场景，玩转极致消费体验。

- **永辉 2017 年报：盈利突破 18 亿元，门店突破 800 家**

永辉“以智能中台为基础，打造食品供应链的平台型企业”的战略转型初见成效。

2018 年 3 月 30 日晚间，永辉超市公布 2017 年度报告。报告显示，公司 2017 年实现营业总收入 585.91 亿元，同比增长 19.01%，归属于上市公司股东的合并净利润 18.17 亿元，同比增长 46.28%。这两项数据在整个行业里面均保持领先优势，如表 5 所示。

表 5 永辉业绩增长

主要会计	2017 年（元）	2016 年（元）	本年比上年同期增减（%）	2015 年（元）
营业收入	58591343430.31	49231645818.26	19.01	42144829561.56
归属于上市公司股东的净利润	1816794118.18	1242005725.00	46.28	605328259.00

永辉超级物种之路的不变之处在于围绕吃、吃好、吃得健康，连续性创新之处在于不断深化服务、提供客户更好的体验；变化之处在于从生态圈的思路提出“超级物种”，颠覆性创新的表现在于运用最新科技手段，实现线上、线下的融合，从而提升客户到家的服务、到店的极致体验。

2. 用四个步骤探索理想的新愿景

如何探索理想的新愿景，在实务操作中可采取四个步骤。

第一，愿景审查。对现有愿景做审查，思考组织的使命、策略和价值观有哪些方面需加改进。

第二，范围框定。就新愿景应具有哪些顺势而为的特点做出决策。

第三，继承探讨。探索新愿景在形成过程中需继承什么？否定什么？创新什么？

第四，愿景选择。列出各种备选的愿景并进行评估，最终选出一个最理想的愿景。

企业实践借鉴

上海飞乐如何从四个阶段展开对新愿景的探索[①]

上海飞乐股份有限公司成立于 1987 年 9 月，是中国较早的上市公司之一。公司目前在中国主要以北方、华北、华中、华东、华南、西北

① 根据 EMBA 学员赵海茹提供的素材整理。

和西南七大区域为销售平台，以渠道业务和工程业务为公司发展双引擎。渠道方面，通过遍布全国乃至全球的渠道销售高端差异化的照明产品和场景化的专业产品解决方案；工程方面，将以照明系统解决方案为业务抓手，从照明到智慧照明再到智慧灯网，逐步向平台化运营转型。

- **愿景审查：从审视产业价值入手重新定义市场**

重新定义市场如图 18 所示。

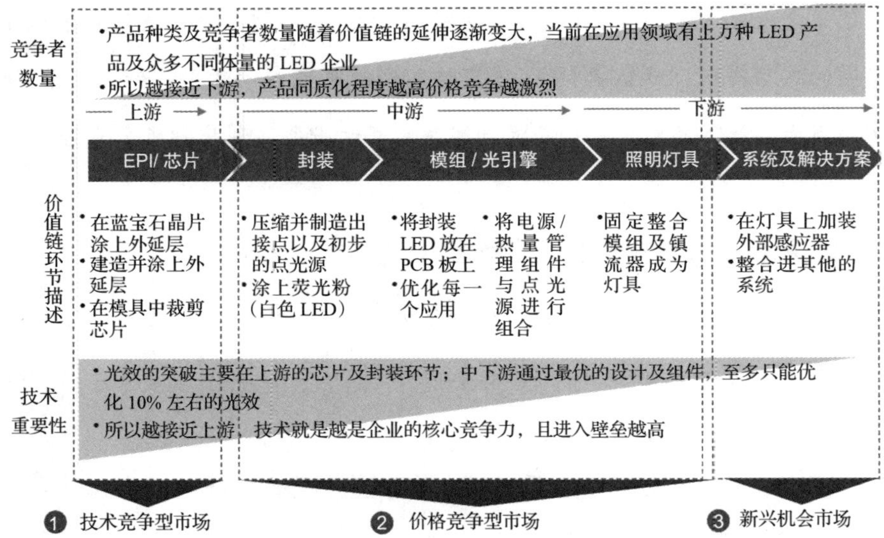

图 18 愿景审查

- **范围界定：智慧城市与智慧照明**

智慧城市与智慧照明如图 19 所示。

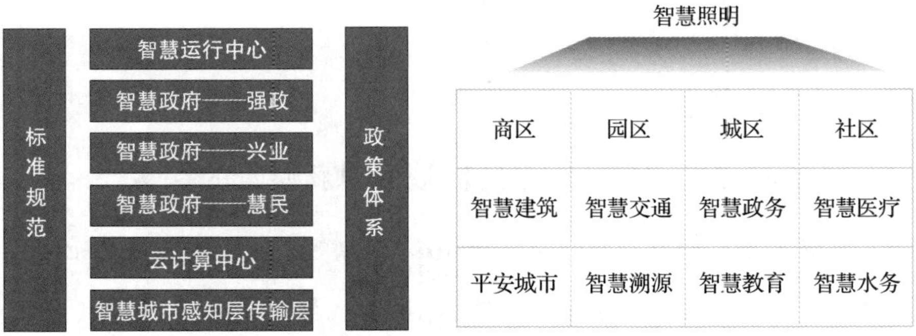

图 19 范围界定

依托以集团为主的智慧城市平台，以智慧照明产品和解决方案进行对接，获得远高于竞争对手的切入平台。

● 继续探讨：飞乐对企业经营的三个层次的判断

飞乐对企业经营层次的判断如图20所示。

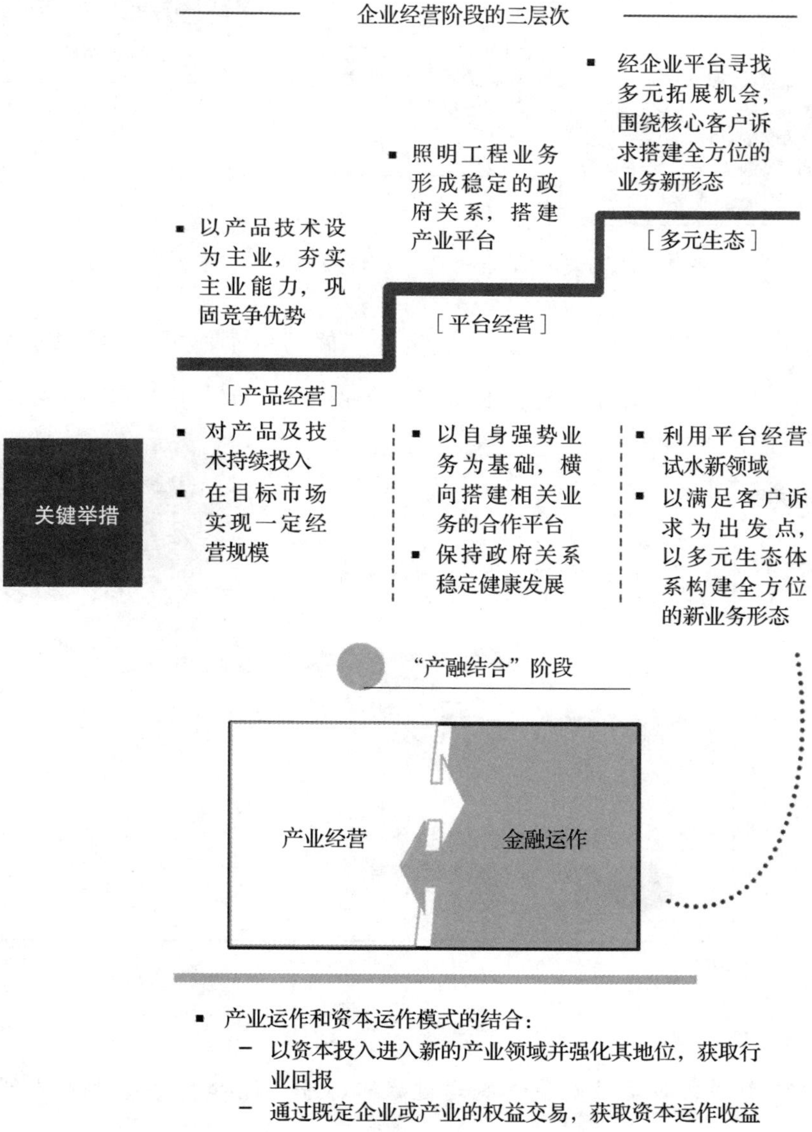

图20 飞乐对企业经营层次的判断

- **愿景选择：飞乐以使命愿景引领，构建公司“基石战略”“上升战略”和“未来战略”**

飞乐的“基石战略”“上升战略”和“未来战略”如图21所示。

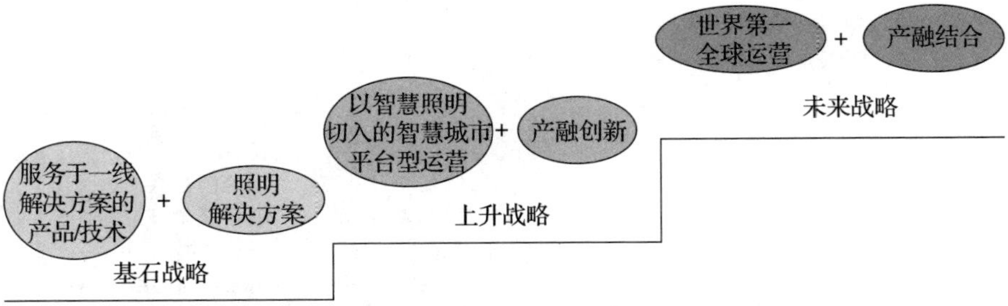

图21 飞乐的“基石战略”“上升战略”和“未来战略”

最终形成“以智慧路灯网”切入“智慧城市运营”，实现“全球运营”和“产融结合”的产业跨越，如图22所示。

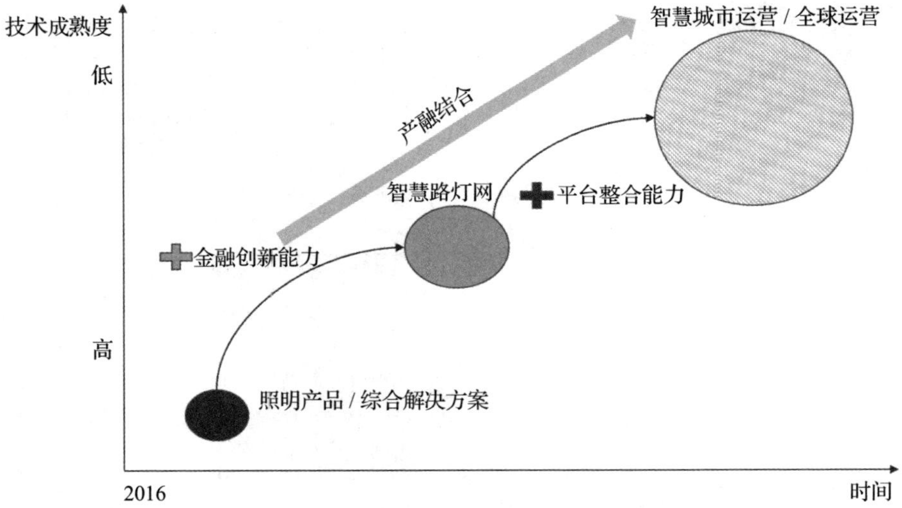

图22 实现产业跨越

以上的战略定位及愿景将通过战略抓手（核心能力）、战略使能器及主要子战略加以支撑，如图23所示。

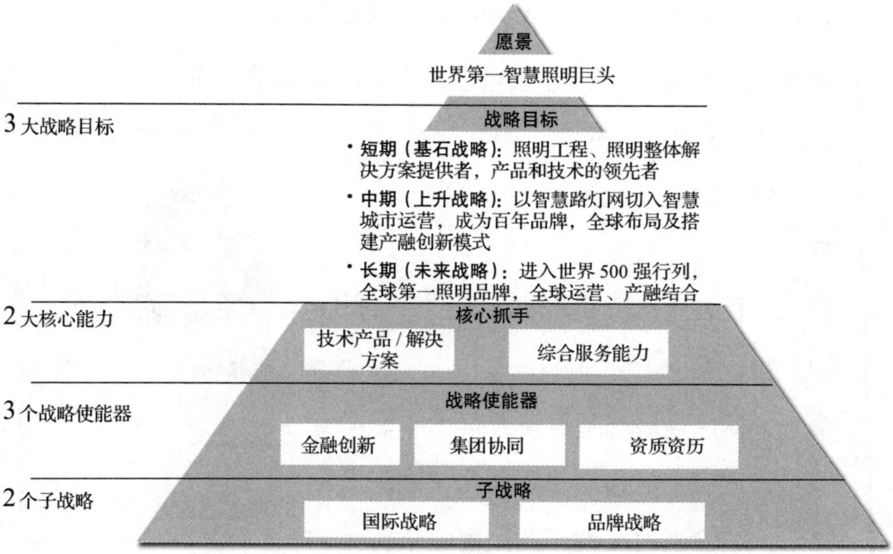

图 23 战略支撑

新愿景是否有效果，需要各方面的配合，也可以有具体的评价标准，如表 6 所示。

实务操作指南

如何判断新愿景是否有效

如何判断新愿景是否有效如表 6 所示。

表 6 如何判断新愿景是否有效

新愿景起效的特征	新愿景失效的特征
对未来充满希望和信心	不清楚愿景是什么
齐心协力	同时有几个愿景相互竞争
对愿景充满激情	对愿景迷惑、漠视或冷嘲热讽
组织内亚群体的行为与愿景目标一致	组织内个人或亚群体的行为与愿景目标不一致甚至相反
组织结构、章程和领导方式都有利于员工实现愿景	组织结构、流程和领导方式阻碍员工实现愿景
认可个人或集体对实现愿景所做的贡献	对员工实现愿景的努力不予认可

3. 从天时、地利、人和的角度使新愿景落地

新愿景如何落地，领导者可以顺天时、得地利、赢人和这三个角度具体入手，如图 24 所示。

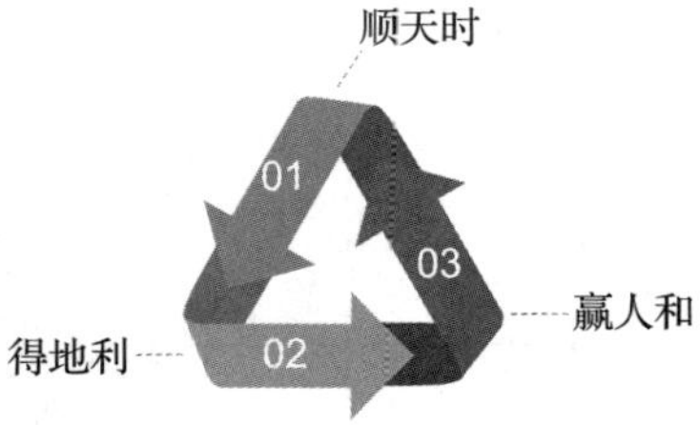

图 24　新愿景落地的三个角度

（1）顺天时。

第一，代表科技发展趋势。

第二，代表生活方式趋势。

（2）得地利。

第一，适应当时当地经济发展水平。

第二，适应当时当地思想文化认知。

第三，适应当时当地产业发展需求。

（3）赢人和。

第一，关注对手变化。

第二，关注商业模式变化。

如何顺天时、得地利、赢人和，百联集团创造了经验。

企业实践借鉴

百联集团的前瞻性转型①

● 顺天时：中国消费增长引领全球消费增长

麦肯锡分析：未来 15 年中国将贡献全球消费增量的 30%，中国消费者的消费模式正在发生转变，消费结构与发达国家日益相像。到 2030 年中国家庭全年在食物上的支出占比将继续下降，而可选品和次必需品的支出将持续显著增加，如图 25 所示。

国家统计局数据显示：2016 年，最终消费支出对经济增长的贡献率达 64.6%。

① 根据 EMBA 学员周晶波提供的素材整理。

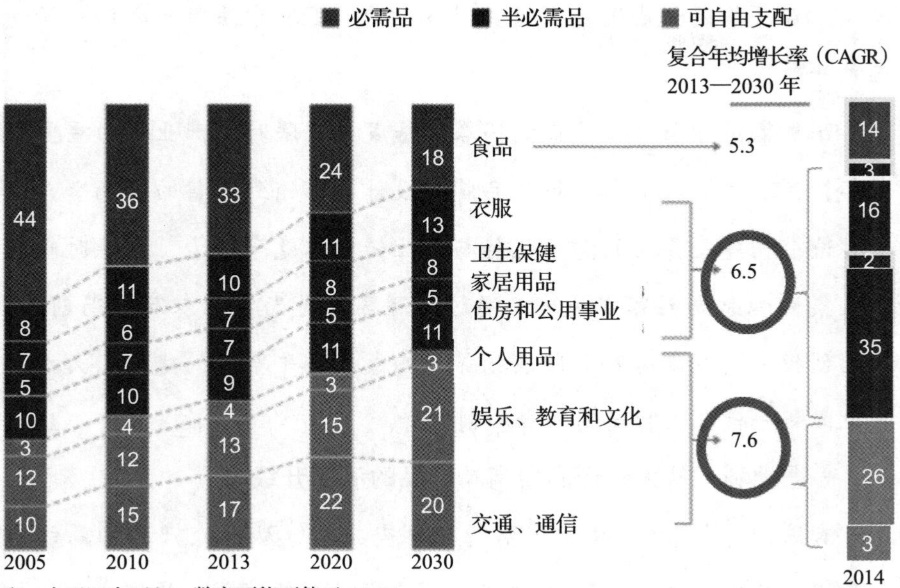

注：由于四舍五入，数字可能不等于 100%。

图 25　中国消费增长

Aliresearch 认为：我国的高端消费群体消费特征已经接近日韩水平，质量诉求逐渐取代价格诉求，高品质、高科技、个性化、小生活主义代表消费升级方向。阿里新消费指数显示，运动户外及家具品类升级意愿明显。

百联集团充分利用移动互联科技驱动转型创新。

2016 年 3 月 24 日，百联集团联手 IBM 在上海成立了全球商业互联网科研与创客中心，计划以技术为未来发展的核心驱动，孵化超百家创客。

2016 年 5 月 19 日，百联集团上线“i 百联”全渠道电商平台，开启全渠道零售的全面转型。

百联集团针对年轻人群的潮流需求，向时尚产业进军。

2018 年 3 月 28 日，“百联集团时尚中心——衍庆里”正式揭幕，同日，百联集团与意大利 ACM 时装学院举行百联国际时尚学院签约仪式，百联集团与法国领事馆共同举办的“百联中法时尚之约”活动正式开幕。

百联集团时尚中心的正式揭幕，将成为百联时尚产业链的重要组成部分，助力百联集团实现从品牌、设计、分销到零售的时尚全产业链打造，构建差异化的竞争优势与产业链核心竞争能力，打造时尚产业聚集地和时尚创客发源地。通过百联国际时尚学院以及时尚创客、基金创投、商业服务和品牌展销等“四大服务平台”的建设，大力培育中国新一代本土时尚创新者和创造者。

- **得地利：从大众产品向高端产品的消费升级**

依据麦肯锡2016年中国消费者调查报告，从大众产品向高端产品升级百分比表显示，2016年中国消费者的升级消费，集中在化妆护理用品、饮品及生鲜食品领域，而消费者在饮品和食品领域的消费升级欲望较2012年降低了30个百分点。消费升级调查如表7所示。

表7 消费升级调查

产品名称	降级消费	升级消费
化妆品	4%	44%
酒类	2%	36%
牛奶	4%	29%
护发用品	3%	26%
大米	3%	25%
生鲜	1%	24%
啤酒	2%	22%
冰激凌和其他冷冻奶制品	2%	22%
曲奇	4%	19%
果汁	2%	18%
冷冻预制食品	4%	17%
瓶装水	6%	15%
碳酸饮料	3%	7%

百联集团针对消费升级趋势，推出RISO新业态。

2017年6月26日，百联麾下的RISO首店在上海正式开业，该店主打“餐饮+生鲜+书店”融合模式，定位为百联集团新零售发现店。未来RISO还会衍生出社区店和便利店，将融入艺术、文化等更多业态进行扩张。

首家RISO门店是永安珠宝改建而来的，这也是百联集团业态整体转型的一步，此举也反映出百联系正对百货等陈旧业态进行调整转型。除了RISO新业态，百联集团也在对麾下第一百货、东方商厦等部分项目进行调整，进行整体新零售变革。

此番试水新业态也是抓住实体店的生鲜优势，并结合体验式业态吸引客流。

百联集团针对价值百货趋势，推出UMAX新业态。

2018年1月19日，百联旗下UMAX悠迈生活广场正式开业，该店主打“品质+折扣+人气集合店”的符合概念，通过引入跨界经营集合店、深受年轻人喜爱的时尚潮牌和流行品牌，搭建年轻人的社交平台，引领时尚生活的独特空间。

UMAX是百联集团首家由既存门店转型的城市奥特莱斯业态（价值百货），是百联集团在创新转型的一次重要突破，通过引入“城市奥莱”业态，为传统百货门店创新转型注入新的活力，成为五角场能级提升的“新鲜血液”，创造更加智能、时尚、美好的顾客体验和城市空间，也是培育和引领行业新商业模式，提升零售核心能力的积极探索。

- **赢人和：广泛合作，以获取共赢**

百联集团开展了一系列的跨界合作。

2017年2月20日，阿里巴巴集团与百联集团在上海宣布达成战略合作，在全业态融合创新、新零售技术研发、高效供应链整合、会员系统互通、支付金融互联、物流体系协同等六个领域展开全方位合作。

2017年6月5日，百联集团又与SMG共同签署了《新营销，新商业，新生态》战略合作协议，并就文化综合体验空间项目进行了签约。

2017年8月10日，百联集团与浦发硅谷银行签署战略合作协议，将与睿星资本（Greystar）和浦发硅谷银行展开深度合作，探索研究中国长租公寓市场，协助百联集团充分挖掘和升级旗下现有资产价值，盘活存量再开发，形成“商业地产＋商业经营”产业模式。

感　悟

企业要熬得住，认得出，抢得先，跟得上。

在漫长的严冬要熬得住；

风起于青萍之末时要认得出；

顺应趋势要抢得先；

市场需求变化时要跟得上。

3

第三章

共识力修炼

本章要点

领导者与追随者的共识，是卓越领导力发挥的基础。只有上下同欲，才能齐心协力，才有可持续发展。

共识，意味着每个人都能发声，每个人的意见都能被听到，最终大家团结地站在最好的决策那一边。

本章系统分析了共识力的作用机制，强调认知相通，用价值观引领共识；规则约束，两种契约促进共识；利益与共，有效激励保障共识；网络效应，社会舆论影响共识。

重点从操作性角度，探讨了如何通过头脑风暴法、同理心沟通、高人指路法、复盘学习法、反面案例法五条途径促进高管战略共识；探讨了如何通过正能量引领、制度化推进、工具化执行来用促进内部共识；探讨了如何通过利益调节促进外部共识；也探讨了在危机时刻，如何通过命令模式来实现危机共识。最后，通过聚焦讲好故事、和而不同，介绍了领导者如何学会讲四类故事。

开篇案例

BAT 对数据作用的不同判断

2017 贵阳数博会（全称为“中国国际大数据产业博览会”）于 5 月 25 日至 28 日在贵阳市举行，参与企业超过 400 家，国外嘉宾来自 20 多个国家。这次，BAT 三家到齐了，这是除了乌镇世界互联网大会、深圳 IT 峰会以外，又一次看到 BAT 三家再一次聚首。很有意思的是，这次贵阳数博会上，马云和李彦宏隔空对战，在相同时间，分别做了“机器智能”和“人工智能”两个高峰论坛，有一点火药味。特别是对大数据本身，他们的看法有所不同。马化腾在另一场合，也表达了不同的看法，如表 1 所示。

表 1　BAT 对大数据的不同观点

马云	李彦宏	马化腾
现在是数据为王的年代，由此而催生了人工智能的价值，并强调“数据将成为主要的能源，如果离开了数据，任何组织的创新都基本上是空壳”	数据不是根本，数据有点像新时代的能源，像燃料，推动时代进步的是技术，是创新，不是这些资源。工业年代最宝贵的不是煤，而是蒸汽机这样的技术革新	我相信李彦宏谈的是从 0 到 1，需要由创新技术驱动；马云讲的是从 1 到 N，这个过程需要持续不断的数据驱动。所以，他们谈的是不同阶段。更重要的一个要素是场景，有了应用场景，有了市场，数据自然会产生，也会驱动技术发展，人才也会随之而来

马云强调数据为王，李彦宏强调技术革新，马化腾则强调场景为先。我们目前难以判断谁是谁非，但有一点可以肯定，他们三位的认知差异，也带来三家企业发展道路的不同。

感　悟

大变革时期，共识更重要，形成共识也更难

一、共识力修炼的科学内涵

上下同欲者胜！

——《孙子·谋攻》

世上从不缺少迷人的愿景和美好的理想。但若没有共识就很难成功实现。它需要将诱人的前景绘声绘色地描绘出来。用这种画面来引发他人的热情和投入。只有形成共识，一个群体才能够同心协力为了组织的总体目标而奋斗。

（一）共识力修炼的内涵

1. 共识的内涵

并不是每个人同意就能称之为“共识”。

“共识”意味着每个人都能发声，每个人的意见都能被听到，最终大家团结地站在最好的决策那一边。

2. 共识力的内涵

共识力，指领导者与利益相关者形成共识的能力。利益相关者包括用户、股东、员工、合作伙伴、竞争对手、政府组织等。

从领导力角度而言，共识力也就是提高组织的学习能力。

领导者除了能够构筑愿景之外，更必须是一个能够了解组织，并能改变其工作方式的社会建筑师。任何组织的社会结构都是一个隐藏变量。领导者将组织中杂乱的声音梳理有序，也可以决定团队人员的言谈举止、工作进程的轻重缓急。

共识力虽然看不见摸不着，却决定着人们的行为，以及被微妙地传递给个人和群体的价值观与行为规范，并形成了企业内外的凝聚力。通过共识力修炼，实现上下同欲。心往一处想，劲往一处使。

（二）共识力修炼的紧迫

领导的成功，取决于人们是否能够建立和维持和谐的人际关系。因为领导力是领导者和追随者之间互动的过程，任何关于领导力的讨论都必须注重这种关系的匹配和良性互动。如果没有一些基本的共识将领导者和追随者联系起来。战略、战术、技能、习惯就都是空话。不确定性和颠覆性创新背景下，共识力修炼更为紧迫，那是因为以下三个方面。

1.“新”与“快”的商业趋势

不确定性和颠覆性创新带来的“新”与“快”的商业趋势，迫切要求以共识力来保证企业战略执行的灵活性。

2.“平台经营”的商业生态

“平台经营”的商业生态，带来众多的利益相关者关系处理，迫切要求以共识力来驱动可持续发展的商业生态圈形成。

3.“小事会致命”的时代特性

社会网络的放大效应，迫切要求以共识力来应对突发的企业危机事件。

盛大集团，十几年前曾是中国互联网界的领衔的“四大金刚”（盛大加 BAT）之一，是中国 IT 业界的“黄埔军校”。它的转型，也经历了一个曲折的过程。从它的转型历程中，我们可体会到强调共识的紧迫，也可以更深的感悟共识力的内涵。

案例分析

盛大的转型历程①

- **盛大发展简况**

1999 年，26 岁的陈天桥与弟弟陈大年在上海浦东新区科学院专家楼里的一套三室一厅的屋子里创立了盛大网络，并推出网络虚拟社区“天堂归谷”。2000 年的时候，盛大网络获得了中华网 300 万美元的注资。

2001 年 9 月 28 日，《传奇》开始公测，2 个月后正式收费，同时在线人数迅速突破 40 万人大关，全国点卡集体告罄，资金迅速回笼，盛大开始爆发。

2004 年 5 月 13 日，盛大在纳斯达克成功上市。盛大上市创造了很多纪录。它是当时市值最高的中概股公司、全球市值最高的游戏公司。同时，它也缔造了中国最年轻的首富——拥有 90 亿元资产，年

① 该案例由助教崔晓明、邱肃川在盛大集团现场调研后编写。

仅31岁的陈天桥（2004年8月10日，在纳斯达克上市的盛大网络股价一路攀升至21.22美元，陈天桥按照持有股票的比例折算，拥有90亿元人民币资产）。

- **第一次转型：从游戏运营商到全平台娱乐帝国**

第一，转型过程。

2005年3月，借助着盛大收购新浪股份的新闻效应，陈天桥在接受媒体采访时表示，自己在过去两年间真正的工作只有一个：为大转型作准备。他先把散落在各个游戏的用户群进行整理，随后用4.5亿美元收购浩方、边锋等游戏网站，以及一家叫起点的文学网站。此外，盛大还花了一年时间，在全国60多个城市招聘了数百人去做销售，搭建送货到家的销售渠道。陈天桥的这些行动都指向一个愿景，盛大将以盒子为支点，打造“网上迪士尼”（媒体语），而收购新浪股份其实只是他自2003年起所制订的“家庭娱乐战略”的一部分，这个战略一开始是以盛大盒子为核心，涉及个人电脑、电视、手机、电影、音乐、游戏、广告、预付费和电子商务九个方面。

然而，有了市场的盒子，却受到了监管政策的限制。盒子项目被迫停止后，盛大并未放弃既定的战略目标。随着互联网基础设施的不断发展和完善，陈天桥敏锐地认识到，构建互联网娱乐大平台的环境也在逐渐成熟。于是盛大加速了在资本市场的扩张，并于2009年成立盛大游戏和盛大文学，与腾讯、百度、阿里巴巴并称为中国互联网的四大巨头。盛大“娱乐帝国”战略继续高歌猛进，史称“09架构”，盛大希望从内容生产者转型为互联网平台。

第二，盛大第一次转型的得失总结。

愿景共识：完美开局。盛大的目标是打造像迪士尼一样的娱乐帝国，正如陈天桥所说，“也许现在提到游戏，你就会想到盛大，但在将来，当有人提及盛大时，你想到的将远远不只是游戏。”陈天桥天才地提出“网上迪士尼”构想，凝聚了一大批互联网创新创业的人才。

战略共识：强力推行。陈天桥亲自抓战略共识的推进，通过写公开信、谈话等手段，确保战略在公司上下能够顺利推行。但也遇到一些调整。起点中文网并入盛大后，吴文辉希望建立一个以起点中文网为中心的娱乐矩阵，由起点自行去安排所有旗下IP的各种版权改变和商业拓展；而站在盛大一边来说，要求所有旗下网站的IP由盛大文学统一调配安排。在战略上，产生了一定的分歧。这也是吴文辉团队离开的一个重要原因。

管理共识：遭遇挑战。兼并收购大量的创新企业后，遭遇了管理整合、管理文化兼容等重大问题。如酷六并入盛大后，酷六本身的管理文化和盛大的管理文化出现了较大的冲突，最终结果是李善友和酷六高管的集体出走。类似的管理共识问题比较突出，也是后续业务整合中遇到的较大挑战。

- **第二次转型：从平台运营商到专业的投资者**

第一，转型过程。

从业务上看，2009年、2010年其实是盛大的第二个高峰。但正当盛大的全娱乐平台正在高歌猛进的时候，陈天桥和弟弟陈大年先后遭遇了健康问题。两位重量级人物的健康状况问题直接影响了盛大战略的执行。同时期，BAT纷纷开始发力，全力扩张业务版图。外部竞争对手的发力和内部核心领导者的缺位，给盛大带来巨大的冲击，也就是在这个时期，轰轰烈烈的“网络迪士尼”全娱乐平台的光芒开始逐渐褪色。盛大的领导者开始思考公司的新一轮转型。

2012年，盛大在新加坡设立国际总部，向投资控股集团转型。现在，盛大集团官网的介绍变成了“向着成为一家国际级的投资控股集团而不懈努力”。除此之外，陈天桥把关注的领域更多投入到“脑科学”的研究。

盛大的另一块业务，需要继续投入精力开展运营的这部分，已从盛大分拆出来，以“掌门科技”的品牌在运行，由陈天桥的弟弟陈大年负责掌舵，包括WiFi万能钥匙、盛付通、果壳等。

第二，盛大第二次转型的新共识系统。

使命共识：关注人类命运，探索全新的、具有爆发性的未来科技，造福人类。

愿景共识：向着成为一家国际级的投资控股集团而不懈努力。

战略共识：从“王者”到“造王者”，帮助他人成功。

管理共识：鼓励创新、容忍失败、鼓励多样、合作共赢。

案例小结：如何在企业中塑造共识？如表2所示。

表2 如何在企业中塑造共识

自上而下的设计	自下而上的执行
通过宏大格局，启动愿景共识	价值统一成就利益共识
以价值观引领，构建战略共识	行动统一成就管理共识
转变经营思维，塑造管理共识	愿景统一成就战略共识
构建信任机制，凝聚利益共识	使命统一成就命运共识

二、共识力修炼的作用机制

共识力来源于四个方面，一是认知相通，用价值观引领共识；二是规则约束，两种契约促进共识；三是利益与共，有效激励保障共识；四是网络效应，社会舆论影响共识。

（一）认知相通，用价值观引领共识

共识是在一个核心价值体系基础上形成的，具有延续性的共同的

认知系统（形成组织效能的群体意识形态）。共识靠共同价值观的引领。价值观管辖我们的行为，是企业的DNA，是游戏规则，是让我们团结在一起的力量，是战胜挑战的关键成功因素。

企业实践借鉴

绿城房地产集团的共同认知系统[①]

绿城中国控股有限公司，是中国领先的优质房产品开发及生活综合服务供应商，是典型的混合所有制企业，以优质的产品品质和服务品质引领行业。绿城中国在“服务平台化、资产金融化、开发专业化”的发展战略指引下，致力于打造“理想生活综合服务商第一品牌”。绿城认为，美丽建筑，是安放生活的最好容器；美好生活，才是人们的极致理想之境。绿城中国始终坚持精诚之心、精致之道、精湛之术，不断满足人们对理想生活的追求，营造美丽建筑，创造美好生活。

在此基础上，绿城开发了与战略相匹配的共同认知系统，如图1所示。

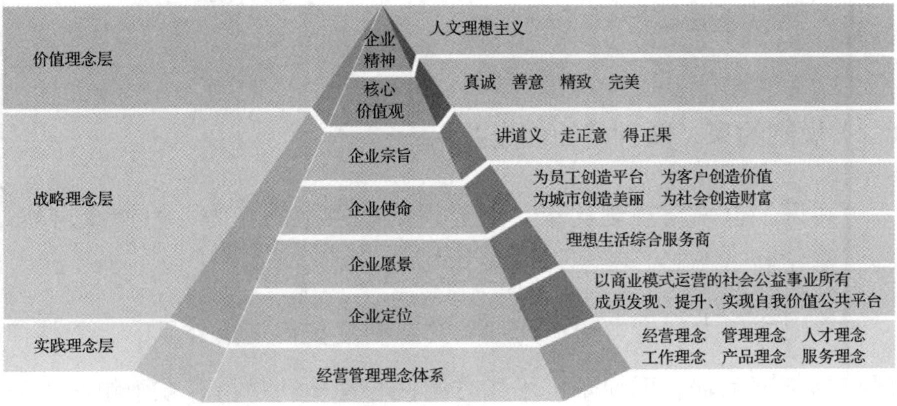

图1　绿城的共同认知系统

① 相关材料由2015级EMBA学员，绿城管理集团首席营销官王惠美提供。

在价值层，体现为人文理想主义。核心价值观包括：真诚、善意、精致、完美。

在战略层，企业宗旨包括讲道义、走正道、得正果；企业使命包括为员工创造平台、为客户创造价值、为城市创造美丽、为社会创造财富；企业愿景是理想生活综合服务商；企业定位是以商业模式运营的社会公益事业，所有成员发现、提升、实现自我价值的公共平台。

在实践层，经营理念为精致品质，稳健运营；管理理念为把企业还原为学校，带动员工和企业共同成长；人才理念为员工是公司的本体，是公司存在和发展的理由和目的；服务理念为以人为本，客户至上；工作理念为工作是神圣的，应以礼佛之心面对工作；产品理念为取法极致，得乎其上。

产品认知：产品是个躯壳，文明是它的灵魂，艺术是它的容貌，文明和艺术是房产品的价值所在。

行业认知：人文主义是房地产行业发展的基本价值理念；知其既然，知其所以然，知其当然，是房地产行业进步的关键。

城市认知：城市是文明的产物，宜人程度是判定城市价值的核心指标。

（二）规则约束，两种契约促进共识

共识，也来自规则约束。通过规则要求下的行为，习惯成自然，逐步形成共识。

规则体现为制度契约和心理契约。制度契约是指外显的、受法律保护的制度条款。无规矩，不成方圆；心理契约是指存在于组织和成员之间的一系列无形、内隐、不能书面化的期望，是在组织中各层级间、各成员间任何时候都广泛存在的没有正式书面规定的心理期望。

1. 制度契约推动共识

平安集团的30年发展，创造了发展的奇迹。平安的快速发展，与其强大的制度契约构建有重要关系。下面以平安集团的风险管控为例。

平安集团确立了以“促进整个集团有效益可持续健康发展”为公司内控与风险管理的战略定位和长期目标，建立了“覆盖全面、运作规范、针对性强、执行到位、监督有力”的“三位一体、三道防线”风险管控运行机制，确保集团并督促子公司经营管理合法合规、符合监管要求，确保单一/累积风险低于公司可接受水平，确保整个集团健康持续发展。

三位一体：三个专业部门在风险管控过程中分工、配合与协作，是强化事前、事中、事后风险管控三个环节的功能。

三道防线：业务部门是第一道防线，通过建立内控评价与考核问责；合规部门和风险管理部门是第二道防线；稽核监察部门是第三道防线。

2. 心理契约促进共识

2004—2008年，我曾任上海海外联合投资股份有限公司总裁兼俄罗斯波罗的海明珠公司的董事长，直接参与了俄罗斯圣彼得堡波罗的海明珠项目的开发建设。当时我们在圣彼得堡拿下了近两平方公里土地，规划建一座新的地标性建筑。但由于刚去的时候对当地文化了解不够，一厢情愿地按中国文化推进项目，使发展遇到了很大阻力。当时有居民上街游行反对，甚至有人在当地“杜马”提出进行全民公决。错误和挫折教育了我们，后来，我们注重文化融合和心理契约，通过一系列的工作，情况有了很大的改变，项目也从最初在当地几乎遭全民公决到现在得到普遍拥护。

2006年8、9月间，中国国内100多家报纸，都刊载了新华社的报道“文化入手，中国商人靠‘普希金’拿下俄巨额工程”。

2006年8月21日，“中俄友谊之旅”采访团在圣彼得堡市西南部的红村区，见到了在这里工作的中国商人和中国建筑工人，是“波罗的海明珠”把他们吸引到俄罗斯最西端的港口。在俄罗斯投资能否取得成功，非常重要的是能否有效地进行文化融合。“波罗的海明珠”项目主要投资方、上海海外联合投资股份有限公司总裁包季鸣向记者介绍了获得这个项目的前后经过。其中，关于如何跨文化构建心理契约，是项目成功的关键因素之一。

包季鸣说，最初，一些俄罗斯人不相信中国人能做好“波罗的海明珠”项目。这是海外拓展经常碰到的问题，其根源往往在于文化差异，相互之间缺乏了解和沟通。因此，在与俄罗斯人谈判的时候，他做足了功课，经常随口大段地吟诵普希金等人的诗词、名言，还与他们一起唱俄罗斯歌曲，一下子拉近了双方的距离。

2004年9月15日第一次见圣彼得堡市市长玛特维延科女士，包季鸣就引用了普希金题为《10月19日》的诗。普希金原来读书的地方叫“皇村”，而“波罗的海明珠”则位于红村，包季鸣说，“我把普希金的诗改一个字，将其中的‘皇村’改为‘红村’”，并马上背给了市长听：“不管幸福向何处指引，也不顾命运将我抛向何方，其他一切都是异乡，我的母国只有红村。”市长一下子激动起来，立即表示：“我的手机24小时为你们开着。”

波罗的海明珠项目在跨文化构建心理契约方面的成功尝试，在当时引起较为强烈的反响。

（三）利益与共，有效激励保障共识

共识，核心是要共赢。只有共赢，共识才可能持久。

共识力的核心就在于创造共赢的解决方案，让所有的核心利益相关者实现共赢。在这方面，领先企业在战略上会形成一个利益共同体。利益共同体的形成对于企业的战略发展起着尤其重要的作用。“利益共同体”的各成员利益越相近，合作就越可能成功。每个企业，在相同的环境下对待利益伙伴的方式越接近他们喜欢被对待的方式，利益共同体实现的可能也就越大。苹果公司成为全球市值第一的上市公司，关键是创造了一个利益相关者共同受益的共赢生态圈。

相关链接

苹果公司的利益与共

苹果公司的共赢生态圈如图 2 所示。

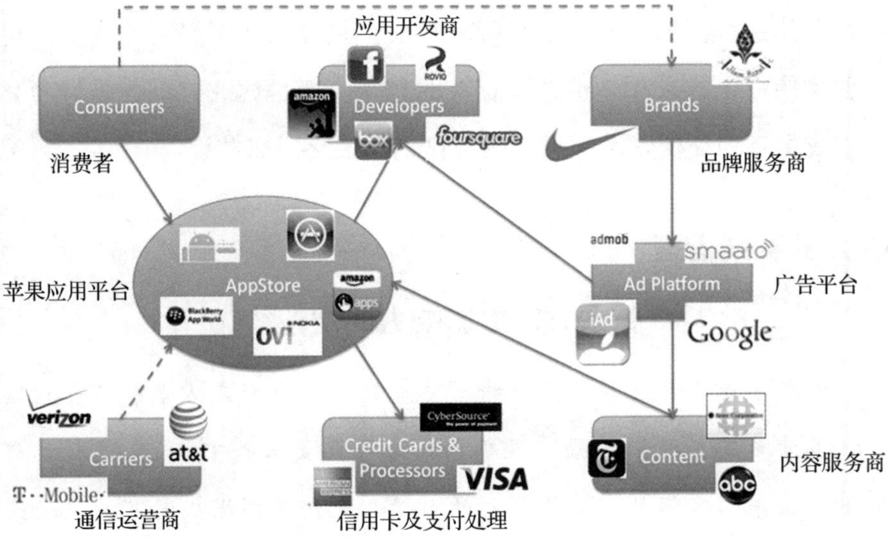

图 2　苹果公司的共赢生态圈

（四）网络效应，社会舆论影响共识

在价值多元、思潮多变、观点多样的信息网络社会，领导者要把

企业看作有机的整体，善于把握企业发展的“脉络”和“穴位”，找到与利益相关者对话和互动的途径和方式。

网络社会的崛起，是领导者提升领导力的重大历史机遇。从根本上来说，网络逻辑与领导逻辑是一致的，网络需要增加更多节点，需要节点之间的互动和信息交流；领导需要赢得更多的追随者，需要领导者和追随者之间的良性互动和信息沟通。

领导者要提升网络素养，也就是要调整思维模式，保持积极心态，掌握基本技能，提升网络智慧。领导者要熟悉“网言网语”，善于“网来网去”。

塑造网络影响力，包括四个主要环节：一是信息共享。围绕需要解决的问题，领导者和网络群体收集大量信息资料，并把有价值的信息资源发布到网络平台上。二是共同探讨。通过网络平台，领导者和网络群体进行头脑风暴。三是寻求意义。领导者在网络群体中交流思考群体使命，寻求和创造群体存在的意义。四是达成共识。领导者和全体成员互相交流学习成果，反复讨论，最终形成共识。

企业实践借鉴

新东方网络影响力的塑造[①]

新东方老师向来有讲段子的历史。用户评价新东方老师“会讲段子、多才多艺、能歌善舞、风趣幽默与严格要求并重”。在这样的环境下，新东方名师具有自己鲜明的个性。无论是周思成、艾力，还是朱伟、刘冠奇，都是新东方集团的名师，其教学能力已经得到了学生认可，当然也具备不错的口才。

在资本的助推下，各种综艺节目迅速发展，节目的多样性为不同

① 根据车锦文“为什么新东方老师喜欢参加电视节目？”整理。

性格的老师提供了舞台。新东方老师刘冠奇在东方卫视的《笑傲江湖》节目中称，其所在的新东方集团被网友称为“第二德云社”。在刘冠奇之前，不少新东方老师已经在“综艺”的道路上小有所成。

参加电视节目后的好处也是显而易见的。除了在舞台上自我实现，节目播出后，其个人的品牌、影响力都会得到进一步提升。互联网时代的个人影响力可以通过网络实现超越线下数倍的传播，这些影响力最后会转化为实实在在的“粉丝”。这也是新东方文化的一个特点。

在互联网的时代，借助好的媒介传播个人品牌，在保证教学品质前提下，突出个性化的色彩，为培养“粉丝”和塑造品牌都提供了非常好的途径。

三、共识力修炼的操作思路

共识力修炼，追求的是一种和谐的境界。和谐的本质是和而不同，是事物的对立统一，是有差异性的不同事物的结合和统一共处。在这里，我们会从不同层面介绍一系列的操作性的思路，但同时强调，学会讲好四类故事是领导者促进共识的基本功。

共识力修炼模型如图 3 所示。

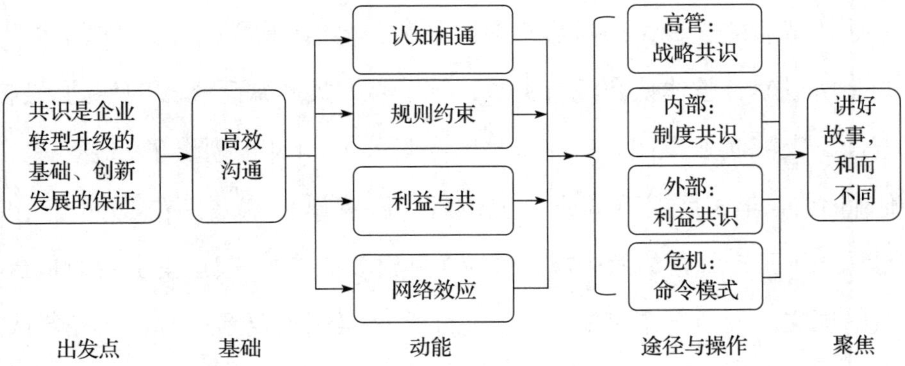

图 3　共识力修炼模型

（一）高管：战略共识

在企业高层，最重要的是使命共识和战略共识。

高管只有认清使命聚共识，企业方能通力合作谋新篇。

高管战略共识，即企业高管对本企业新愿景的理解程度、认同程度和执行意愿，是影响企业新愿景执行力和战略绩效的重要因素。

如何在高管中形成共识，我们在实践中总结了如下五条行之有效途径：头脑风暴法、同理心沟通、高人指路法、复盘学习法、反面案例法。

1. 头脑风暴法

头脑风暴法有可分为直接头脑风暴法（通常简称为头脑风暴法）和质疑头脑风暴法（也称反头脑风暴法）。前者是在高管群体决策时尽可能激发创造性，产生尽可能多的设想的方法，后者则是对前者提出的设想、方案逐一质疑，分析其现实可行性的方法。

实务操作中的要点：首先是充分的头脑风暴，脑力激荡；其次是形成共识，明确思路；最后是总结提升，揭示背后逻辑。

目前在操作中，碰到的较大问题是，进行了脑力激荡，也明确了发展思路，但在揭示背后逻辑方面，下功夫还不够。如果不能真正揭示成功背后的逻辑，那虽然头脑风暴了，事情也做成了，但知其然不知其所以然，整体认知没有突破，下一步发展就缺乏强大的后劲。这方面，上海实业集团（我曾在此单位服务了 14 年）创造了好的经验，他们 1996 年 5 月在香港成功上市后，原董事长蔡来兴在 1996 年 10 月总结了资产经营的六个放大效应（见相关链接）。我这里引用的是当时的原文，没做一个字的增减。由于当时集团主要领导对资产经营认识的高度和深度，又注重提升整个组织的学习力，从整体上提升了整个高管团队的认知，对日后上海实业资产经营的发展起了很好的指导和促进作用。

相关链接

资产经营的六个放大效应

- **结构放大效应**

资产经营跳出了传统的只对产品进行生产经营或提供劳务的模式，对经营对象做了极大扩展，它把整个企业的一切资源，如厂房、设备、产品、货币、债券等有形资产，以及商标、专利、技术、人才、商誉、管理、营销网络等无形资产，全部利用起来，通过在资本市场上的运作实现资源的优化配置和资产的快速增值。

- **交易放大效应**

随着经营对象的扩大和完善，资产经营的交易规模也随之急剧扩大。船王包玉刚舍舟登陆收购“九龙仓”。1978年9月，包玉刚与李嘉诚20分钟会谈，决定了收购英资怡和旗下九龙仓的重大决策。为此，包玉刚在一夜之间调集22亿港元一举收购了九龙仓，取得拥有上百亿港元资产的九龙仓的控股权。

- **市场放大效应**

产品经营的市场是狭小的，往往局限于一个国家、一个地区或一个行业。上海实业控股公司在上市前，到新加坡、欧洲和美国进行宣传推介，在10天之内，接触了200多家投资基金，它们控制和管理的基金几乎占全球2/3左右，拥有3万亿美元以上的资产，其市场容量之大、范围之广，是一般产品经营所难以想象的。

- **融资放大效应**

资产经营把产业资本与金融资本结合起来进行融资，属于直接融资方式，与间接融资方式，具有资金来源面广、资金量大、融资工具多元、无负债、无时间约束等特点。成功的资产经营还可以提高企业的知名度和资信，这是一笔无形资产，有利于企业长远发展。

- **时间放大效应**

产品经营从建设、生产到销售，投资回收一般需要5～7年的周期。而资产经营，由于它一般经营已进入销售阶段具有3年以上盈利佳绩的资产，因而它的投入和产出的周期浓缩在一个特定的时间内，然后在特定市场交易中（如在证券市场）释放出来。

- **效益放大效应**

资产经营通过对资产存量和增量进行管理、重组和交易，可在短期内使资产获得最大限度的增值，为企业带来巨大的效益。特别是跨行业的产、供、销的全方位的资产运作可是企业的资源的以最优配置，从而带动企业资产运作的高成功率和高回报率。

2. 同理心沟通

同理心沟通，即站在对方立场设身处地思考，在促使高管形成战略共识上，能够体会他人的情绪和想法、理解他人的立场和感受，并站在他人的角度思考和处理问题。主要体现在情绪自控、换位思考、倾听能力及表达尊重等与情商相关的方面。

但是，同理心绝不等于“你好、我好、大家好”地和稀泥，也并不意味着领导者要千方百计照顾下属的情绪，努力讨好每一个人，这样做的结果肯定是一场空，什么事也做不成。事实上，同理心，只是要求领导者深入体察追随者的感受，并综合考虑其他因素，然后做出明智的决定。

相关链接

纳德拉的同理心沟通[①]

2014 年，微软病了，员工倦怠了，深感挫折。

纳德拉认为，制定正确的战略是重中之重，但首要的是重新发现微软的灵魂，重新定义微软的使命，并阐述微软的商业愿景。他将重点放在文化转型上，这是当时面临的最大困难。

每周例行的高级管理团队会议上，每个人都被要求思考这样的问题：我们在工作和家庭中是谁？我们如何把工作角色和生活角色连在一起？

大家谈到了天主教的起源、儒家教育，还分享了各自作为父母的种种艰辛，以及为打造人们喜欢的工作和娱乐产品所付出的不懈努力。

这是微软高级管理团队在会上第一次谈论他们自己，而不仅仅是业务问题。有些人讲到满眼泪水。

那次会议之后，每个人在高级管理团队中的角色开始发生了变化。每一位领导者不再仅仅是微软的员工，有了更高的要求，即利用微软去追求他们的个人爱好，进而赋能他人。

随后，纳德拉用一页纸定义了微软的使命、世界观、愿景和文化，表示微软必须围绕三个息息相关的愿景调动所有的资源：

第一，重塑生产力和业务流程。第二，构建智能云平台。第三，创造更个性化的计算，推动人们爱上 Windows。

3. 高人指路法

人不是自然成熟的，是靠“点化”前行、靠“顿悟”发展。一个人能走多远，很重要是跟谁在一起走。因此，高人指路，绝对对促进

① 素材源自纳德拉的自传《刷新》。

高管战略共识有重大作用。

相关链接

碧桂园杨国强的顿悟①

过去7年间，碧桂园就像一列高速行驶的列车，从400亿元到5000亿元，在同样高速发展的中国房地产市场，扮演了冲锋者角色。

2013年春天的一个下午，碧桂园控股有限公司（下称碧桂园）董事局主席杨国强与中国平安保险集团董事长马明哲之间有一场简短对话。那时，没有人能预测，这场对话将怎样改变碧桂园之后的命运。

两人在一场高尔夫球赛间隙交流，那时58岁的杨国强问了同龄的马明哲一个管理问题。10年前，杨国强把女儿杨惠妍推向了中国首富的位置，但面对业内最受追捧的保险公司掌门人，他态度谦逊。

杨国强问："你管理平安万亿元资产，有什么秘方？"

马明哲说："我能有什么秘方，就是用优秀的人。我这有很多年薪千万元的人。"

回去后，杨国强对时任碧桂园人力资源总经理彭志斌说："我给你30亿元，你去给我找300个人来。"

7年间，碧桂园的业绩规模成倍增长，如图4所示。2011年432亿元，2012年476亿元，2013年1060亿元，2014年1288亿元，2015年1402亿元，2016年3088亿元，2017年5508亿元，这样的增长速度，在地产行业并不多见。碧桂园的销售额增长趋势如图4所示。

现在回顾那场大佬对话，外人并不知道杨国强内心曾经历什么样的冲击。市场变化多端，同行不断洗牌，碧桂园规模跃进，与人才打造、激励制度、架构体系、管理思维等一系列变化息息相关。这一切

① 素材源自网络。

又首先归于一个人，即杨国强的变化。

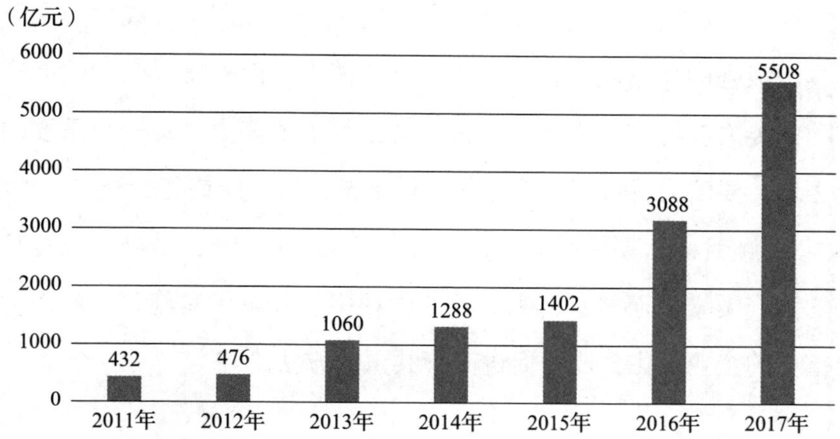

图4　碧桂园的销售额增长趋势

在实务操作中，大家都知道高人指路的重要。但往往多的是“高人啊，你在哪里”的无奈感叹。其实，高人就在身边。任正非的“喝咖啡”的方法，就是很好的一个途径。

实务操作指南

与“高人”喝咖啡

华为任正非在多次讲话中提到：

高级干部要少干点活儿，多喝点咖啡。视野是很重要的，不能老关在家里埋头苦干。高级干部与专家要多参加国际会议，与人碰撞，不知道什么时候就擦出火花，回来写个心得，也许就点燃了熊熊大火让别人成功了。

我们要跟别人喝咖啡，要送一瓶好酒；和教授合作，不要提那么多要求，就说能否在你立项和失败的时候给我们讲两堂课，在讲的过程中，我们喝几次咖啡。我们与几百个人喝了咖啡，消化几百人的思想，然后就会领先世界。如果你不理解，当“黑天鹅”要出现时，就会错失。

4. 复盘学习法

复盘，是很容易使用又很有实效的方法。我们发现成功的企业家都具备很强的反思能力，不是反思自我能力，而是反思公司的战略和行动的能力。用柳传志的话来说，就是复盘的能力。每一个重要的决策之后，要回头看看每一步走得对还是错，以后应该怎么样。

"回顾目标、评估结果、分析原因、总结经验"，是柳传志复盘理论的四个要素。而复盘也和"目的性很强、分阶段实施"一起作为联想重要的企业文化，成为促进高管共识的方法论。

相关链接

万达的复盘学习[1]

在王健林对《成都锦华万达广场项目复盘总报告》的批示手稿里，他给万达复盘法定了调子，核心就是"复盘既是研究创新，也是管理推动"。他明确指出，希望今后每年至少选 3 ～ 5 个项目复盘总结。总结时分管规划或商管的副总裁至少一人参加，以示重视。

万达历来重视复盘学习，并形成了自己的复盘学习模式。

- **人人有复盘思维**

从项目一开始，就是开始奔着要复盘的心，所以项目一开始，就建立起过程中点点滴滴的记录。如果人人复盘思维，过程就会留痕，阶段就会做总结，过程中拍的照片就会留存。正所谓"好记性不如烂笔头"。

- **面对面开会**

万达商业地产研究部会给各个系统布置作业：第一，项目或者问题的描述；第二，会涉及哪些系统和部门；第三，数据或者问题描述，

① 引用字网络媒体《万达工作法——复盘》。

要列出具体的事例和数据；第四，按照重要性把问题排序。

以石景山万达广场复盘为例，不但内部调研，还跳出来从外部视角做了调研。比如，调查商户，问他们对休闲座椅的评价，空调温度的评价等——这便于规划设计的时候能知道商户在想什么，需要什么。另外，还调查消费者，比如你喜欢商场的什么类型的活动，对于洗手间的功能配置有何要求等。这就会形成正面负面各种评价，然后根据这些反馈，分析、吸收、改进。

这个环节搞定之后，就要上会了。开会虽然很烦，但是对于复盘来说，必须要开！而且必须是面对面！

● **内外结合**

万达做复盘，不但自己人各种PK、头脑风暴，还会邀请一些外脑来参加。比如，会请一些官员、专家、媒体人士来参加万达的复盘大会。

在《南京建邺万达广场项目集团复盘阶段性报告》中，专门有一个部分是外部专业人士评价及建议。有专家提出，万达广场内部人文环境不够，主要表现在无书店的配套及内部绿植摆放的数量不足；还有人提出可以增加儿童段业态，引进高年龄段业态；停车场进入不方便，且由于停车场半径不足原因，发生蹭车现象较多……这些建设性的意见很有价值，有的甚至推动了万达自身业态的发展，比如目前万达宝贝王已经在全国开了四家；万达的停车场问题已经解决，万达广场的停车场不敢说是全国最好的，但至少是最敞亮的。

5. 反面案例法

领导者在平时的学习中，比较多的是学习他人的成功经验。事实上，研究反面案例，也是一种很好的学习方法，有时甚至是更好的方法。比如，现在有些企业在组织干部学习时，重点学习研讨别人是怎么失败的。

因为在战场上活着的人才是胜利者，活着出来的人才是成功者。

2017 年 1 月 25 日下午，浙商总会会长马云现场面向近 600 位浙商分享了自己的深入思考。其中，马云提到：我自己回忆在阿里巴巴成立的前三年到五年内，我每发现一个公司怎么失败的，我就会把这个公司失败的案例发给所有同事，让大家知道这些事情要记住，别人犯这样的错误我们也会犯，不要以为你有多聪明，人都是差不多。只有避开那些经常犯的错误，你才有可能。尽管这样，阿里巴巴犯的错误绝不亚于任何一家公司。

实务操作指南

高管沟通中的 12 种有效方法

下面 12 种方法，是在高管沟通中有利于让他人接受你观点的有效方法。从争论中获取最大好处的唯一方法就是不要争论。

1. 尊重别人的观点。
2. 永远不要说他们错了。
3. 如果你错了，那么一定要迅速果断地承认错误。
4. 以友好的方式开始。
5. 让别人迅速说“对，对”。
6. 让别人“口若悬河”。
7. 让别人感觉这个主意是他的。
8. 真诚地试着从别人的角度看问题。
9. 对别人的观点和希望表示理解。
10. 诉诸更高尚的动机。
11. 生动地表达你的观点。
12. 战胜挑战。

（二）内部：制度共识

领导者的共识力修炼，在企业内部，主要是对新战略的理解和执行层面的共识。

领导者在创建新的愿景目标的基础上，通过提供正能量，将新愿景目标具体化，落实责任，并开展承诺。同时，还要将新愿景目标组织化和制度化。

新领导力，靠“制度”来从事领导活动。传统领导模式是靠领导者个人的能力加魅力、加魄力、加权力来开展领导活动，其领导力是领导者直接发力，而新领导力靠“制度”来从事领导活动，其领导力是靠“制度”来发力。领导者的作用将发生变化，不再直接发号施令，而是通过制定制度、规则来影响人们，使人们在一定的规则下活动，在一定规则下，习惯成自然，习惯又上升为与企业战略的共识，从而实现领导意图的领导方式。

实现制度共识的途径主要有：正能量引领、制度化推进，工具化执行。

领导者通过提供正能量来实现制度共识，提供正能量的方法有：形成紧迫感，确立一种鼓舞人心而且值得为之奋斗的使命，设定能够拓展人们能力的目标，建设团队协作的精神，树立实现目标的信心。

领导者要研究如何让制度“活”起来，激活制度比制度本身更重要；要研究如何让制度聪明起来，加强制度设计，赋制度以大智慧；要研究如何让制度公正起来，制度的公平与公正是制度本身的生命；要研究如何让制度神圣起来，制度先管住权力，让领导者服从制度。

德胜洋楼有限公司是制度化推进的典范。

德胜洋楼有限公司把制度和秩序推崇到无比崇高的地位。《德胜员工守则》封面上印着这两行字：一个不遵守制度的人是不可靠的人！一个不遵循制度的民族是一个不可靠的民族！任何德胜员工做事，眼里只有执行制度和程序，而没有上级。

正能量引领，制度化推进，有赖工具化执行。这方面，EMBA王品集团的同学介绍了他们的经验。

企业实践借鉴

王品集团的制度建设①

王品集团是中国台湾地区第一大直营连锁餐饮集团，成立于1993年，并于2003年进入中国大陆市场发展，2011年于台湾地区上市，目前有24个餐饮品牌各占据领导地位。王品集团于2016年荣获Cheers杂志“新世代最向往企业TOP100”观光餐饮业第一名，天下杂志“2016金牌服务业调查”囊括西式餐厅类前五名：王品集团第一名、夏慕尼第二名、陶板屋第三名、西堤第四名、舒果第五名，2017年商业周刊“台湾100大影响力品牌”总排行第89名，日经BP社与经理人杂志合办“2017 Brand Asia”亚洲影响力品牌，荣获台湾地区总分类第41名，旗下鹅夫人品牌于2017年、2018年蝉联上海米其林指南一星餐厅殊荣。

王品集团2017年合并营业额约35亿元人民币，截至2018年7月，共有412家店，台湾直营266家店，大陆直营144家店，海外2家，员工21000多人。

王品在内部制度契约建设方面具有相当显著的特色。

- **正能量引导**

通过核心价值观和经营理念来体现。

① 相关材料由2016级EMBA学员，王品（中国）餐饮有限公司财务行政中心总经理毛远铮提供。

核心价值观：诚实、群力、敏捷、创新。

经营理念：顾客是恩人；同人是家人；厂商是贵人。

公司提出自身的使命：以卓越的经营团队，提供顾客优秀的餐饮文化体验，善尽企业公民的责任。以此为基础，成为最让顾客、同人、股东满意的餐饮集团。

- **制度化推进**

制度化推进在“王品宪法”中得到了充分体现。

“王品宪法”：

任何人不得接受厂商20元以上的好处，触犯此“天条”者，一律开除。

同人的亲戚禁止进入公司任职。

公司不得与同人的亲戚做买卖交易或业务往来。

不做本业以外的经营与投资。

奉行“顾客第一、同人第二、股东第三”之准则。

每月至少召开一次中常会，集体决策。

……

- **工具化执行**

王品集团的“龟毛家族”和“家人有约”，非常好地体现了工具化执行。

“龟毛家族”：

迟到者，每分钟罚20元。

公司没有交际费（特殊情况需提前申报）。

王品人应完成“3个30”（一生登30座百岳，一生游30个国家，一年吃30家餐厅）。

每天需步行10000步。

过年不需向上司拜年。

上司不得接受下属为其举办的庆生活动。

购车车价不超过35万元。

不崇尚名贵品牌。

不使用仿冒品。

……

“龟毛”一词是中国台湾地区年轻人惯用语，意指对某些小事物有着莫名的坚持，通俗点说，就是形容这个人斤斤计较、不够爽快、啰啰唆唆、婆婆妈妈。

“家人有约”：

合法纳税。

不行贿。

不发展吃到饱类型之餐饮品牌。

受保护或稀有的动植物不入菜。

鼓励同人进入公司后个人学历再升级。

公司高阶主管以完成设置一个个人奖助学金回馈社会为目标。

各品牌不得于地下室展店经营（百货商场除外）。

厨房同人的逃生口与外场客人的逃生口一样重要。

……

王品集团的实践，使我们看到一个鲜活的操作案例，即让制度活起来，聪明起来，公正起来，神圣起来。

（三）外部：利益共识

领导者的共识力修炼，在企业外部主要是利益相关者在目标共识的基础上，通过利益共识实现高效协同。

实现利益共识的基本思路，是发现利益相关者之间的共同利益，在此基础上，建立共赢机制。

建立共赢机制，主要体现为思想上求同存异，目标上同心同向、行动上同心同行，强调看待问题时信念上达成共识、道路方向上形成一致、具体实践上分工协力。如此前进之路才能越走越宽，宏伟目标的展开与实施才能越来越顺畅。

关于如何建立共赢机制，我们会在第四章的平台力和第五章的创新力中进一步展开。复旦大学DBA学员仇瑜峰在他的博士论文中，探索了用共赢生态圈实现利益共识。

实务操作指南

中崇集团用共赢生态圈实现利益共识①

中崇集团成立于2003年，经过10余年发展，目前主要围绕大宗商品产业链，建立起大宗商品供应链集成服务、地产开发管理及跨境基础建设投资、金融投资和衍生投资四大业务板块。大宗商品供应链集成服务板块，主要凭借大宗商品国际贸易、供应链物流和供应链金融的优势基础，以跨境电商平台为载体，以大数据整合资源，致力于打造钢铁产业集成服务商，构建共赢生态圈体系，如图5所示。

首先，建立购销电子商务平台、网上购销配送体系，直接面对终级原料供应商和终级用户，减少供销中间环节、保证渠道的畅通，减少成本、提高效率。

其次，整合企业所有的资源，推行以信息化管理系统为核心的全方位电子信息化解决方案，从采购、供应、销售、库存、客户管理到

① 相关材料由复旦大学DBA学员，中崇集团董事长仇瑜峰提供。

生产、办公自动化，从而降低成本、提高效率、拓展市场范围、提高顾客满意度。

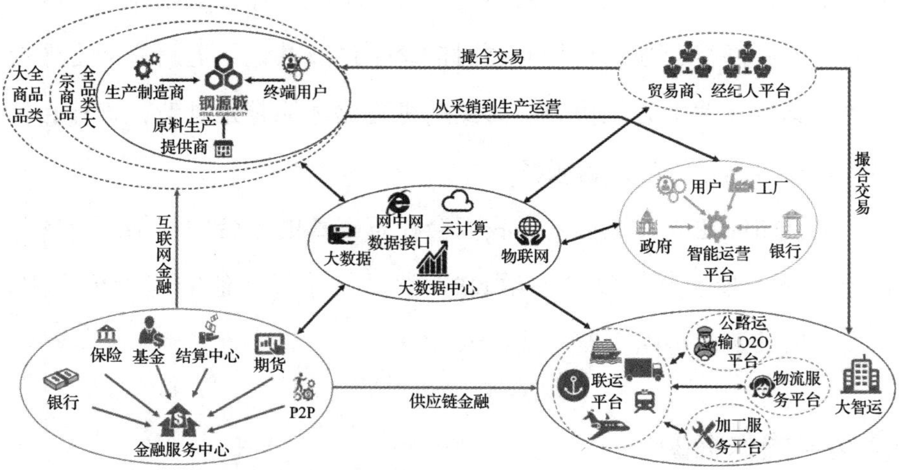

图 5　中崇集团的共赢生态圈

最后，以电子商务平台“大智运”为载体，致力于整合海运、港口、仓储、铁运、汽运，以及报关、报检、代理等配套服务，为客户提供量身订制的物流方案和完善的一条龙服务。

在明确了“交易—物流—金融”平台基本结构的基础上，中崇集团将重心放在平台利益相关者的梳理和整合。

通过三个平台整合产业链利益相关者，识别利益相关者核心痛点并通过平台生态圈提供价值增值方案。在这个平台生态体系中，交易平台、物流平台与金融平台相互依赖、相互作用，满足正反馈关系，整个生态圈是一个设计精良的渠道，交易引入商品流，金融引来资金流，物流整合生态链。交易平台是中崇生态圈的实体基础，为物流和金融平台提供运营所需要的基础保障；物流平台是中崇生态圈的优势体现，是交易平台的价值放大器，是金融平台的价值创造源，同时也是防御竞争对手的有利门槛。它为交易平台的客户提供基于和超于交易订单的物流服务、增值的库存管理和供应链管理服务，为金融平台提供海量的经营数据和行为数据和金融客户接触点，为中崇生态圈客户提供计划、采购、物流、库存、金融、销售全链条的一站式服务；金融平台是中崇生态圈的增值体现，反过来促进交易、物流平台的成长。金融平台可打通内、外部平台接口，为内部平台寻找外部金融中介的专业支撑。同时与外部成熟机构提供业务空间（银行、保险、期货、资管等互联网金融业态）。

（四）危机：命令模式

我们都希望企业的发展是一帆风顺的。事实上，人之不如意，十有八九，企业亦如此。特别是在互联网时代，由于信息传播的特点，企业每一分钟都在做现场直播，“小事会致命”已成为大家的共识。危机状态下的共识力修炼，只有一条路，就是“命令模式”。

著名领导力专家斯格特·坎贝尔和艾伦·塞密尔克曾对命令模式做了如下的研究：[①]

1. 命令模式的内涵

定义：全面主持工作，要求立即服从指挥，以迅速产生效果。

战略目标：立刻见效。紧急情况下或危机环境中给予明确指示。要求立即服从。减轻民众恐慌，增加民众安全感。

使用情景：真正陷入危机或进入紧急状态时。要开启转折之阀门，决心扭转局面时。在对付一个“钉子”雇员，其他措施都无效时。

2.“命令”模式起效和失败的特征

“命令”模式起效和失败的特征如图 6 所示。

① 内容引用自斯格特·坎贝尔、艾伦·塞密尔克所著的《领导力》。

起效

- 立即服从命令
- 危机关头大家的恐惧感得到缓解
- 轻重缓急的次序得到遵守
- 面临危机，大家愿意不计个人损失，争相付出

失败

- 命令遭到抵触
- 危机关头人人满怀怨恨和愤怒
- 分不清轻重缓急
- 不服从领导，发生破坏性行为

图 6 “命令”模式起效和失败的特征

命令模式操作中的主要途径是：果断处理，控制事态；敢于担当，有效引领；心智技巧，善于沟通。

下面，我们以 Facebook（下称脸书）数据泄露门事件为例，看扎克伯格的心智技巧和善于沟通。

相关链接

扎克伯格舌战群儒

脸书的数据泄露门事件，在北京时间 2018 年 4 月 12 日达到一个高潮，脸书 CEO 马克·扎克伯格（下称小扎）一人面对 44 位参议员连续 5 个小时的质询！

出自共和党的资深议员 Lindsey Graham 质问：“你们 Facebook 最大的竞争对手是谁？都没有了还说不是垄断？”这位出身空军将领的“老狐狸”，问题直击当晚最核心的议题之一——立法监管脸书。长久以来脸书一直被质疑垄断市场，而反垄断是脸书最不愿见到的监管。

小扎：“谷歌、微软他们都提供互联网服务。”

Graham：“他们不是社交网站，你们的直接竞争对手是谁？”

小扎：“人们也用邮件、短信进行社交。”

Graham："我说的是你们相近的业务，比如 Twitter？"

小扎："是的，Twitter 在某些方面和我们的功能有点重合。"

Graham："你还不觉得你们是垄断？"

小扎："我确实没有这个感觉。"

当小扎一本正经地说完这句话，全场都被逗乐了。

两场听证会下来，小扎舌战群儒不仅化解了刁难问题，还赢得外界好评挽回脸书声誉，美国评论家和公关专家们认为，"他的语气坚定而自信，掌握了问题的主动权"。

从结果上看，脸书的股价在之后上扬，如图 7 所示。媒体和外界一致认为，扎克伯格的精彩答辩，力挽狂澜成功保住了脸书的声誉！

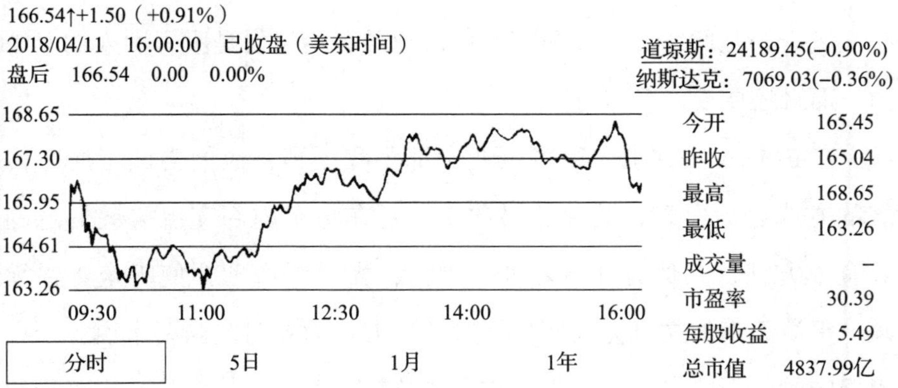

图 7 脸书的股价变化

实务操作指南

"命令领导模式"的 5 个核心步骤

第一，根据所获得的信息，迅速判定事情的轻重缓急

第二，迅速做出周密的决策

第三，发出清晰的、简要说明理由的指令

第四，对执行的速度和准确度进行监控

第五，对违反命令者严惩不贷

（五）聚焦：讲好故事，和而不同

和谐的最高境界是和而不同。我们不要求绝对的一致，但是希望所有人都能发表自己的见解，所有的声音都被听到，最后大家自觉的站到最好的意见那一边。

促进共识的主要途径是讲故事。学会讲四类故事，这是领导者的基本功。

共识力修炼过程，也是互动的过程。领导者的共识力修炼，同时也是一种互动，一种领导者与追随者之间的互动。他们彼此依存、寻求共鸣、相互联络。所以我们发现，领导者不仅仅是吸引别人的专注力，而且还要投入专注力。

在EMBA课堂上，很多企业家都跟我谈到，他们尝试了所有传统的方式之后发现，简单地讲故事，是在组织内部交流关键信息的最有效方法，其他方法行不通。因为，光说大道理会使听众昏昏欲睡，平淡无奇的文章无人阅读，对话又太费力费时。当要求说服一个组织中的经理或者一线员工参与重大的变革时，讲故事是唯一可行的方法。

讲故事是促进共识的重要方法。领导者通过讲故事，可以告诉人们，什么是重要的、什么是不重要的，什么是有效的、什么是无效的，从而引导大家统一思想，齐心协力，努力工作。

在由PPT、复杂的图形图表和冗长的报告所营造的商务氛围中，讲故事看起来似乎对于解决复杂问题缺乏效率，但事实不是这样的。研究表明，如果领导者想要阐明工作标准，讲故事比宣讲公司政策、公布业绩数据更加有效。某些信息，在第一次出现的时候，如果是通过事例或者故事的方法，人们能够更快更准确地记住。

在工作中需要认同并追求一些具有确定定位的东西。善于给人以意义感，善于沟通，都是有效领导力所不可或缺的。讲好这四类故事，就是卓越领导者的基本功。

企业实践借鉴

爱哆哆的四类故事促进共识[①]

爱哆哆是上海乃至整个华东地区知名的喜饼品牌。该品牌致力于结婚、诞生、金榜、乔迁、祝寿等喜事回礼的自主设计和销售，还特别注重中国传统喜饼文化在新的时代背景下的传承和发扬，始终在产品理念和外观设计上引领整个行业的发展，对中国传统喜饼文化的复兴和再繁荣，爱哆哆一直扮演着核心力量。

伴随着公司的成长和壮大，爱哆哆认为，中国传统文化强势回归、互联网和移动互联网社会环境变革、消费升级——从功能商业到情感商业，是企业面临的重大环境变化，因此也提出了新的发展转型构想。

- **“爱哆哆”是谁?**

爱哆哆的使命：让人与人之间更有爱。

爱哆哆的愿景：打造超百亿元喜饼文化共享平台，人人受益。

- **爱哆哆向何处去?**

爱哆哆希望打造一个行业、带动一个产业、塑造一个生态，为此提出了三步走战略，如图 8 所示。

---

① 相关材料由 2016 级 EMBA 学员，上海爱哆哆实业有限公司副总经理赵剑提供。

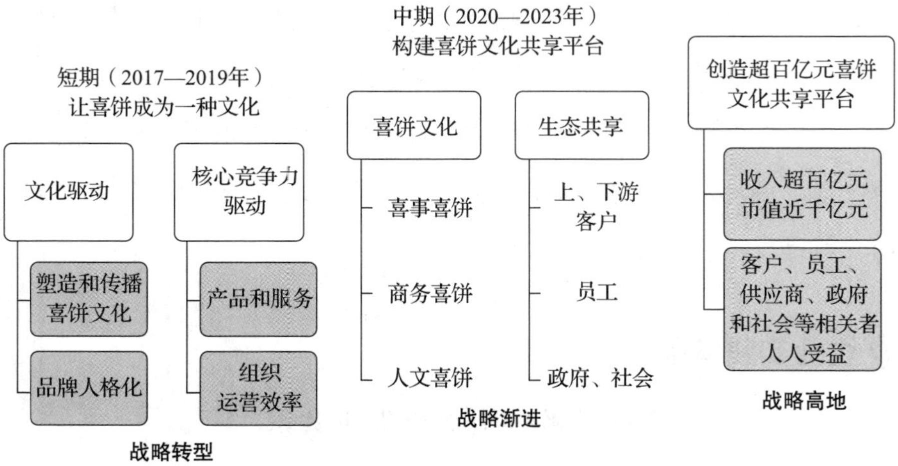

图 8　三步走战略

● “爱哆哆”为什么要改变？

为了增强改革的紧迫感，爱哆哆又开发了相应的战略地图，明确改革的目的与方向，如图 9 所示。

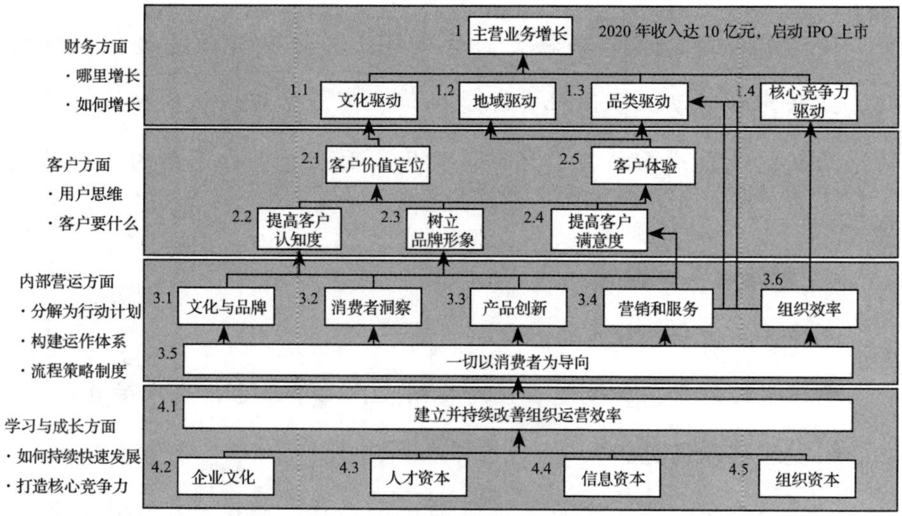

图 9　爱哆哆战略地图

● “爱哆哆”如何实现新的目标？

爱哆哆的战略主题如图 10 所示。

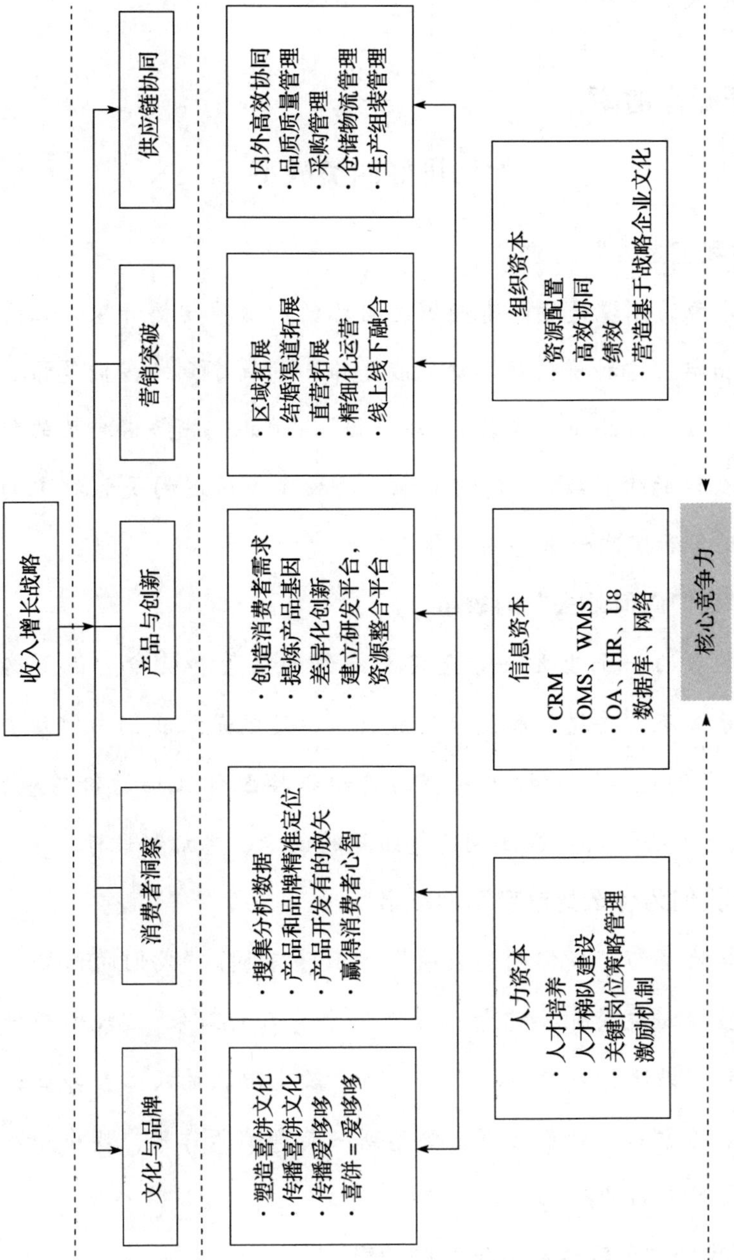

图 10　爱哆哆的战略主题

"爱哆哆"以使命愿景为核心，通过讲好四类"故事"，最终在公司内部形成了战略共识，确保公司战略执行能有序推进。

实务操作指南

如何讲好四类故事

- **"我们是谁"的故事**

领导力的体现是领导者能够把自己的价值观传播开来，让更多的人相信和实践这种价值观。从"我是谁"的故事到"我们是谁"的故事，是对领导力的重要考验。"我是谁"，讲的是领导者自己的信仰和实践什么样的价值观。"我们是谁"的故事，讲述的是组织中的每一个员工信仰和实践什么样的价值观。

- **"我们向何处去"的故事**

领导者的一个重要任务是定义组织的愿景和使命。但是这还不够。领导者还需要愿景和使命变成故事，这就是"我们向何处去"的故事。"我们是谁"的故事强调的是组织按照什么样的价值观行事。"我们向何处去"的故事强调的是组织的使命、愿景和目标。

- **"我们为什么要改变"的故事**

变革故事与"我们向何处去"的故事不同。"我们向何处去"的故事侧重于讲述使命和愿景，呈现一个美好的未来；"我们为什么要改变"侧重讲述糟糕的现状，坚定听众改变现状的决心，即使还没有明确未来的方向。变革故事需要起到一面魔镜的作用，找出组织貌似健康的皮肤下的肿瘤。

- **"我们如何实现新目标"的故事**

"我们如何实现新目标"的故事，重在对员工进行启发，通过提供正能量，鼓励他们积极寻找解决问题的思路。

作为情绪反应的深化形式，目标的故事也具有传染性。人们很容易被真实存在的目标感染，从而改变自己的行为。领导者的终极使命就是让自己成为团队目标的传染源，利用“共情效应”，将自己描述的目标体系用故事的方式传染给整个团队，从而强化凝聚力、向心力和战斗力。

平台力修炼

4

第四章

本章要点

平台经济，是主导当代经济成长的最重要力量。我们发现，最近20年，凡是做得比较成功的企业，共同做对了一件事，那就是用平台架构整合资源，用平台生态发展企业。

平台，是将两个或者更多有明显区别，但又相互依赖的利益群体整合在一起，并为之提供共同的解决方案，以降低交易成本、提高网络价值的制度安排形式。

平台力，是指领导者运用平台整合资源和发展企业的能力，体现为三项关键能力：即连接什么如何连接的能力；有效赋能、高效协同的能力；建立合作共赢生态圈的能力。

本章分析了在平台运作上优秀的领导，在行为上的共同特征：即依靠领导人格，降低交易成本；依靠共赢思维，提高网络价值；依靠快速迭代，在试错中前行。

本章在分析平台生态运作逻辑、获利关键、策略取舍的基础上，探讨了平台化的三种路径。并从操作角度，深入探讨如何领导平台启动？如何领导平台获利？如何领导平台成长？

当领导者确立了企业新的愿景，并与利益相关者有了基本的共识以后，领导者下一步面临的最突出的问题，就是如何整合各方资源，并以正确的方式发展企业。

开篇案例 1

资源整合方式的革命性变化

对今天的企业领导者而言，重要的不是你今天拥有了多少资源，而是你拥有多大的资源整合能力。资源整合能力，又与资源整合方式紧密相关。

传统的企业资源整合，是立足于自身的现有资源，在价值链上进行纵向整合或横向整合。当今的企业资源整合，已经起了革命性的变化，是将现有的自身资源作为杠杆，撬动外部其他资源，跨界的进行平台整合。我们一直有个观点：事实是最有说服力的，比较是最有震撼力的。我们以希尔顿酒店集团和爱彼迎的对比来进行分析。

希尔顿酒店集团和爱彼迎（Airbnb）的对比如表 1 所示。

表 1 希尔顿酒店集团和爱彼迎（Airbnb）的对比

	成立时间	房间数	经营状况	市值 / 估值
希尔顿酒店集团	1919 年成立	希尔顿旗下酒店合计 105 个国家及地区，全球酒店总数超过了 5200 家，85.6 万间客房	2017 年希尔顿总营收为 91.40 亿美元，2016 年为 73.82 亿美元。2017 年净利润为 12.59 亿美元，2016 年为 3.48 亿美元	233.12 亿美元
爱彼迎（Airbnb）	2008 年 8 月	目前在全球共提供 450 万个房源，其数量已超越万豪及喜达屋集团合并后所有实体房间数的两倍	2017 年 Airbnb 实现利润达 9300 万美元，收入达 26 亿美元	310 亿美元

市值计算时间：2018-08-02 12:59:00（美东时间）

爱彼迎是后起之秀，为什么他们能在不具有任何传统意义上支持生存的必要资源，也不具有市场主导地位的情况下，在很短的时间内入侵并攻克一个大产业？为什么这类故事正在不断上演，正在颠覆一个又一个的产业？答案就是——平台的革命性力量。

从本案例中，我们可以看到，不同的资源整合方式，其结果是完全不一样的。爱彼迎能取得这样的发展，是因为采用了平台发展的资源整合方式。平台整合资源具有开放、合作、整合的特征，形成了对传统出租车业务、酒店业务的颠覆。平台依据网络，带来无限的想象空间，也带来更大的发展空间。

相关链接

平台经济时代已经到来①

如果说爱彼迎（Airbnb）还只是个案，那么，我们再从表2来看，可以说，平台的崛起，几乎颠覆了传统管理的各个领域，平台经济时代已经到来！

表2 平台经济时代已经到来

产业	例子
农业	John Deere、Intuit 的 Fasal 农夫平台
网络通信	微信、Linkedln、Facebook、Twitter、Tinder、Instagram、Snapchat、网易
消费性产品	飞利浦、Mccormick Foods 食品公司的 Flavor Print
教育	Udemy、Skillshare、Coursera、edX、Duolingo、学而思
能源与重工业	安乐居实验室（Nest Labs）、特斯拉充电系统公司（Tesla Powerwall）、奇异集团、安能（EnenNOC）
金融	比特币、Lending Club、Kickstarter、陆金所
医疗保健	Cohealo、SimplyInsured、凯撒医疗机构（Kaiser Permanente）
游戏	任天堂、XBOX、PlayStation
人力资源与顾问服务	Upwork、Fiverr、99designs、Sittercity、Legal Zoom
物流	海尔集团、Munchery、Foodpanda、菜鸟网络
媒体	维基百科、《哈芬顿邮报》、Kindle 出版社、Medium、You Tube
操作系统	微软 Windows、IOS、Android、Mac OS
零售	阿里巴巴、华格林（Walgreens）、Amazon、Burberry、Shopkick、京东
交通运输	Uber、Waze、Blablacar、Grabtaxi、Ola cabs
旅游	Airbnb Trip Advisor、携程

开篇案例 2

企业发展模式的革命性变化

如果说在开篇案例1中，我们看到了企业资源整合方式的革命性改变。那么，今天企业的发展模式又有了哪些改变呢？

① 参考杰奥夫雷·G. 帕克（Geofferey G. Parker）等所著《平台经济模式》，并综合网上相关资料整理。

传统的企业发展模式一般有专一模式、特色模式和联盟模式，都是企业集中资源于某一项自身具有竞争优势的产品或服务，或推出与众不同的但符合顾客需要的产品或服务，或壮大自身力量而与相关企业进行纵向或者横向的联合。共同点都是通过企业自身的强大逐步形成垄断优势，成为跨国公司。如今，这一模式已被颠覆。请看下面的平台生态系统与跨国公司的发展对比，如表 3 所示。

截至 2018 年 7 月，全球十大平台经济体市值已经超过十大传统跨国公司，其中中国公司占三席。

表 3　平台和跨国公司对比 ①

平台生态系统				跨国公司			
名称	国家	市值（亿美元）	成立时间（年）	名称	国家	市值（亿美元）	成立时间（年）
苹果	美国	9978.63	1976	伯克希尔·哈撒韦 A	美国	4959.86	1956
亚马逊	美国	8884.01	1995	摩根大通	美国	3876.33	1859
谷歌	美国	8525.60	1998	强生	美国	3539.37	1886
微软	美国	8267.50	1975	埃克森美孚	美国	3388.76	1882
Facebook	美国	5046.86	2004	富国银行	美国	2831.38	1852
阿里巴巴	中国	4672.17	1999	雀巢	瑞士	2619.50	1867
腾讯	中国	4191.46	1998	沃尔玛	美国	2613.89	1962
Netflix	美国	1493.95	1997	美国电话电报公司	美国	2345.51	1877
Priceline.com	美国	948.70	1998	宝洁公司	美国	2055.69	1837
百度	中国	801.28	2000	通用电气	美国	1145.48	1892

从表 3 的对比中，我们可以有一个重要的发现，在颠覆性创新背景下，企业发展模式已起了革命性的改变。传统的做大、做强、向跨国公司发展的模式正逐渐被平台生态系统所取代。

我们发现，最近 20 年，凡是做得比较成功的企业，共同做对了一件事：用平台结构整合资源，用平台生态发展企业。

① 根据网络资料整理编制，市值计算时间为 2018-08-02 13:14:16（美东时间）。

相关链接

全球领军企业的特点①

全球领军企业的特点如表4所示。

表4 全球领军企业的特点

公司	2018年7月市值（亿美元）	10年增长倍数（2007年年末）
苹果	9978.63	6.14
亚马逊	8884.01	40.70
谷歌	8525.60	8.73
微软	8267.50	3.90
Facebook	5046.86	7.92
阿里巴巴	4672.17	2.3
腾讯	4191.46	36.41
强生	3539.37	2.18
英特尔	2275.48	2.88
沃尔玛	2616.31	1.42
联合健康	2455.59	7.65
宝洁	2057.45	1.38
平安	1564.79	5.04

注1：市值计算时间为2018-08-02 13:21:13（美东时间）。

注2：Facebook在2012年上市，市值增长倍数为7.3；阿里巴巴在2014年上市，市值增长倍数为2.4。

我们分析市值增速最快的公司（如苹果、谷歌、亚马逊、腾讯、阿里巴巴、中国平安、小米等），其共同特点有以下几点。

基础：大多为拥有海量客户群体。

驱动：以科技驱动。

发展：初期深耕核心业务，客户端制造端相互赋能，逐渐扩展生态边界的企业。

哈佛商学院教授马可·扬西蒂对此有两个重要的判断。

第一，但凡在事业上取得持续辉煌的企业和组织，绝不是靠一己之力去谋求自身的发展，而是平衡地利用关联组织的能量和价值组成

① 根据网络提供的数据整理。

一个新的竞争平台。

第二，未来的竞争不再是个体公司之间的竞赛，而是商业生态系统之间的对抗。与自然生态系统中的物种一样，商业生态系统中的每一家企业最终都要与整个商业生态系统共命运。

从开篇案例中，我们看到了企业资源整合方式和企业发展模式正面临着革命性的改变。从谷歌、亚马逊、微软，到百度、阿里巴巴及腾讯，平台生态，是目前这些规模最大、成长最快速、最具颠覆破坏力公司的成功基础。从领导力层面讲，这一个革命性变革要求领导者具备一种新的能力：平台力！

一、平台力修炼的科学内涵

未来已来。未来商业的竞争，是商业生态系统之间的较量。目前，关于平台力的研究不多。我们率先在本书中提出平台力这一概念。我们强调，领导者的平台力，就是领导企业资源整合和企业发展的最重要的动力。

（一）平台的内涵

平台，是将两个或者更多有明显区别，但又相互依赖的利益群体整合在一起，并为之提供共同的解决方案，以降低交易成本，提高网络价值的机制安排形式。

平台，现在是一个非常热门的话题，有很多不同的提法，有的从商业模式的角度来进行研究，有的从组织结构的角度来进行研究，等等。这些研究都是非常有意义的，只是各自关注的重点和角度的不同而已。我们是从资源配置的机制安排的角度来给平台下定义。我们这一提法，是受到科斯定理的启发。

相关链接

科斯[1]定理的启示——平台是资源配置的机制

科斯认为，企业本质是一种资源配置的机制，企业与市场是两种可以互相替代的资源配置方式。它是价格机制的替代物，是一种替代市场进行资源配置的组织。

科斯定理给了我们这样的启示，企业本质是一种资源配置的机制，但企业并非自古就有，也并非永恒不变，企业本身也是时代的产物。如果说，工业革命产生了企业。那么，信息革命则催生了平台。平台，是不同企业融合而成的共生、共存的一种新的生态。因此，在信息革命的推动下，平台，就成了资源配置的新的重要机制。

通过平台生态整合资源和发展企业，这是一个重大的，革命性的变化。为此，我们可通过对平台的基础、动能和表现的趋势来进一步加深对平台的理解。

1. 平台的基础——创造强链接的网络效应

平台的基础，源于创造了强链接的网络效应，一群专家和德勤顾问公司在 2015 年合作发表研究报告，以美国四类上市公司为例，从平均市场乘数的不同，来说明网络效应所创造的价值。

（1）平台的价值，源于强大的网络效应。

以美国四类上市公司为例，四类公司中，网络构建者创造价值的效率远大于另外三类公司，平均市场乘数数值上的差距就是网络效应所能创造的价值如表 5 所示。

① 罗纳德·哈里·科斯（Ronald H. Coase），新制度经济学的鼻祖，诺贝尔经济学奖得主。

表 5 四类上市公司对比

类型	提供产品 / 服务	平均市场乘数（2015 年）	典型企业	年度营收（亿美元）	市值（亿美元）	市场乘数（2018 年）
有形资产制造者	提供有形产品	2	福特	1568	396.24	0.26
			沃尔玛	4958	2616.81	0.54
服务提供者	雇佣员工为顾客提供服务	2.6	联合健康保险	2012	2452.38	1.33
			埃森哲	368	1077.61	3.28
技术开发者	开发并销售软件与生物科技各类智慧财产	4.8	微软	899	8294.01	9.72
			安进	218	1273.77	5.88
网络构建者	发展网络，让顾客和企业共创价值，也就是平台商业	8.2	Facebook	407	5056.10	18.29
			阿里巴巴	394	4681.94	31.46

注 1：平均市场乘数（Market Multiplier）为公司市值和营收间的比例。

注 2：市值统计时间为 2018-08-02 13:30:28（美东时间），营收为 2017 年总收入。

在这基础上，我们查找了最新的数据，结果发现，我们所引用材料的 2015 年平均市场乘数部分数据源自 2015 年的出版物，最近 3 年来，有形资产制造者的平均市场乘数在下降，服务提供者的平均市场乘数变化不大，而技术开发者和网络构建者的市场乘数在明显上升。

网络效应创造了 21 世纪的企业巨人。现在，Facebook 和微信的使用者都超过全球人口的 1/6。在网络效应世界，使用者生态系统是竞争优势和主导市场的新源头。梅特卡夫定律有力地说明了这一点。

相关链接

梅特卡夫定律①

梅特卡夫定律（Metcalfe's Law）

$$V=n^{(n-1)}$$

网络的价值随着网络里节点数目的乘方而增加。

① 罗伯特 · 梅特卡夫（Robert Metcalfe），出生于纽约布鲁克林。美国科技先驱，发明了以太网，成立 3Com 且制定了梅特卡夫定律。

我们可以用梅特卡夫定律，说明网络效应如何为网络使用者、所有者、经营管理者创造价值。以太网共同发明人、3Com 创办人梅特卡夫指出，电话网络的价值随着用户增加而呈非线性成长，越多人使用，每个用户的连接越多。

非线性成长模式对经济有巨大的影响。网络效应扩大使得市场成长，看到越来越多的朋友使用某一网络，新的消费者也受到吸引加入市场。而且，技术成熟、产量增加通常会促使价格下降，网络效应，加上更具吸引力的价格，带动更大幅度的成长。

（2）强大的网络效应，源于巧妙地创造链接。

平台的基础，是基于网络链接。但网络链接的效应，又源于巧妙地创造链接。双边市场（一边是生产者，另一边是消费者）形成四种网络效应：正向同边效应、负向同边效应、正向跨边效应、负向跨边效应。成长的平台生态，必须巧妙地创造链接效应，以图 1 为例。

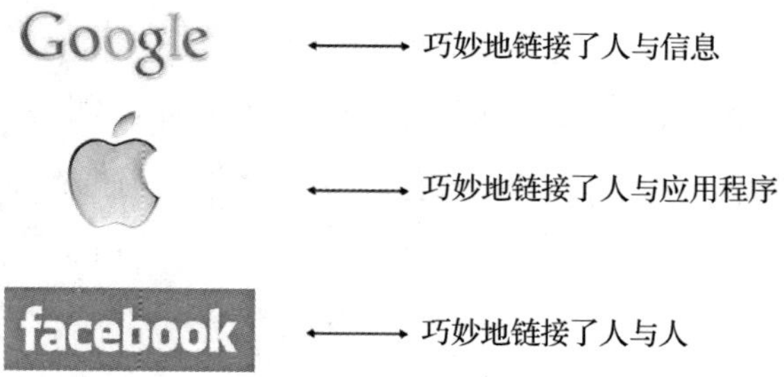

图 1　网络链接举例

谷歌，巧妙地链接了人与信息；苹果，巧妙地链接了人与应用程序；而 Facebook，则巧妙地链接了人与人。从某种程度上讲，未来我们的领导力，很重要的取决于我们的网络链接力。

东方财富网（深圳上市公司 300059）的董事长是复旦管理学院 EMBA2002 级的学生。有一次我问他，是怎么想到做东方财富，又为什么这样去做？他跟我说，当时他就想到了 BAT 是怎样创造连接的：阿里巴巴连接了人和商品，腾讯连接了人与人，百度则连接人与信息，那我能不能将人与财富做个巧妙的全面的链接呢？就是在这一思想指导下，他创办了东方财富，并使东方财富取得了非常好的发展。

企业实践借鉴

菜鸟网络创造的大链接①

2016 级 EMBA 学员沈世聪在课堂上给我们介绍了菜鸟网络的大链接，以及给物流行业带来的革命性变革。菜鸟网络科技有限公司（简称菜鸟网络）是由阿里巴巴集团发起，联合银泰集团、复星集团、富春集团、申通集团、圆通集团、中通集团、韵达集团等共同组建。公司注册资本金 50 亿元人民币，现有员工 2000 余人。

菜鸟网络是基于互联网思考、基于互联网技术、基于对未来判断而建立的创新型物流企业。他们致力于提供物流企业、电商企业无法实现，但是未来社会化物流体系必定需要的服务，即在现有物流业态的基础上，建立一个开放、共享、社会化的物流基础设施平台，未来可实现中国范围内 24 小时内送货必达、全球范围内 72 小时送货必达。

成立以来，菜鸟网络以数据为核心，通过社会化协同，打通了覆盖跨境、快递、仓配、农村、末端配送的全网物流链路，提供了大数据联通、数据赋能、数据基础产品等。菜鸟网络还打通跨境、仓库、配送链条，将不同服务商串接在一起，为商家提供了仓配一体解决方案、跨境无忧物流解决方案等服务，商家可以专心进行营销，仓储物流解决方案只需交给菜鸟即可。菜鸟网络创造的大链接如图 2 所示。

① 相关材料由 2016 级 EMBA 学员、菜鸟网络沈世聪提供。

图 2 菜鸟网络创造的大链接

2. 平台的动能——实现正反馈的价值创造

平台的基础，源于创造强链接的网络效应。平台的网络链接是否顺畅，取决于链接中的价值创造。平台的价值创造，又源于平台的网络链接实现了正反馈。

2014 年 6 月在美国的一场关于 Uber 估值的辩论，非常好地说明了平台动能的来源。

相关链接

对 Uber 估值的辩论[①]

2014 年 6 月，连续好几个星期，纽约大学一位知名财务教授和硅谷知名的创投家之间，爆发一系列的激辩。

纽约大学财务学教授、多本财务管理教科书作者、2013 年赫伯西蒙奖（Herbert Simon Award）得主达莫达兰（Aswath Damodaran）是开启这场辩论的主角。他发表了一篇文章估算 Uber 的价值，Uber 是一个用智慧型手机应用程序连接乘客和司机的平台企业。同一个月稍

① 素材来源：《平台商业模式》的相关介绍及网络资料。

早，在该公司的第四轮募资中，投资人对Uber挹注了12亿美元换取公司股份。换算一下，Uber的市值相当约170亿美元。“就一家营收仅几亿美元的年轻公司而言，这个数字是个骇人的数字”。达莫达兰的言下之意是指，Uber的超高市值（有些人甚至认为更高），再一次显示了硅谷投资的泡沫。

达莫达兰的判断基础是典型的财务工具。他估计全球的出租车市场规模，预期Uber的市占率，再据此算出Uber大概能产生多少营收，接着使用经过风险调整后的现金流量，估计出该公司的市值为59亿美元。他甚至直接把自己的试算表公布在网络上，让大家检验他的计算逻辑。

结果，标杆资本公司（Benchmark Capital）合伙人，同时也是Uber的硅谷投资者葛利（Bill Gurley）跳出来挑战达莫达兰，葛利以精准的市场眼光闻名，他是最早看见OpenTable、Zillow、eBay等平台潜力的创投家之一。葛利认为170亿美元的市值其实还是低估了Uber。达莫达兰的估计更是低估了25倍。葛利质疑达莫达兰对总市场规模和Uber潜在市占率的假设，并引用经济学家亚瑟（W. Brian Arthur）的网络效应（Network Effect）分析作为他的计算基础。

Uber提供典型的平台媒合服务，帮乘客找到司机，也帮司机找到乘客。随着越来越多司机加入，城市的服务覆盖密度（Coverage Density）提高，启动了惊人的成长动力，乘客会开始推荐Uber给他们的朋友，有些人甚至自己也开始利用闲暇时间当Uber司机，乘客的等待时间缩减，司机的无载客闲置时间也减少了，闲置时间愈少，代表即使费率较低，司机也能赚到相同的报酬，因为在相同的工作时数下，他可以载更多乘客。因此，较少的闲置时间意味着Uber能降低费率，刺激更多需求，形成良性循环，进一步提高服务的覆盖密度。

葛利在文章中用了另一位投资人，企业社交网络服务公司Yammer

的共同创办人，前 PayPal 高阶主管萨克斯（David Sacks）在餐巾纸上随手画的图，说明这个良性循环的运作，如图 3 所示。

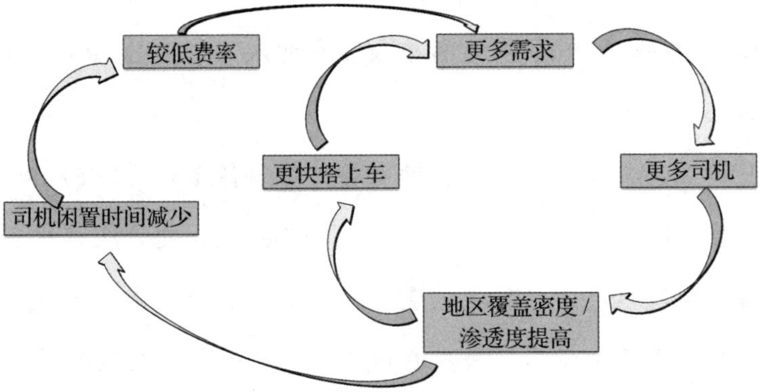

图 3　对 Uber 估值的辩论

萨克斯的图呈现了典型的网络效应，越多人使用 Uber，这个平台带给每位用户的价值就更高，于是吸引了更多用户，又进一步提高服务的价值。

葛利的资料显示，到 2014 年年中，网络效应已经开始驱动 Uber 的成长。Uber 执行长卡兰尼克（Travis Kalanick）在 2009 年寻求种子资金时，Uber 总部所在的旧金山市的豪华礼车市场规模为 1 亿 2000 万美元。根据 Uber 的资料，2014 年市场规模已经成长为 3 倍，而且还在继续成长中。光是 3 倍的这个数字，已经可以合理地把达莫达兰估计的 59 亿美元市值规模提高到投资人押注的 170 亿美元，达莫达兰并不知道此内部资讯，因此没有计入网络效应的影响，他很有风度地在后来的回应中简明地承认这点。

从关于 Uber 估值的辩论中，我们看到，在设计一个平台型生态系统的时候，首先要能够创造价值，但光创造价值还不够，还要创造足够大的增量价值。核心互动是平台创造价值的关键，在核心互动中要关注三个要素：使用者、价值单元、筛选机制。三要素中，价值单元最为重要，也最难管控。

企业实践借鉴

浩优服务家的价值创造[①]

“浩优服务家”是浩泽净水集团旗下子公司，国内领先的水与空气净化服务商。浩优服务家是一个开放式的互联网 O2O 服务平台，旨在为售后服务体系缺失的厂商、代理商、经销商、网商等提供客户管理、电话受理、安装、维修、仓储、物流、维护、保养等一站式售后服务托管服务。为商家提供专属的 CRM 客户管理系统、独有的 400 服务热线、专享的 365×24 小时呼叫中心、高效的 O2O 服务运营系统及专业的仓储物流管理系统。实现商家、消费者、服务工程师的供需信息的无缝对接，利用互联网工具充分整合资源，极大满足客户售后服务需求。

浩优服务家平台的正循环模式如图 4 所示。

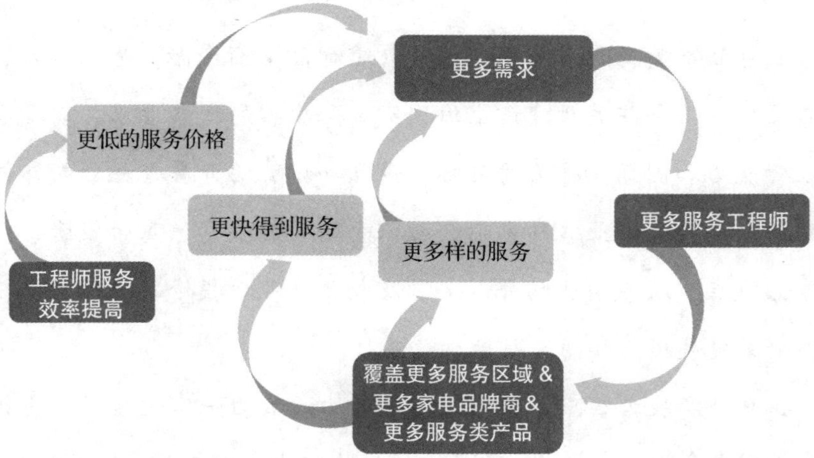

图 4　浩优服务家的正循环

① 相关材料由 2016 级 EMBA 学员，浩泽净水周学博提供。

3. 平台的趋势——有效互补的共赢生态圈

平台，本质上是一种资源配置的制度安排。

平台的趋势，打造有效互补的共赢生态圈。随着一大批平台的崛起，也开始诞生超级平台。目前崛起的超级平台又正向超级生态转化。

打造共赢生态圈，已成为很多企业家的共识。2018 年华为生态合作伙伴大会于 3 月 22 日在青岛国际会展中心隆重开幕，华为 EBG 中国区总裁蔡英华宣布，华为将持续打造生态沃土。

2017 年 10 月 30 日，马化腾在“2017 腾讯全球合作伙伴大会”开幕之前，发表了《给合作伙伴的一封信》。马化腾呼吁，行业从零和博弈的“窄平台”向共赢共生的“宽平台”转变，从而形成一个“数字生态共同体”。

企业实践借鉴

陆家嘴金融公司构建共赢生态圈①

上海陆家嘴金融发展有限公司（简称陆家嘴金融）是上海市、浦东新区按照国务院关于建设上海国际金融中心的战略要求，以具有综合经营能力和国际竞争力为目标，设立和培育的开展金融创新与综合经营的金融控股企业。陆家嘴金融以金融控股投资、基金投资、资产管理为重点，从事企业购并、金融及相关产业的投资与管理业务。陆家嘴金融发展历程如图 5 所示。

在整个发展过程中，陆家嘴金融致力于成为一家优质资产支持的财富管理型金控企业，以平台的方式，构建共赢生态圈，如图 6 所示。

① 相关材料由 2016 级 EMBA 学员，中国金融国际（香港）有限公司徐尚峰提供。

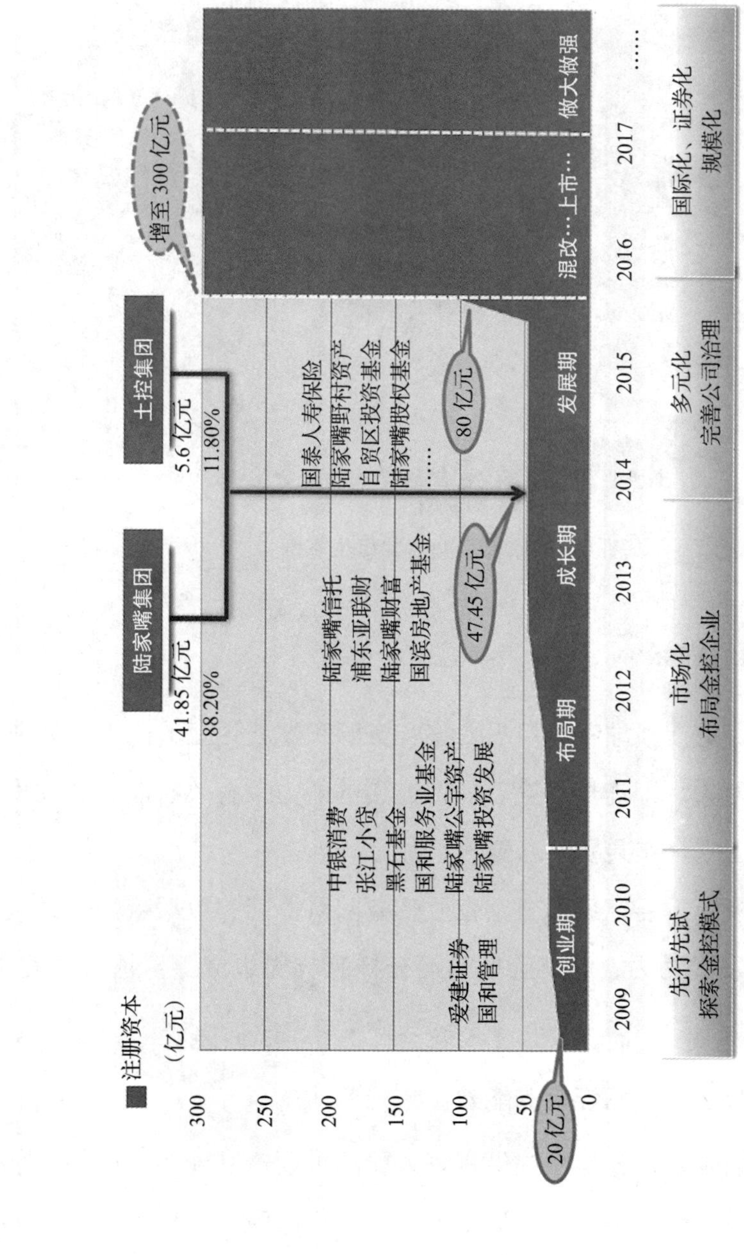

图 5 陆家嘴金融发展历程

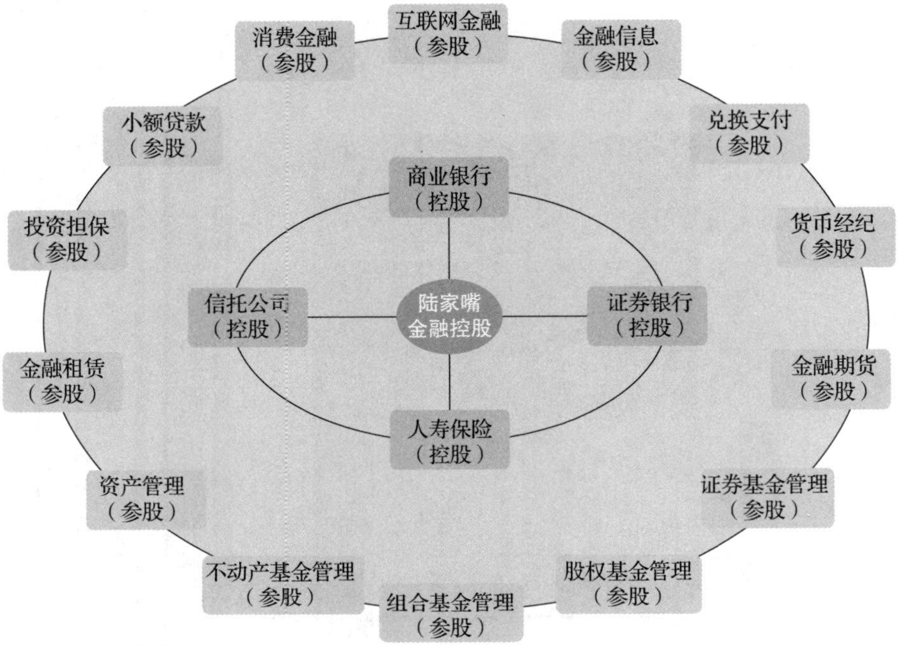

图 6　陆家嘴金融的共赢生态圈

（二）平台力的内涵

平台力，是指领导者运用平台整合资源和发展企业的能力。体现为三项关键能力，即连接什么、如何连接的能力；有效赋能、高效协同的能力，建立合作共赢生态圈的能力。

平台力极为重要，只要一家企业具备网络协同、数据赋能和共赢机制这三种发展动力，它就会像黑洞一样吸收周边资源，越长越大，不可逆转。

1. 连接什么、如何连接的能力

我们归纳起来，一是靠提供良好体验的过硬产品连接。比如，小米即是用高性价比、高性能、高配置的硬件产品吸引用户。二是靠契合客户需求的场景推广的连接。比如，“抢红包”在欢乐中为微信绑定了无数银行卡。三是靠巧妙创造网络效应的连接。比如，大众点评网一边连接商户，另一边连接用户，制造跨边连接。同时评论的用户和信息阅读的用户，又构成同边的连接。

靠什么连接？如何连接？涉及对生态逻辑的理解。

相关链接

小米和华为的连接

小米的生态逻辑是：卖手机，以此拉动周边设备，甚至无关的东西的销售。

华为提出的生态体系是与传统的业务点对点的对接。与传统渠道相比，华为生态圈讲究的是体系中各方息息相关，彼此间的关系更加紧密，分工合作且优势互补。

更通俗一点可以理解为，

小米："我卖豆子，我顺便卖豆浆机、榨油机，我还能卖工作服、床垫、扫地机器人。"

华为："我卖豆子，我要支持更多的农场种豆子，我还要支持很多豆腐厂、豆油厂用豆子。"

2. 有效赋能、高效协同的能力

赋能，即增强他人的能力。增强他人的能力，是有效的领导方法，既是使追随者成长为领导者的必经之路，使他们有能力自主采取行动；也是使利益相关者更好成长，彼此间更好协同，互相促进。为此要建立一个良性循环，赋予人们权利和责任，帮助他们成功。当领导者让追随者和利益相关者有选择权并做出审慎决策之后，当领导者设计可供选择的工作安排和服务方式时，当领导者促进使他人必须行动的责任和义务时，领导者就是在增强他人的能力。

如何有效赋能，高效协同，归纳起来，一是提供刚需性质的服务。比如菜鸟网络，虽然投资周期较长，但因为物流是社会的基础设施，属于刚需性质的服务。二是提供引发互动增值的服务。比如 GE 把卖发动机变成“提供空中动力”的服务，通过对客户购买的飞机引擎的数据跟踪、分析和反馈，帮助用户规划航程、节省航油、提升效率和安全能力。三是提供强化核心网络效应的服务。比如阿里的金融服务衍生在买方与卖方的交易链，当交易状态良好的时候，金融自然的独立，以征信体系的形式存在。不仅是给利益相关者赋能，还要给用户赋能。

关于赋能、赋什么能，阿里 CEO 张勇在股东信中的理解，讲出了新的高度。

相关链接

阿里 CEO 张勇的股东信：谈了对赋能的新理解

2018 年 3 月 26 日，高鑫零售 2017 财年年报发布了高鑫零售董事会主席、同时也是阿里巴巴集团 CEO 的张勇的股东信，强调正是因为全心全意地相信新零售的未来，全心全意地以用户和合作伙伴为中心，使阿里巴巴在新零售战略的推进中有“充足的信心”和“清晰的路径”。

张勇特别强调，阿里巴巴赋能合作伙伴“从来不是半信半疑半心半意，而是全心全意全力以赴”。

阿里巴巴也首度披露新零售战略布局的三个标准：是否能推进行业与市场的发展与革新，是否能激发新技术与商业的紧密融合，以及是否能提升用户的消费体验。

在阿里巴巴入股后，高鑫旗下大润发超市立即开展了全面的新零售改造，包括门店数字化、数据化管理采购、供应链升级、大数据营销驱动等。

企业实践借鉴

上海和顺公益基金会的赋能①

上海和顺公益基金会是一家公益基金会，可以对大众募集善款，以及集合资源。上海和顺公益基金会是由上海资深人士发起和运营的公益组织。

和顺公益基金会认为公益组织输出的更多的是价值观和生活方式，其理念如图7所示。

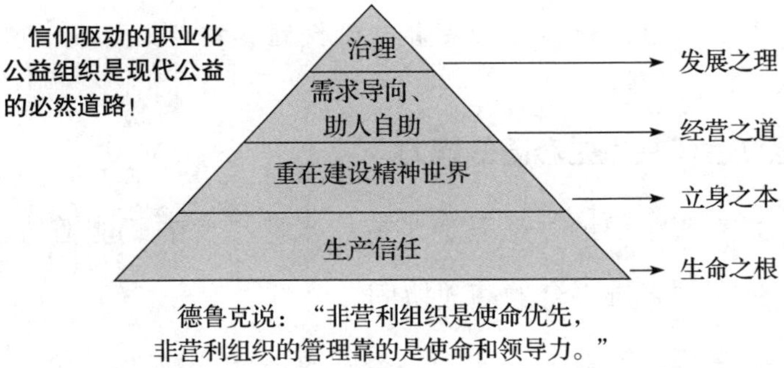

图7 和顺的理念

授人以鱼，到授人以渔，到超越"授人以渔"。即公益机构从简单的捐钱、捐物，转型到帮助受助者获得经济自立的技能。通过公益创投与社会企业，实现的是"授人以池塘"，把公益的盘子做大、做广、做长。让公益能够有机生长。进一步推动市场、资本和公益、慈善更紧密地结合。这也就是赋能的思维。

① 相关资料由2016级EMBA学员，和顺基金张志敏提供。

实务操作指南

赋能社会、客户和利益相关者

- 采取行动，以使利益相关者感到很有能力，完全掌握自己的环境。
- 让利益相关者对如何做好工作，服务好客户有选择的权利。
- 设计好工作内容，使利益相关者有机会运用自己的判断力。
- 提供必要的资源（尤其是信息），使利益相关者高效地工作。
- 采取行动，提升用户的消费体验。
- 根据利益相关者的工作找到他们技能与挑战的平衡点。
- 让利益相关者了解企业发展蓝图，促进新技术与行业发展的结合。
- 表现出你对利益相关者的能力充满信心。
- 抽出必要的时间教练利益相关者。
- 只提出问题，让利益相关者自己找到答案。

3. 建立合作共赢生态圈的能力

从目前的做法归纳，是三个坚持：坚持平台的赋能增值，坚持平台的公正分享，坚持平台的高效协同。

当人们懂得，除非人人成功，否则自己无法成功，或至少知道只有通过共同努力才能获得成功时，人们就有了相互依存的意识。任何长期有效的关系中都必须有互惠意识。如果一方总是给予，而另一方总是在索取，给予的一方会感到是在被利用，而索取的一方，则有优越感。在这样的氛围下，协作是不复存在的。

卓越的领导者建立发展利益相关者胜任能力和自信的环境，在胜任和自信的氛围中，生态圈中的所有利益相关者毫不犹豫地承担自己的责任，并对结果持有很强的主人翁意识。

企业实践借鉴

爱康的生态圈建设①

爱康集团（iKang Healthcare Group）依托旗下健康医疗服务中心、IT 技术平台和强大的客户服务体系，每年为数百万客户提供健康体检、疾病检测、齿科服务、私人医生、职场医疗、疫苗接种、抗衰老等健康管理服务。

爱康致力于打造一个大健康生态圈，整体构思和设计如图 8 所示。

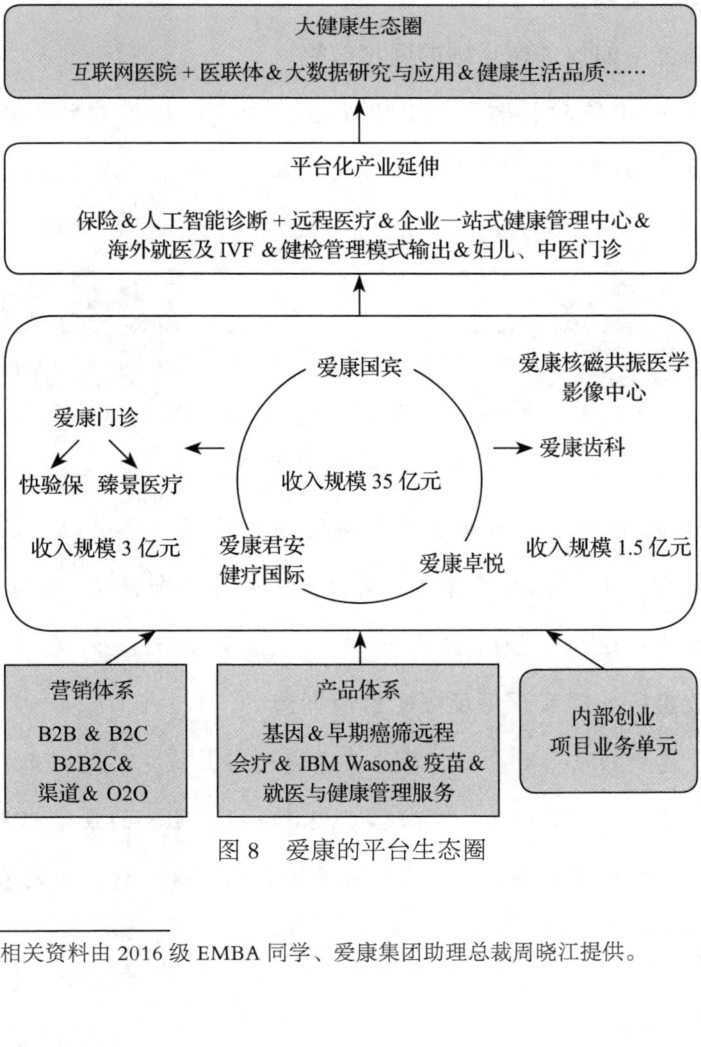

图 8　爱康的平台生态圈

① 相关资料由 2016 级 EMBA 同学、爱康集团助理总裁周晓江提供。

企业实践借鉴

陆金所的平台力①

陆金所，全称上海陆家嘴国际金融资产交易市场股份有限公司，是全球领先的互联网财富管理平台，平安集团旗下成员。2016年10月24日，毕马威联合澳大利亚知名金融科技风投机构H2 Ventures共同发布了2016年全球金融科技创新100强名单和报告。规模全球领先的线上财富管理平台陆金所持续在榜，排名从2015年第15名跃居至第4名，大幅上升了11位。

- **陆金所如何创造巧妙的网络链接**

平台V1.0阶段，典型的P2P平台，平台链接了资金端的个人投资者及资产端的个体贷款人，实现高效匹配。如图9所示。

图9　陆金所平台1.0

平台V2.0阶段，不断扩大网络链接的范围。资金端，从个人投资者扩展到企业、机构投资者；资产端，从个人贷款者，扩展到金融机构、企业、政府。如图10所示。

- **陆金所如何实现正反馈的价值创造**

平台建立初期，对金融投资服务平台而言，首先要保证充足的出借资金。因此，在平台的V1.0阶段和V2.0阶段，主要的策略都是通过高利率等方式补贴资金端，为平台集聚资金，然后吸引资产端的资金需求

① 相关资料由2016级EMBA学员，陆金所高级总监李翔宇提供。

者进入平台。由于资金需求者的大量进入，因此，对资金端的资金出借者产生了更多的吸引，因此就能够吸引更多的投资者进驻平台，从而驱动了正循环的价值创造过程。陆金所平台的正循环如图 11 所示。

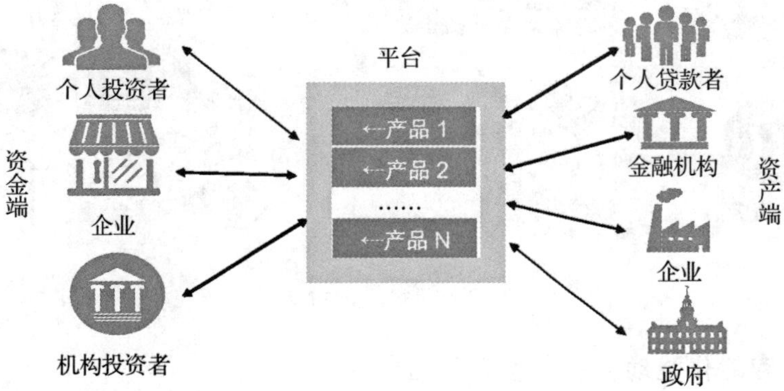

图 10　陆金所平台 2.0

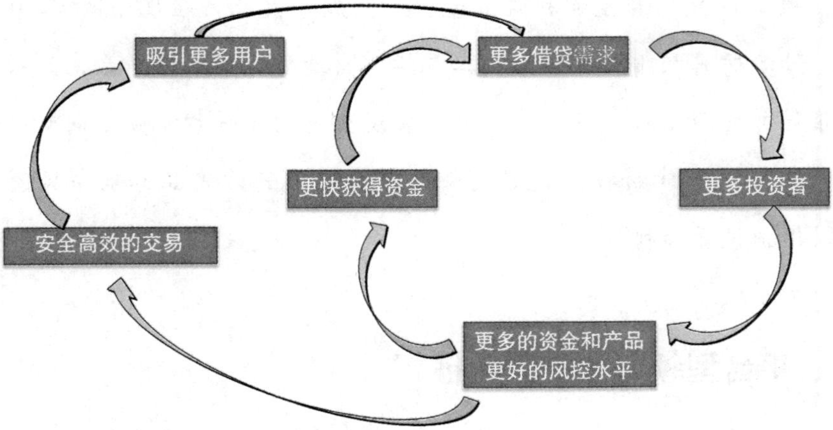

图 11　陆金所平台的正循环

- **开放平台，引入多样性，构建生态**

平台 V3.0 阶段，开放平台，引入第三方的包括公募基金、私募基金、股票、保险、信托、债券等相关机构，在统一风控的基础上，在平台中发售产品，实现平台投资标的多样化，从平台向生态转化，如图 12 所示。

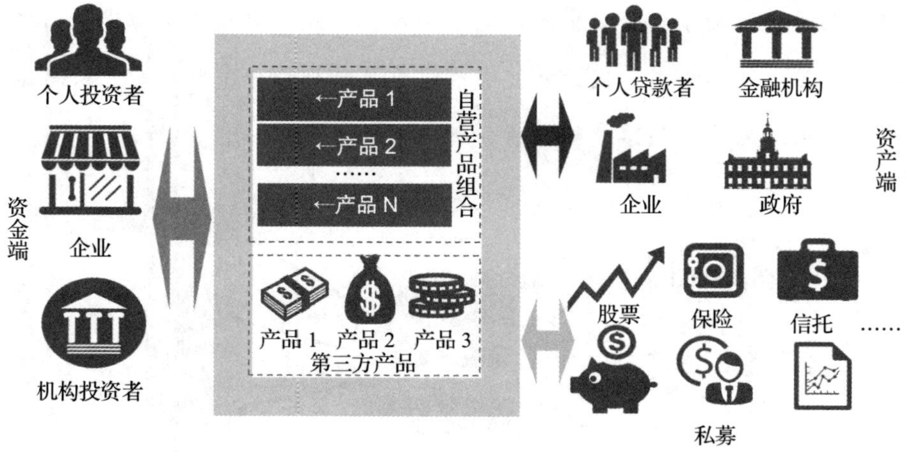

图 12　陆金所平台 3.0

- **智能化驱动，保持生态的活跃**

构建了丰富的平台生态之后，投资者面临多样化产品选择的困惑，核心是投资者投资利益最大化的问题。因此，在规划的 V4.0 阶段。陆金所将利用大数据和人工智能，打造智能投顾的平台，为投资者推荐并管理个人化的投资产品，实现生态的进一步繁荣。同时，期望利用新的智能科技，更好的管理平台的第三方产品，确保风险可控，保护投资者利益。

二、平台型领导的行为特征

我们分析了在平台运作中优秀的领导，发现他们在行为上，有如下三个共同特征，即依靠领导人格——降低交易成本；依靠共赢思维——提高网络价值；依靠快速迭代——在试错中前行。

（一）依靠领导人格——降低交易成本

领导者人格，也就是领导者的品牌，它可以降低合作过程中的交易成本，形成平台影响力。具体体现为：领导者人品，领导者思路，领导者资源，领导者经历。

1. 领导者人品

德鲁克说，如果领导者缺乏正直的品格，那么，无论他是多么有知识、有才华、有成就，也会造成重大损失——因为他破坏了企业中最宝贵的资源——人，破坏组织的精神，破坏工作成就。平台领导者必须具备愿景和精力充沛这两个基本条件。不过，要是想成为能启迪智慧、有感召力领导者，你还需要具备四项品质，那就是选择性地暴露自己的弱点，依靠直觉来选择时机和行为方式，用强势同理心影响利益相关者，敢于特立独行。

2. 领导者思路

思路决定出路。真正活下来的企业，都有一些极具思想力的企业领袖在操控管理，因此，从长而论，利剑总是败在思想手下。信任是将领导者和追随者凝结在一起的黏合剂，是维持组织运转的润滑油。信任度的高低是领导力水平的重要指标。信任是求不得的，只能去“赢得”。领导者对组织的准确定位，对发展思路的精彩描述，能帮助他赢得信任。

3. 领导者资源

当你手上有了别人想要的资源的时候，你就可以整合、调动、利用别人的资源了。在课堂上，经常有学生问我，“老师，我钱不多，权不大，我凭什么去整合他人的资源呢？”这时候，我经常会问学生，马云当年凭什么吸引了蔡崇信？什么是领导者最重要的资源呢？

相关链接

蔡崇信当年放弃580万元年薪，拿月薪500元

2015年福布斯华人富豪榜中，蔡崇信以59亿美元（376亿元人民币）身价名列第38位。让人们津津乐道的是，蔡崇信当年竟放弃70万美元年薪（按当时汇率，折合人民币580万元），带着怀孕的妻子投奔马云，拿月薪500元，他为什么这么做，又如何成就现在的身价的呢？

1999年5月，他和马云第一次见面。去之前，他在台湾地区的朋友给他描述马云“这个人有点疯狂”，当他去了之后，发现马云甚至还没有成立自己的公司。任何公司实体都不存在，只有一个上线刚刚几个月的网站——阿里巴巴。

他与马云见面的时候，就被马云的人格魅力深深吸引了。马云极有魅力，他一直都在谈论伟大的愿景。他们没有谈商业模式、盈利或者其他业务上的东西。马云说，“我们拥有这些数以百万计的工厂资源。我如何帮助这内地工厂接触到西方世界呢？”

蔡崇信被马云打动，心想，“这家伙有能力将一群人聚集在一起，是个有影响力的领导者。马云真的有能力做成一番事业。我是不是也该加入这个充满冒险精神的团队呢？”他告诉了马云这个想法，马云说，“我只付得起500元的月薪。”他说好，没问题。打定主意后，蔡崇信决定辞掉年薪70万美元的工作，跟马云一起干。然而，当时他的妻子克拉拉正处于怀孕阶段，一听说这个想法，就觉得自己的老公疯了，这么好的待遇不想干，却去一个不知道未来的小公司。

一听马云只付得起500元月薪，就连蔡崇信的老爸——蔡中曾（中国台湾地区知名律师）也连连摇头。不过，蔡崇信却坚定地辞职

了，把家人气得够呛。

1999年，蔡崇信来到杭州再次找到马云，这一次他还带着妻子克拉拉，希望说服她同意自己加入。然后开启了一系列在阿里巴巴的眼花缭乱的精彩操作。

感 悟

眼界、境界是最稀缺的资源！

只要你是稀缺资源，你就不会缺少资源。

4. 领导者经历

人们不但关注领导者想做什么，更关注他过去做了什么？结果又是怎么样的？在日常工作中，我们经常会听到这样的说法，他是最好的什么行家，他做过谁的导师，他曾经做过什么贡献，他奠定过什么基础，他领导过什么事项等，这才是重要的影响力。

领导者必须通过自己的经历，为领导者的品牌储蓄。领导者必须明白，我们都是凡人，事情做错没有关系，可以再来。但人不能做坏，人做坏了不可能再来，是不可能东山再起的。

（二）依靠共赢思维——提高网络价值

共创、共享、共赢，成为一种新的价值创造规则，代表一种新的创新范式。在传统工业阶段，企业发展的原动力是规模经济和范围经济，强调以企业为中心的单一价值创造主体自身的运营效率及其产品质量，创新完全由厂商主导，并通过产品或服务传递给顾客。

平台经济时代，市场瞬息万变，企业与供应商、合作伙伴、员工、顾客等利益相关方形成共生的生态圈，敏捷性与协同能力成为企业生存和发展的关键。

平台生态的发展是一个过程。生态最本质的特征就是演化，不是计划。生态的演化不仅仅是物理反应，更是化学反应。生态演化是否顺利，取决于是否可以给客户提供以前无法提供的价值。这就要求充分运用互联网精神，发展共赢生态圈，从竞争到协同，把敌人变成合作伙伴，创造一个符合未来 5 ～ 10 年能够让大家共创共享共赢的生态圈模式。

（三）依靠快速迭代——在试错中前行

成功取决于试错速度，这是目前在发展平台生态时特别强调的一个观点。在试错中前行的有效途径是：单点切入、小步快跑、不断试错、快速迭代。

创新越多，目标越远大，遇到失败的可能性就越大。伯克利大学 Mark Coopersmith 教授的研究聚焦于“失败”及如何将失败转化为财富。Mark 教授提出了包含七个步骤的“失败价值循环模型（The Failure Value Cycle）”，如下图 13 所示。① Respect ：承认并尊重失败；② Rehearse ：试错；③ Recognize：认知失败；④ React：做出反应；⑤ Reflect：反省；⑥ Rebound：重新振作；⑦ Remember：从失败中学习。

我们认为，任何学习都不如从自己的失败中的学习来的生动和深刻。以 SONY 为例，当 SONY 在录像带标准中败给了 VHS 之后，SONY 学习到了客户真正关心的价值点，并在接下来的 CD、DVD、蓝光等存储介质的标准之争中获胜了，虽然 SONY 在后来又败给了 iPOD。雷军在金山的不温不火，让他学会了如何借势，如何寻求风口；周鸿祎的雅虎中国被阿里巴巴收购，让他学会了“免费”的价值，并创建了免费的 360；Netflix 的涨价吓跑了消费者，让他学会了如何更好地与客户沟通；Jetblue 的大面积延误，让他学会了如何让飞机“不存在航空管制”及如何更好地服务客户。

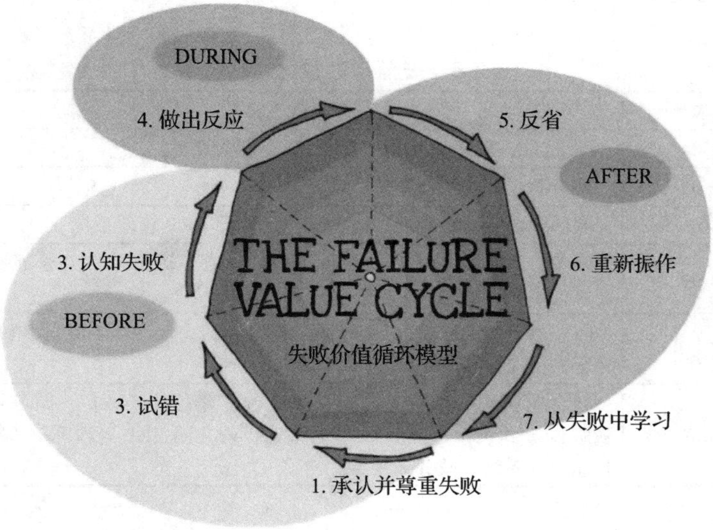

图 13 失败价值循环模型

没有人喜欢失败，但是创新必然面临失败的风险。快速试错、迭代更新，是互联网时代企业创新的两大特点。从失败中学习，看到失败背后的那些“偏差”，才能让我们更清晰的明确未来的方向。

企业实践借鉴

智慧树的快速迭代①

智慧树幼教平台是中国领先的幼教云平台，智慧树为幼儿管理与幼儿教育者量身打造，幼儿园教师与家长实名认证的师幼互动云平台、家园共育互动云平台。智慧树已成为中国最大的幼教云平台，于全

① 相关资料由 2016 级 EMBA 学员，和晶科技副总裁陈瑶提供。

国32个省市建立分支机构，服务全国12万所幼儿园，总用户量3000万人。

智慧树是产品迭代的一个典型案例，2014年开始发布产品，仅仅2个月就完成了V2.0的迭代和发布。迭代情况如表6所示。

表6 智慧树的快速迭代

版本	功能
V1.0	幼儿园、IM及时沟通、家长
V2.0	班级圈、即时沟通
V3.0	园区管理、班级圈、即时沟通、幼儿园ERP管理系统
V4.0	园务管理（加强版）、班级圈、即时沟通、幼儿园ERP管理系统、智能硬件系统
V5.0	园务管理（加强版）、班级圈、即时沟通、幼儿园ERP管理系统（加强版）、智能硬件系统、政务云平台
V6.0	教育电商平台、教育内容资源平台、育儿社区平台、园务管理（加强版）、班级圈（加强版）、即时沟通、幼儿园ERP管理系统（加强版）、智能硬件系统、政务云平台

2013年年底，智慧树进入家园共育软件开发领域时，市面上并没有可供参考的案例，在用户需求不明确、问题不清晰的情况下，开发团队利用迭代创新的方法快速生成原型，完成智慧树V1.0版本，并迅速推向市场。后续，团队和用户基于V1.0版本，进行深入沟通、交流、探讨，逐渐明确用户需求，以及后续版本迭代的方向。

在智慧树V2.0版本的创新过程中，通过用户对V1.0版本的操作界面和操作体验提出建议，将简单IM即时通信界面改为“班级圈”，家长用户、教师用户可以通过“班级圈”分享宝宝在园的照片、视频，通过分享，相应用户可以获得“小红花”的奖励。

从V2.0到V3.0，完成了智慧树软件系统基本产品结构的搭建工作，目前的V6.0版本所涉及的基本功能都是在V3.0版本的基础上逐步迭代而来。

V4.0 版本根据以上原则解决了智慧树软硬件系统联通这一主要问题。在开发该版本的时间段内，公司把主要开发资源都投入到硬件系统的开发上，开发智能硬件系统（包括智能考勤机、智能摄像头、智能门闸机、智能班播机），并实现了软件系统与硬件系统的联通。完成了智慧树幼教云平台的基础搭建工作。

完成 V4.0 版本后，智慧树通过多次迭代周期实现了产品整体螺旋式上升的累计改进。与其他创造性过程一样，智慧树迭代创新是一个由全局到局部、从框架到细节的过程。V5.0 版本在 4.0 版本的基础上仔细打磨各个功能，同时，增加了教育内容资源平台、育儿社区平台及政务云平台，增加了智慧树的教育属性。通过家长端 11 次、教师端 14 次、园长端 12 次小迭代，智慧树 V5.0 版本以最小成本、最低风险来快速响应了用户需求。

迭代创新是将一次长周期创新变为多次短周期的叠加创新。试图在一个周期内解决所有问题，这导致周期长、速度慢。智慧树从 V1.0 版本进化到 V6.0 版本，中间经历了不少于 50 次的小迭代。每次小迭代的改进都是有限的，所投入的时间和成本也是有限的，通过市场和用户的快速检验实现了周期的进化。通过 6 个迭代周期，智慧树快速形成满足用户需求的阶段性成果，通过向市场发布成果快速获得了用户和收益。

三、平台力修炼的操作思路

平台力修炼，聚焦的是打造共赢生态圈。

平台力修炼思路，如图 14 所示。

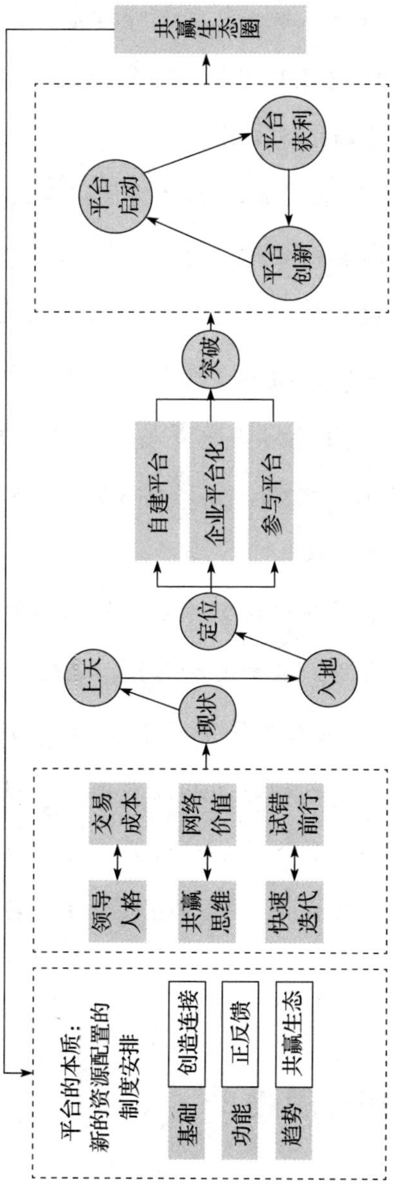
出发点
平台的本质：新的资源配置的制度安排
基础
创造连接
功能
正反馈
趋势
共赢生态
作用机制
领导人格
交易成本
共赢思维
网络价值
快速迭代
试错前行
修炼大思路
现状
上天
入地
定位
路径选择
自建平台
企业平台化
参与平台
突破
操作思路
平台启动
平台获利
平台创新
聚焦
共赢生态圈

图 14　平台力修炼思路

领导者的平台力修炼，可从确立平台化的路径着手。

（一）平台化的三种路径

平台化的途径，取决于企业现在所处的位置。第一，如果本身已有企业化的运营体系，则需要考虑该业务在产业链中的重要性和衍生性①，来判断企业平台化还是参与行业平台；第二，如果是新进入者，则考虑自建或者参与。总体而言，平台化主要有三种途径：新进入者自建平台、企业平台化转型、参与平台。

1. 新进入者自建平台

新进入者，往往没有“沉没成本”的压力，能够以打破行业已有规范、塑造行业创新生态的姿态，对行业产生颠覆性的影响。例如，360对杀毒软件行业的颠覆；小米对传统手机制造业的颠覆；Airbnb对传统住宿行业的颠覆等。

新进入者以平台的形式重构了市场格局，加剧了赢者通吃现象，即市场竞争的胜利者获得所有或绝大多数的市场份额，而竞争中的输者则被淘汰，这主要因为平台具备三个重要的特征：①整合性，解决了所有消费者的共同问题，消除了细分市场和利基市场的盈利可能；②网络效应，催生了网络价值，使平台独特且难以复制；同时，平台通过契约安排，降低负的外部性，实现了更有效率的制度安排；③平台较低的多属程度和较高的转换成本，增加了后续竞争者的发展难度。

---

① Cusumano M A. Staying Power：Six Enduring Principles for Managing Strategy and Innovation in an Uncertain World（Lessons from Microsoft，Apple，Intel，Google，Toyota and More）[M]. OUP Oxford，2010.

企业实践借鉴

OnStar 自建平台[①]

OnStar 是通用汽车公司的全资子公司，是世界上领先的车载安全、保障和通信服务的供应商。自 1995 年诞生至今，OnStar 系统的技术不断完善和更新，并成众多汽车用户的信赖之选。

车联网时代，OnStar 围绕着用户和利益相关者，构建了全新的平台生态系统。其平台构建模式如图 15 所示。

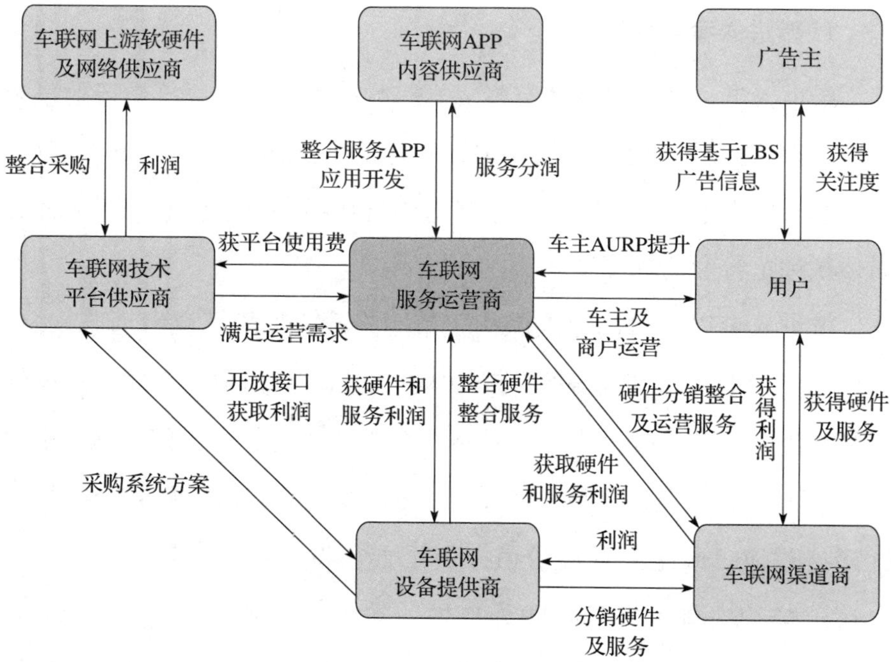

图 15 OnStar 自建平台

在此基础上，形成了全新的商业模式，如图 16 所示。

① 相关材料有 2014 级 EMBA 学员，OnStar 公司潘维提供。

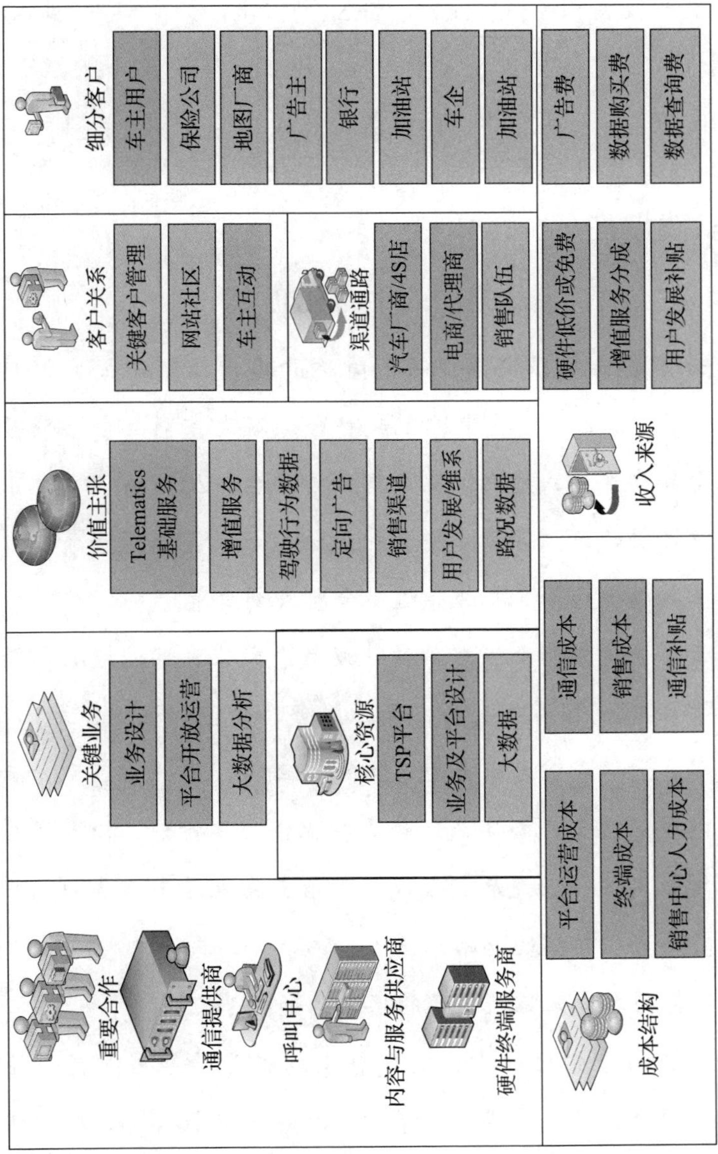
重要合作
通信提供商
呼叫中心
内容与服务供应商
硬件终端服务商
关键业务
业务设计
平台开放运营
大数据分析
核心资源
TSP平台
业务及平台设计
大数据
价值主张
Telematics基础服务
增值服务
驾驶行为数据
定向广告
销售渠道
用户发展/维系
路况数据
客户关系
关键客户管理
网站社区
车主互动
渠道通路
汽车厂商/4S店
电商/代理商
销售队伍
细分客户
车主用户
保险公司
地图厂商
广告主
银行
加油站
车企
加油站
成本结构
平台运营成本
终端成本
销售中心人力成本
通信成本
销售成本
通信补贴
收入来源
硬件低价或免费
增值服务分成
用户发展补贴
广告费
数据购买费
数据查询费

图16 商业模式示例

2. 企业平台化的转型

企业以现有组织为基础，通过平台更有效地集聚和整合资源，谋取企业的加速发展和可持续发展。企业平台化，类似单个电脑，连上网络后运作，其功能和效用大不一样。例如，宝钢旗下的欧冶云商，是宝钢从传统企业向平台生态转型的关键战略。

企业实践借鉴

宝武集团的平台化转型①

欧冶云商股份有限公司（以下简称欧冶云商）成立于2015年2月，注册资本33亿元，是中国宝武整合原有大宗商品电子商务相关资源，以全新商业模式建立的生态型服务平台。2017年5月，欧冶云商成功实施了首轮股权开放，增资约10.5亿元，引入民营资本、海外资本、员工持股平台等，积极推进混合所有制改革。

欧冶云商诞生于产业互联网快速发展、大宗商品流通领域亟须重构的时代背景下。作为集交易、金融服务、仓储、运输、加工配送、数据、技术、资讯等综合服务为一体的第三方B2B平台，欧冶云商积极推进智慧供应链创新与实践，努力挖掘供应链价值，提升供应链效率，不断增强实体企业发展新动能。欧冶云商也是宝武集团的平台化转型实践。平台化转型的思路如图17所示。

平台化转型对未来钢铁电商的思考，如图18所示。

宝武集团的平台化转型，是从制造到服务的转型。新一轮规划期，集团公司提出“一基五元”的业务组合和发展目标，即通过整合聚焦、转型升级，打造以绿色精品智慧的钢铁产业为基础，新材料、

① 相关材料由MBA学员，欧冶云商易力提供。

现代贸易物流、工业服务、城市服务、产业金融等相关产业协同发展的格局，如图 19 所示。

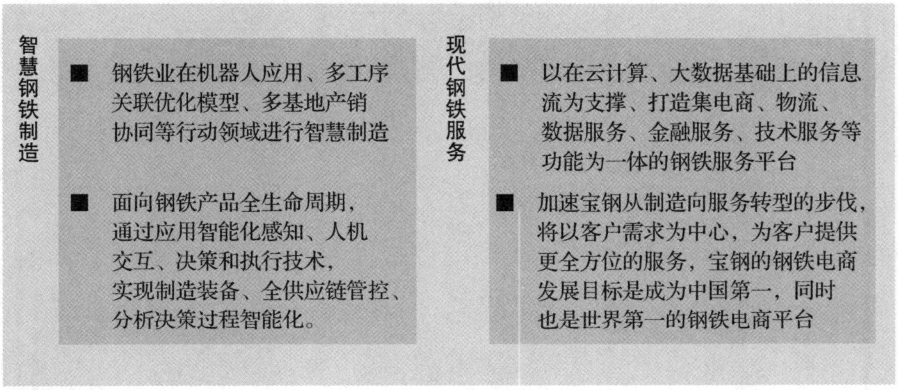

图 17　转型思路

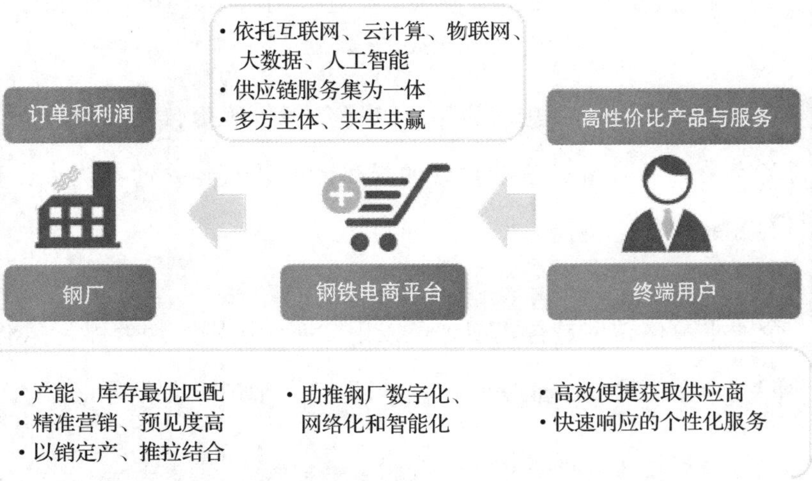

图 18　钢铁电商平台思考

在中国宝武“一基五元”战略规划体系中，欧冶云商是现代贸易物流业板块的主力战舰，以互联网为工具，以智慧物流为基础，促进钢铁流通效率提升和成本降低，实现钢铁流通与制造端和消费端的深度融合。

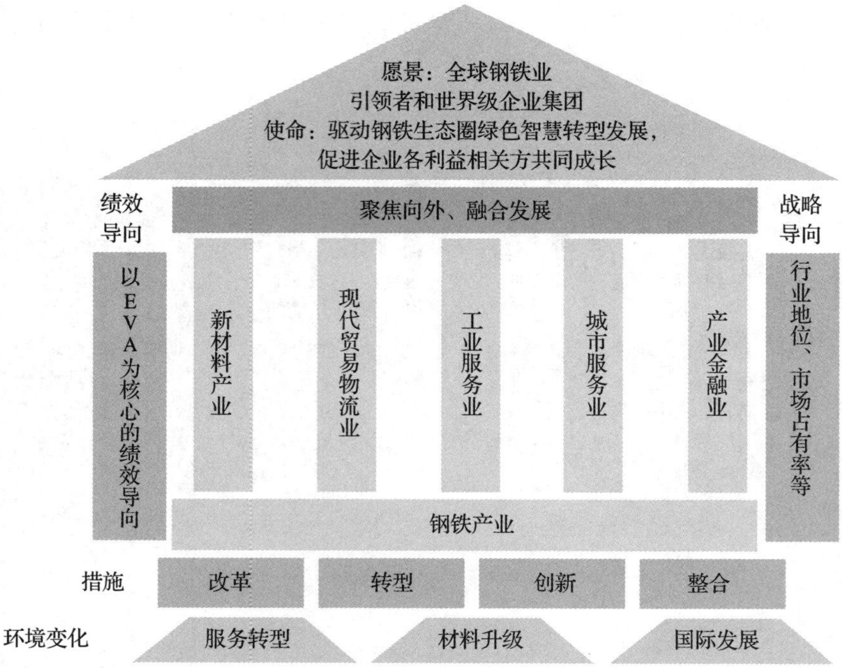

图 19　中国宝武“一基五元”战略

欧冶云商秉持“共建、共享，值得信赖”的价值观，努力成为大宗商品交易的服务者、基础设施的提供者和信用体系的构建者，形成互利共赢的平台生态圈。

企业平台化转型是否实现，可以用“四大区别”作为评判标准。传统企业领导与企业平台化领导四大区别如图 20 所示。

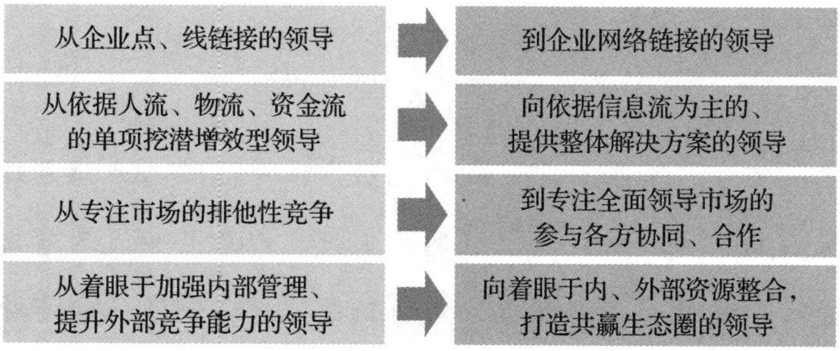

图 20　四大区别

传统企业如何走向平台生态，是现在大家普遍关心的问题。我们通过多次的课堂讨论和深入研究，从操作性角度，总结了可以通过六个转变来加以实施。

实务操作指南

传统企业走向企业平台化的六个转变

①技术创新——从自主的封闭式创新，走向群体创造的开放式创新，如图 21 所示。

传统企业	企业平台化
• 内部封闭创新为产，强调原生性、自主性和独占性	• 开放式创新为主，强调创新网络的构建，强调优势互补的联合创新、强调共担创新风险，强调来自内、外部的群体创新

图 21 技术创新

②商业模式——从基于价值链到基于价值网络的商业模式构建，如图 22 所示。

传统企业	企业平台化
• 侧重考虑价值链上下游，企业如果处在中间这个环节，就容易将上下游看成是敌人和竞争对手 • 根本上，传统企业的商业模式就是按照价值链竞争方式来设计	• 基于价值网络，构建多主体共享的商业生态系统并且产生网络效应实现多主体共赢的一种商业模式 • 平台模式下价值逻辑的主体至少包含：平台企业、内容供应商和终端顾客三类性质不同的角色。平台化企业商业模式设计围绕着如何协同三个主体共同完成价值创造过程

图 22 商业模式

③营销方式——从依赖广告代理商大规模投放，到以“场景”为核心，透过消费者和社群本身去传播，如图 23 所示。

传统企业	企业平台化
· 市场活动、广告、推销、促销为手段，通过广告商代理 · 营销活动和产品/服务交付以市场细分和定位为基础	· 通过社群网络，以口碑、病毒方式快速传播，实现零成本社会化营销 · 营销活动和产品/服务交付以场景分析和设计为核心

图 23　营销方式

④数据资源——从企业管理辅助工具，变成直接推动企业跨越式发展的核心驱动力，如图 24 所示。

传统企业	企业平台化
· 通过企业信息化积累内部运营数据和管理数据，主要作为企业内部管理的辅助工具 · 数据是一种公司资源，而不是直接生产力	· 通过数据驱动客户群体细分，然后为每个群体量订制特别的服务 · 通过数据模拟现实环境，发掘新的需求同时提高投资的回报率 · 通过数据链接内、外部资源，提高整条管理链条和产业链条的效率，构建复杂价值网络 · 通过数据降低服务成本，发现隐藏线索驱动产品和服务的创新

图 24　数据资源

⑤组织管理——从科层制到网络制度，从边界清晰到边界模糊，如图 25 所示。

传统企业	企业平台化
· 金字塔结构的科层制模式 · 企业的边界清晰，组织管理限定在公司内部	· 网络型管理架构，柔性组织，体现出扁平化、网络化，自驱动、自组织的特点 · 企业边界模糊，组织管理还需要外部利益相关者，组织制度的制定由各参与主体共同完成

图 25　组织管理

⑥价值评估——从考察财务指标，到考察生态指标，如图 26 所示。

传统企业	企业平台化
· 更关注股东价值和公司资产的现金流折现值	· 除了考察财务指标，更关注平台的数据化、物种多样性、可持续生态循环等 · 不仅关注企业的价值，更关注平台涵盖各主体的整体价值

图 26　价值评估

3. 积极参与平台生态

当然，在很多情况下，企业并不具自建平台或者向平台转型的能力，特别是当企业所处的价值链位置，不具备重要性和衍生性的时候。这个时候，对企业而言，最佳策略是参与平台。以良好的产品与服务，成为平台运转不可或缺的重要组成部分，这也是企业发展的关键策略。

相关链接

自建平台还是参与平台?

对于企业而言，想通过平台连接互联网，要做的选择是自搭平台还是借助其他网络平台。自建平台，对传统企业是个挑战，如万达等大型实体企业都进行过电商平台搭建的尝试，其结果并不是太理想。主要还是因为实体经营思维与互联网思维的冲突问题，导致传统企业所搭建的网络平台都非常“短命”。加入一个平台是初期连接互联网的最好选择，也是大部分无法自搭平台的中、小企业的长期选择。

很多传统企业都已经在淘宝、京东等电商平台上开了店铺，此外还有外卖平台、出行平台、设计平台、农资平台、智能硬件平台、金融平台、众筹平台等。更多的传统企业纷纷开始使用微信平台，通过微信公众号、服务号、小程序等，联结和管理自己的客户，开展营销及业务运营等活动，取得了很好的成效。

现在的平台都意识到了传统企业信息化程度不够这一点，有些平台方会为企业提供一套整体解决方案，以帮助其完成信息化以及与平台的对接。目前如京东等电商平台是这么做的，越来越多的 B2B 平台商为了拓展其业务，也正在做这些事情。这也是所谓的平台为企业赋能的过程。

企业实践借鉴

众业达的平台化转型①

众业达电气股份有限公司是工业电气产品的专业分销商，其概况如图27所示。

众业达电气开始于1984年，总部位于广东汕头

专业的工业电气 产品分销服务商	系统集成、成套制造 增值服务商
全球著名电气品牌商 最可信赖的合作伙伴之一	电气分销行业龙头企业 2010年成为行业内首家上市公司

图27　众业达概况

众业达通过夯实传统主业、研发创新和外延式并购稳步推进战略升级，并且比较早的拥抱互联网，在天猫等大平台开展自身的销售和服务业务。随着企业的不断发展，公司又提出了由“产品覆盖、区域覆盖、行业覆盖”的“三覆盖”战略升级为“分销网、物流网、技术服务网加上互联网”的“3+1”战略，推动企业的平台化转型，开始全面建立自己的平台，如图28所示。

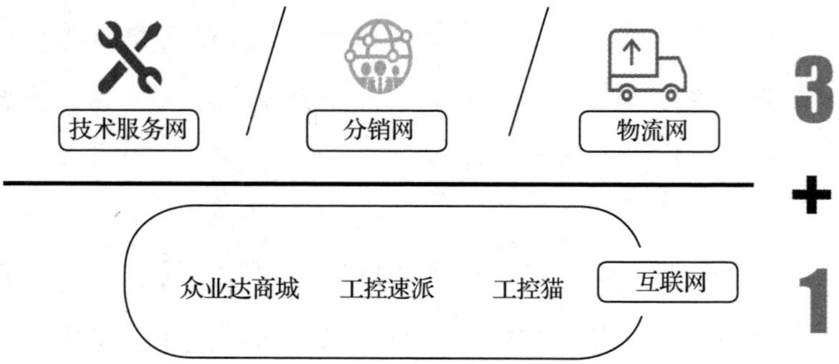

图28　众业达的平台战略

产品销售和服务的平台：众业达商城，如图29所示。

① 相关材料由2016级EMBA学员，众业达电气王文君提供。

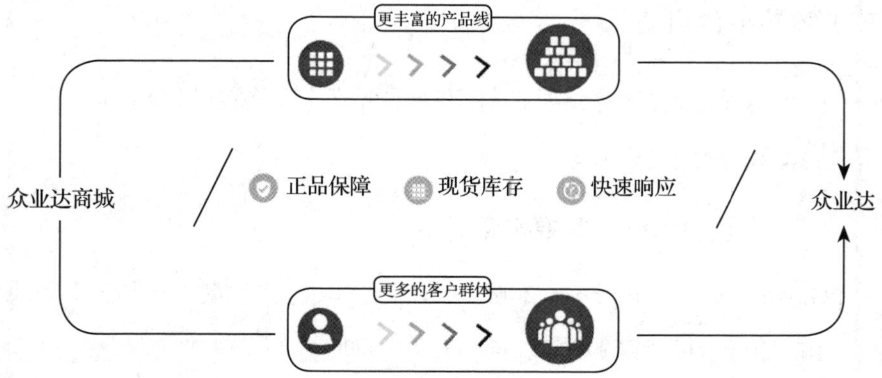

图 29　众业达商城

电气自动化集成服务平台：工控猫，如图 30 所示。

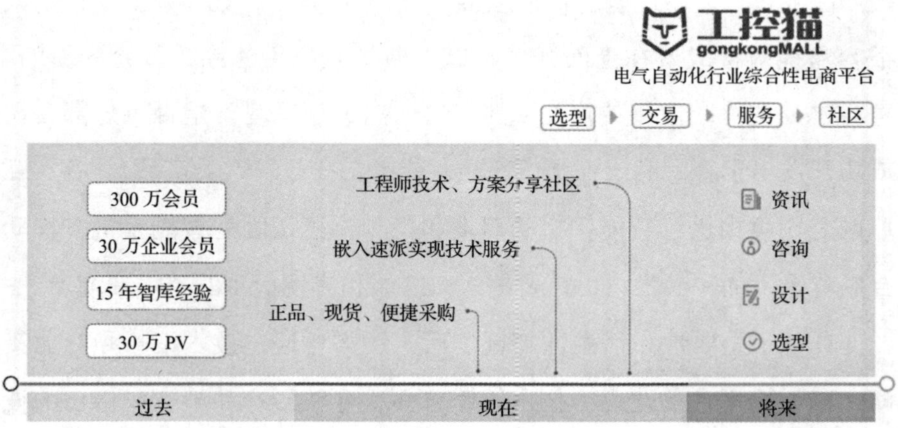

图 30　工控猫

工控速派技术服务平台：工控速派，如图 31 所示。

图 31　工控速派

（二）领导平台启动

在领导平台企业时，要抓好三个重要环节：平台机会识别、平台模式启动和平台模式完善。

1. 平台机会识别：重要性和衍生性

Gawer and Cusumano（2002）[①] 认为，识别平台潜力可以从“重要性”和“衍生性”两个方面来判断。重要性方面，它必须在整个应用体系中承担至少一项必不可少的功能，或者为行业中的许多参与者解决至少一个至关重要的难题（判定这一点，可以看整个体系离开了某项产品或技术之后还能否正常运转）。衍生性方面，它必须能够让别人很容易地对接或者在上面开发，以不断扩大应用体系，并允许新的、意料之外的终端应用的产生（判定这一点，可以观察是否有外部公司成功开发出了补足品或互操作产品，或者正在开发这类产品）。各大互联网公司争相进行智能手机的研发和销售，正是因为智能手机在移动互联背景下的平台潜力，重要的入口终端和方便衍生的技术环境。

具备了重要性和衍生性特征之后，还需要通过技术策略和商业策略，来激励平台的建设。技术策略方面，专注于产品架构和接口的设计，保护自己的利润来源。商业策略方面，提供充分的经济激励，来让生态系统内的其他成员投资于补足品的创新，要使补足品生产企业赚到足够的钱并且保护他们的专有知识。谷歌是很清晰的一个例子，它成功地确立了自己互联网搜索平台的领导地位，并且为自己和补足品企业发展出令双方互利共赢、相得益彰的商业模式。从技术的观点看，高通公司的无线技术是一个成功的平台，但是从商业角度看，整个生态系统则不够稳定。通用汽车公司的 OnStar 无线通信技术，

① Gawer A，Cusumano M A. Platform Leadership [M]. Boston：Harvard Business School Press，2002.

EMC 公司的数据存储软件，它们都是主要失败在商业而不是技术上。

2. 平台模式启动：促进核心互动

利益群体的外部性价值化，核心是互动，主要靠技术和契约安排。互动，是关系网络建立的基础，是价值形成的基础。因此如何确立与设计平台的核心互动，解决到底是先有卖家，还是先有买家的问题，创造病毒式成长，是平台模式启动的关键。平台设计应该从核心互动开始，为使核心互动容易，甚至自然发生，平台必须执行三项功能：吸引、促进、媒合。三项功能皆必要，每项功能都有其特殊挑战。随着平台成长，有一点要想清楚，平台生态的发展是一个过程。随着平台成长，领导者往往会找到核心互动之外的扩散途径。核心互动之外，可能出现新类型的互动，吸引新的使用者。因此设计平台时应该考虑如何让大量使用者很容易地进行互补互利的互动，领导者也应该留有空间给巧合与意外，使用者会在平台上找到创造价值的新方法。

3. 平台模式完善：关注病毒式成长

平台的完善，需要病毒式成长。消费者进入平台，需要入口，而运营良好的产品是最好的终端选择。将运营好的产品终端化，布局终端，积累足够多的单边消费群体。终端化的产品需满足三个条件且缺一不可：用户最大化、免费（或低价）和开放，以方便利益群体以最小的成本、最方便的方式接入平台。在移动互联下的背景下，本该大有作为的移动运营商沦为管道，不是因为它们缺少用户，而是在免费和开放上限制了消费者进入平台的入口。

病毒式成长是一种吸引过程，鼓励使用者向其他潜在使用者散播口碑，当使用者主动鼓励其他人加入时，网络本身就是驱动成长的力量。病毒式成长需要四个要素：发送者、价值单元、外部网络、接受者[①]。以大众点评为例，①发送者——用户在餐馆吃完饭，在大众点评进行了环境、口味、服务等的点评，就启动了循环，最终将引进一个新用户。②价值单元——提供真实的信息，降低朋友、陌生人用餐选择的成本。③外部网络——微信就是个有效的外部网络，让价值单元扩散，触及潜在使用者。④接收者——最终，一名微信用户对朋友分享的餐厅感兴趣，通过大众点评 APP 去查看具体信息，并进行了实地消费，同时也进行了点评和朋友圈分享，再次启动循环。在新循环中，接收者变成了发送者。

在病毒式成长环节，需要注意两个关键问题：①忽略产品运营的终端无法布局、平台无法搭建。产品之所以能成为终端，首先在于其良好的消费者基础。②企业阶段，运营好的产品是企业主要的利润来源；平台阶段，最主要的利润来源必须以免费的形式成为消费者进入平台的终端。由此，企业面临着转型的剧痛——利润的放弃。固守产品利润，只能带来短期的收益，一旦竞争对手将产品免费化，整个市场格局必然重塑。例如，奇虎 360 推出的免费杀毒软件，改变了整个行业的格局，使卡巴斯基、金山、瑞星等企业遭遇生存危机。从这个层面上讲，相比于成功的企业，新创企业没有变革成本，在平台搭建过程中更容易实现产品终端化。

（三）领导平台获利

领导平台获利可从服务产品化和货币化策略两方面入手。

1. 服务产品化

平台企业的利润来源都指向了同一个方向：服务。平台经济上的服务，不同于产品经济中的服务，是促进网络价值提升的服务。在平

① GG Parker，MWV Alstyne，SP Choudary. Platform Revolution：How Networked Markets are Transforming the Economy and How to Make Them Work for You[M]. W. W. Norton & Company，2016.

台上，企业为了提升网络价值，会就平台的交易规则、行为规范、配套服务等进行设计，目的是为了用规范约束负的外部性，用服务激励正的外部性。基于产品的服务和基于网络价值的服务存在本质的差异，将服务商品化，就成为平台创新的核心基础。

服务中的利润来源，有两个重要的作用，一是服务提供比产品更大的收入来源，如奥的斯电梯将产品（电梯硬件）终端化，从维保服务中获取主要利润。二是产品销售取得的利润是一次性利润，服务商品化的利润是可持续利润来源。典型的例子是诺基亚和苹果，诺基亚的手机（产品）售出，是客户关系的结束；苹果手机的售出，是客户关系的开始，是服务实现商品化的开始。

2. 货币化策略

经营得当的平台能够创造四种超额价值来源：取得平台上创造的价值、接触市场、取得工具、取用策展机制。货币化就是要得到平台创造的超额价值的一部分。平台的货币化策略包括手续费、进阶通路费、向第三方索取接触平台社群的费用、进阶策展收费等。

在货币化选择中，最重要的选择是决定向谁收费。因为平台各种使用者扮演不同的角色，对他们收费可能对网络效应造成非常不同的冲击。平台对某个特定用户群体的价值本质上依赖于这个平台“其他边”的用户数量。平台商业模式也要解决如下的几个问题：我们能否为平台各边吸引到足够数量的客户？哪边（客户）对价格更为敏感？能否通过补贴吸引价格敏感一边的客户吗？平台的另一边是否可以产生充足的收入来支付这些补偿？以谷歌为例，谷歌针对三个不同的客户细分群体提供不同的价值主张；谷歌有一个主要收入来源，这个收入来源补贴平台的其他边。它从广告商客户细分那一边赚钱，而同时免费补贴另外两边的客户群体——网民和内容所有者。

平台获利的挑战很复杂，平台领导者应在平台设计的每个决策中把获利课题纳入考量。同时要想明白，生态的发展是大创新，需要比一般的创业更长的孕育期。正像阿里巴巴首席信息官曾鸣说的，他在阿里巴巴参与的所有大创新，从淘宝、支付宝、小额贷款、云计算，到今天的菜鸟等，没有看到一个团队能在三年之内找到感觉和突破口的。这是生态战略的基本特点，需要耐心和毅力。

企业实践借鉴

华策集团的平台化发展①

华策影视集团目前拥有上海克顿文化传媒有限公司、浙江金球影业有限公司、浙江金溪影视有限公司等近 20 家控股子公司、20 余家参股子公司，是国内目前规模较大、实力较强的民营影视企业。

"强前台 / 优平台"体系：工业化爆品平台，为创意团队赋能如图 32 所示。

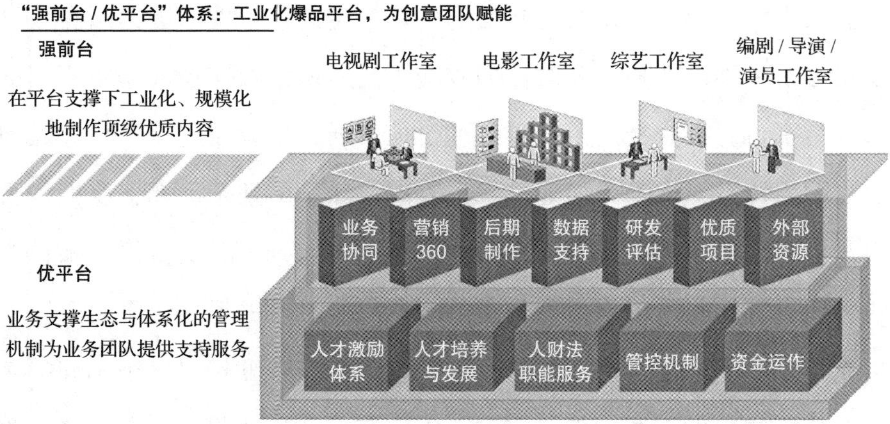

图 32 "强前台 / 优平台"体系

① 材料由 2016 级 EMBA 学员，华策集团章真提供。

立足核心内容，打造多元泛娱乐新消费产业生态大平台如图 33 所示。

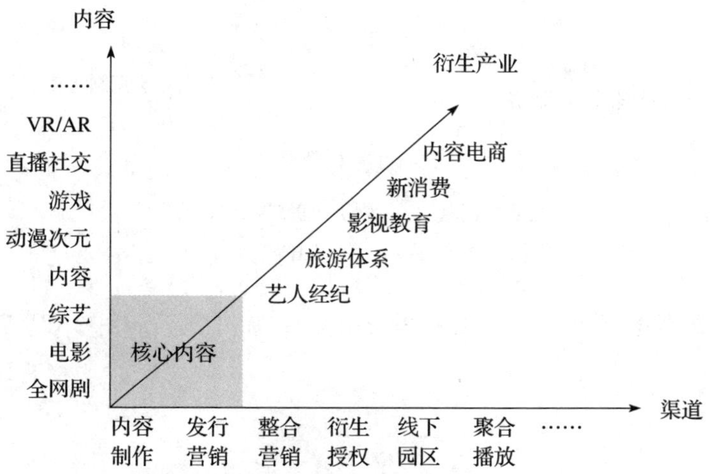

图 33　多元泛娱乐新消费产业生态大平台

产业生态大平台：中国（浙江）影视产业国际合作实验区——总部，如图 34 所示。

中国（浙江）影视产业国际合作实验区是国家广电总局批复成立的、国内唯一一个以文化出口为导向的国家级影视产业园区。

实验区占地 50 亩，总建筑面积 12 万平方米，2018 年建成并投入使用。分为国际文创企业总部、创意创作空间、大师名家工作室和国际合作交流中心。位于杭州城西科创大走廊沿线的国际化商务、教育核心区域，毗邻西溪国家湿地公园、浙江大学、阿里巴巴。

图 34　中国（浙江）影视产业国际合作实验区

产业生态大平台：实验区二期（筹）· 之江国际影视产业集聚中心，如图 35 所示。

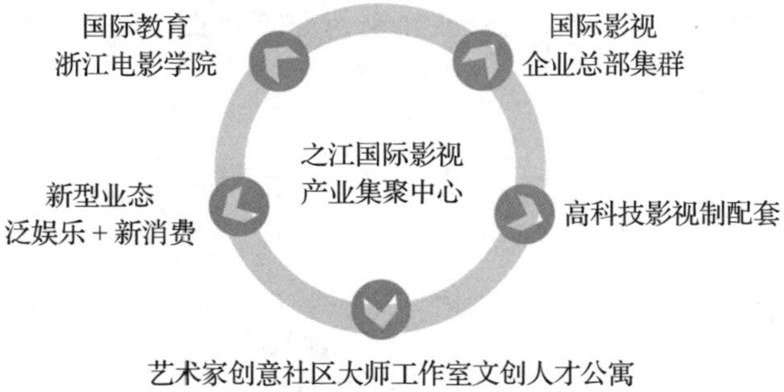

图 35　验区二期（筹）· 之江国际影视产业集聚中心

产业生态大平台：新型业态泛娱乐 + 新消费，如图 36 所示。

图 36　新型业态泛娱乐 + 新消费

（四）领导平台成长

平台的价值主要来自网络效应，运营指标应该衡量互动成功率，以及影响互动成功率的因素。互动成功将吸引活跃用户，进而促进正网络效应。

1. 新创期：核心互动增强策略

在新创期，平台应该聚焦促进平台核心互动强度的特征指标，这三项主要特征是：流动性、媒合品质、信任度。

2. 成长期：价值创造增强策略

在成长期，平台应聚焦可能影响成长和价值创造的指标，例如各种使用者的相对人数，生产者和消费者的终身价值，销售转换率。在成长期遵循价值创造的逻辑，需要关注以下四点：第一，共赢生态圈是众多主体的联合体，共同的利益促使它们联系在一起，由此，价值创造必须产生于差异群体的共同需求点上。第二，共赢生态圈的最终目的是满足顾客的（现有的及潜在的）价值。第三，共赢生态圈本质上是价值生态系统。第四，共赢生态圈蕴含众多生物学的思想。

3. 成熟期：驱动创新增强策略

在成熟期，平台应该聚焦自我创新与竞争规避。第一，从自我创新的角度来看，平台需要找到能够驱动创新的指标，找到可为使用者创造价值的新功能。第二，从竞争规避的视角来看，平台必须能够辨别来自竞争者的策略性威胁的指标，使平台及早应对。

4. 衰退期：裂变新生增强策略

为了有效预防企业走向衰落，平台必须预测新一波的平台革命将发生在哪个产业？用什么指标来判断平台革命的速度？未来最可能受平台革命冲击的产业是资讯密集、因为守门人而无法扩大规模、高度分割、资讯极度不对称现象的产业。短期内较不易被平台冲击的产业是受到高度管制、高失败成本、资源密集型产业。我们可以预期教育、医疗、能源、金融等产业在未来数十年可能受到的冲击和随之而来的一些改变。企业也必须结合有关的预测，做出战略性调整。

企业实践借鉴

钢钢网的平台成长①

钢钢网是一家秉承“除了品牌，一切皆可共享”的理念，以开放、合作、共赢的价值观，整合钢铁行业优质资源，而打造的钢铁电商第四方平台。

钢钢网从构建交易平台“金象平台”以来，围绕解决钢铁行业的交易服务问题，陆续建成了“票据平台”“物流平台”“投资平台”等围绕钢铁产业服务的各个子平台，彻底打通了交易、金融、物流等相关环节，也使得平台获得了长足的成长。

- **从交易起步：交易平台——金象平台**

2011 年 3 月，钢钢网正式上线，开展撮合交易业务，其中经过几次改版扩容，形成了今天的钢钢网金象平台，集合全行业现货资源，解决钢材交易中的核心问题：平台多、服务同质化、区域限制等。

- **打通物流，构建物流服务平台——小象快运**

在交易平台充分发展的前提下，钢钢网开始思考如何集成物流服务，帮助用户交易之后的物流运送问题。2015 年 1 月，钢钢网上线了小象快运，然后进行了一系列的迭代更新，致力于打造一个服务车主、货主的在线物流平台。提升车、货匹配率，降低货车空载率。通过互联网的扁平化特征，优化供应链体系，整合上下游资源，改变成本结构和组织形式的交易闭环。

- **链接金融，构建票据交易平台——大象钢票**

2015 年 3 月，钢钢网又接着上线了大象钢票，致力于构建一个安全、高效的线上票据交易平台，解决商票市场难题：中小企业贴现渠道

---

① 相关材料由 2015 级 EMBA 学员，钢钢网总经理张凯提供。

少、成本高等。在交易过程中采用资金担保的模式，最大限度地提高了买卖双方的安全交易。不需要当面交易，对于交易双方而言扩大了交易面，破除地域限制，覆盖面广。省去了在电票交易过程中大量的人员、时间、差旅成本，并避免了买方在交易过程中的资金管理风险。由此，在电票领域中，平台将拥有报价、撮合、交割、清算的完整交易体系。

- **战略布局，构建投资平台——飞象投资**

2015年，钢钢网基本将交易、物流、金融三大环节打通，初步形成了平台生态格局。为了进一步丰富平台生态，钢钢网继续推出飞象投资平台，布局产业链的战略投资，站在“互联网＋钢厂”风口，实现现货资源整合、资金渠道整合、终端用户整合。同时布局产业金融，与金融机构合作紧密。

经过7年的发展，钢钢网平台生态布局已经基本形成，为中国首家新三板的钢铁电商第四方服务平台，如图37所示。

图37 钢钢网的平台布局

企业实践借鉴

复星集团如何领导平台启动、获利、成长、竞争[①]

复星的平台战略：第一，“保险＋投资”双轮驱动本身就是一个

① 相关材料由2015级EMBA学员、复星集团联席总裁徐晓亮提供。

平台，成为一家“以保险为核心的综合金融能力”与“植根中国、有全球产业整合能力”双轮驱动的世界一流投资集团；第二，复星富足、健康和快乐的服务能力与蜂巢城市、保险打通的“1+1+1”也是一个平台；第三，整个复星就是一个能够让我们企业共同成长的大平台。“保险＋产业＋蜂巢 1+1+1”的产业跨界融合创新闭环，为健康、快乐时尚产业、保险和金融、物流和大宗商品、蜂巢地产注入独特竞争力。

伴随着平台获利，网络效应逐渐显现，复星开始围绕新中产的生活全方位服务，布局快乐产业。复星聚焦富足、健康和快乐三大领域，要在这些产业链上集中打穿、整合内外部资源，为中产阶级的生活方式提供更完善的综合解决方案。

（五）领导平台竞争

平台具有“赢者通吃”的魅力和“创造性破坏”的威力，这直接加剧了市场的竞争局势，因为协同的市场中只有一个赢家。当前处于从产品竞争到平台竞争的过渡阶段，各种层次的竞争形式同时存在：产品之间的竞争、平台之间的竞争、产品与平台的竞争。根据质性分析结果，本书关注平台竞争的四种主要手段。

第一，平台竞争首先是标准之争，标准即平台生态系统的设计与制度安排。谁的标准被接收，谁就第一时间积累了最大范围的用户，也将成为用户进入平台的首选。

第二，平台竞争核心是定价之争，这集中表现在对平台对多边利益群体的定价差异。

第三，平台竞争关键是范围之争，重新定义边界也就重新定义了平台。

在平台竞争中的赢家包含以下三类：①平台先行者，即优先布局终端、建立平台标准者；②平台创新者，即从边界延伸上重新定义平台者；③平台协同者，即建立平台与平台之间的关系，形成平台间的关系联盟者。

企业实践借鉴

协鑫打造新能源汽车生态圈①

● **协鑫对打造平台生态的认知**

协鑫集团有限公司（以下简称协鑫）是一家以新能源、清洁能源及相关产业为主的国际化综合性能源集团，是全球领先的光伏材料制造商及新能源开发、建设、运营商。协鑫集团始终秉承“把绿色能源带进生活”的理念，致力于成为最受尊重的国际化清洁能源企业。

集团计划五年内，在全国建设五个动力电池生产基地，达到30GWh（远期50GWh）的电池产能，同时在全国建设运营充换电站1000座；发挥协鑫产业优势，整合产业资源，以汽车设计为龙头，以动力电池、汽车轻量化、模块化、智能化、信息化为支撑，与汽车制造骨干企业合资合作生产电动汽车，规划产能100万辆。协鑫集团认为，要实现目标，企业必须进行平台化转型，用平台思维打造共赢生态圈。

● **协鑫打造平台生态的切入点**

近年来，新能源电动汽车市场空间逐步加大，协鑫作为一家以新能源为主的企业，把新能源电动汽车视为能源的终端载体，是储能单元，也是移动的耗电单元。在协鑫的视角里，它已不仅仅是车，不仅仅是移动交通工具，它是协鑫能源的用户，是耗电单元。能源企业对

① 根据2016级EMBA学员，协鑫集团曹洁提供的素材整理。

于能源用户的关注是必然的。

协鑫经过近几年对电动汽车市场的反复认证，结合产业优势（协鑫集团目前已具备电池材料生产、电池研发、梯级利用储能、充电桩等产业），整合产业资源，加之随着近几年新能源电动汽车的日益普及，发展新能源电动汽车业务是协鑫的必然选择。协鑫新能源汽车产业链如图 38 所示。

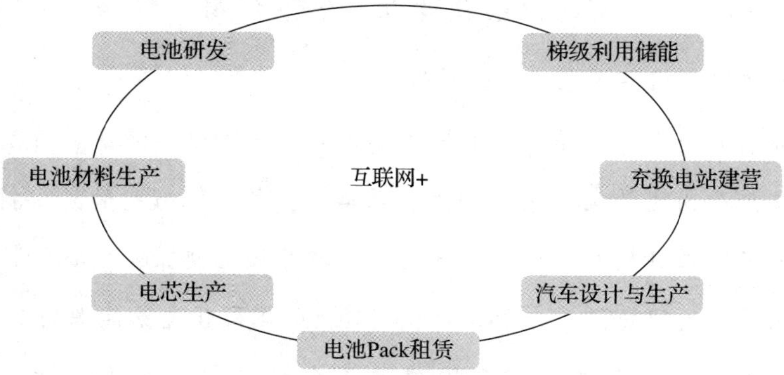

图 38 协鑫新能源汽车产业链

协鑫计划组建合资公司，整合其他平台优势与协鑫的产业资源（车、充电网络等）优势，以共同推动电动汽车产业，实现推进绿色发展，开展绿色出行、加快生态文明体制改革，建设美丽中国为目标，与社会各界一道积极推动中国新能源汽车产业发展，从而引领全球汽车产业的变革。

协鑫的动机：打造新能源汽车生态圈所需的充电网、电池、车、服务等协鑫都已经具备，同时还有金融公司，可以打造包括融资、租赁、保险、支付等一系列的汽车金融。然而，协鑫需要一个运行商来推广。随着共享时代的到来，越来越多的人选择网约车辆，越来越多的人不再买车，所以新能源汽车需要一个强有力的大的共享平台来合作支撑。

- **协鑫在打造平台生态中的风险管控**

第一是行业抵制风险。新能源汽车的运营定会受到传统出租车行业的抵制，届时协鑫需要一系列政府政策导向的支持，以及要给传统出租车司机提供更多发展合作平台。

第二是技术瓶颈。截至目前，新能源汽车较传统能源汽车，电池续航里程短，所以仍需要协鑫继续技术创新，创造出单位能量密度更高的电池。

第五章 创新力修炼

本章要点

创新，是人类特有的认识能力和实践能力，是一种人格特质与态度。创新力是不确定性和颠覆性创新时代领导者最重要的能力之一。

本书强调的创新力，是指赋予资源以创造新价值的能力。领导者通过创新力，带领企业在市场中将生态圈内的要素资源进行有效的整合，通过重构、赋能、协同，驱动平台创造新的更大的价值。

本章在分析创新力作用机制基础上，从操作层面探索了创新力的修炼之路。提出从客户和未来这两个层面，领导识别创新机会；提出通过四种构建方式，领导建立开放网络；提出可通过五步走的途径，领导创新商业模式；也提出了领导管控创新风险的若干要点。

企业家精神的核心，是创新精神。

领导者的创新力，也是他所领导的企业生生不息的源动力。如果说平台生态解决了资源整合的机制安排，那么创新才能使最佳的资源整合真正落地。

开篇案例

海尔转型，顺势而为[①]

海尔从1984年创业到现在，经历了五个发展战略阶段，名牌战略、多元化战略、国际化战略、全球化品牌战略、2012年进入网络化战略阶段。创业30多年来，海尔致力于成为“时代的企业”，每个阶段的战略主题都是随着时代变化而不断变化的，但贯穿海尔发展历程的，都离不开管理创新，重点关注的就是“人”的价值实现，使员工在为用户创造价值的同时实现自身的价值。海尔从2005年提出“人

① 参考张瑞敏2018年3月7日在哈佛大学的演讲，结合其他网络材料整理而成。

单合一”已经10多年，现在人单合一双赢模式因破解了互联网时代的管理难题吸引了世界著名商学院、管理专家争相跟踪研究。

1998年，“海尔文化激活休克鱼”案例进入哈佛案例库。这是中国企业第一次以一种商业思想的方式为世界所关注。

2015年5月13日，还是哈佛讲堂。海尔再次成为学者、学子们关注的焦点。丹尼斯·坎贝尔（Dennis Campbell）教授的《海尔：与用户零距离》案例课正式开讲。

2015年11月8日，张瑞敏获得Thinkers50杰出成就奖之“最佳理念实践奖”，并同时入选“2015年度Thinkers50榜单”。

2016年6月8日，张瑞敏被耶鲁大学授予“传奇领袖奖”奖。

2018年3月7日，海尔在哈佛商学院公开课演讲《物联网时代的管理模式要如何创建》。

海尔成为现象级企业，获得全世界的关注，这一切，是如何取得的?

张瑞敏在2018年3月7日哈佛大学的讲台上，展示了海尔的发展模式，如图1所示。

图1上有三条线，分别代表了三个不同的维度。从下往上，依次是发展历程、人单合一模式和哈佛案例。图1上有三条线，分别代表了三个不同的维度。从下往上，依次是发展历程，人单合一模式和哈佛案例。

这三条线之间的逻辑关系是这样的。第一条线说明海尔发展非常快，而且是颠覆性的创新发展；第二条线是对第一条线的支持，没有人单合一模式就不可能实现这么快的发展；第三条线是国际认可的结果。

这个结果说明了一个道理，一个企业最重要的不是规模有多大，而是能不能在不同的时代都踏准时代的节拍。美国经济学家大卫·梯斯在20世纪90年代就提出动态能力的战略理论。

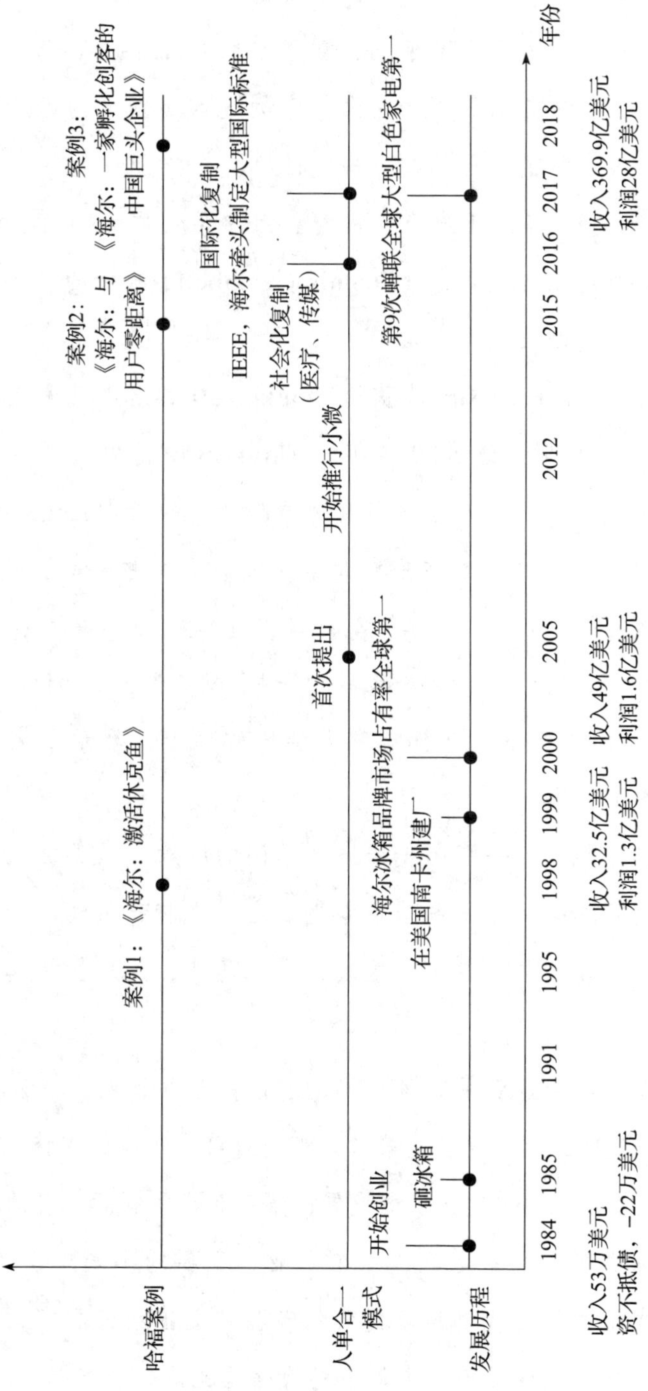
哈福案例
人单合一模式
发展历程
年份
1984
1985
1991
1995
1998
1999
2000
2005
2012
2015
2016
2017
2018
案例1：《海尔：激活休克鱼》
案例2：《海尔：与用户零距离》
案例3：《海尔：一家孵化创客的中国巨头企业》
首次提出
开始推行小微
社会化复制（医疗、传媒）
国际化复制
IEEE，海尔牵头制定大型国际标准
开始创业
砸冰箱
在美国南卡州建厂
海尔冰箱品牌市场占有率全球第一
第9次蝉联全球大型白色家电第一
收入53万美元
资不抵债，-22万美元
收入32.5亿美元
利润1.3亿美元
收入49亿美元
利润1.6亿美元
收入369.9亿美元
利润28亿美元

图 1 海尔发展模式

动态能力的观点认为，一个企业固然需要核心竞争力，但最重要的不是核心竞争力，而是更新核心竞争力的能力。很多企业有核心竞争力，做成行业“老大”，但时代变了，却不能动态更新核心能力，发展前景堪忧。

海尔的发展历程就体现了梯斯所说的动态能力，根据时代的变化，持续改变内部的组织结构，跟时代一起变。

海尔案例给了我们如下的启示：

第一，领导企业持续创新是企业基业长青的基础。

第二，一个企业最重要的不是规模有多大，而是能不能在不同时代都能踩准时代的节拍，这就需要领导者的创新力与之相匹配。

第三，一个企业固然需要核心竞争力，但更重要的不是核心竞争力，而是更新核心竞争力的能力，这也是领导者创新力的具体体现。

一、创新力修炼的科学内涵

创新的本质是什么？领导者如何修炼自己的创新力？如何有效领导创新？是目前企业领导者最为关心的问题。

（一）创新的内涵

创新是人类特有的认识能力和实践能力，是人类主观能动性的高级表现，是推动民族进步和社会发展的不竭动力。一个民族要想走在时代前列，就一刻也不能没有创新思维，一刻也不能停止各种创新。创新在经济、技术、社会学及建筑学等领域的研究中举足轻重。

从本质上说，创新是创新思维蓝图的外化、物化、形式化。

在不确定性和颠覆性创新背景下，“创”是破坏，“新”是“开始”。创新是指在破坏和突破旧事物的前提下，重新构建并产生新事物的一种活动。

相关链接

关于创新的经典论述

关于创新的经典论述，主要是熊彼特理论、制度创新学派、蓝海战略理论，其理论要点如下。

- **熊彼特理论：创新是生产要素的重新组合**

就是要“建立一种新的生产函数”，即“生产要素的重新组合”，就是要把一种从来没有的关于生产要素和生产条件的“新组合”引进生产体系中去，以实现对生产要素或生产条件的“新组合”。

- **制度创新学派：制度创新是经济发展的决定性因素**

制度创新是经济发展的决定性因素，是制度创新决定技术创新，而不是技术创新决定制度创新，好的制度选择会促进技术创新，而不好的制度选择将抑制技术创新。

- **蓝海战略理论：成本的“破”和价值的“立”**

“成本”与“价值”成为创新的两个关键变量，需要有不断的“破”和“立”的循环往复过程，如图2所示。

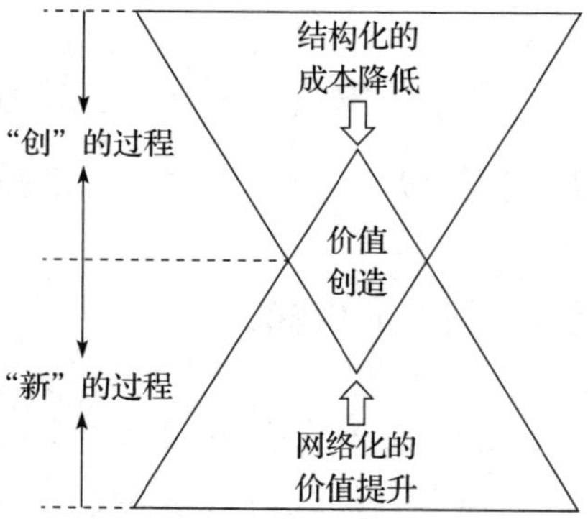

图2　价值创造的过程

1. 创新的本质

创新的本质，是价值创造。所有围绕“价值”的创新才是真正的创新。

创新的本质是价值创造。价值，又可分为社会价值、利益相关者价值、企业价值三个层面，如图 3 所示。

以苹果公司为例，它的价值提供体系如图 4 所示。

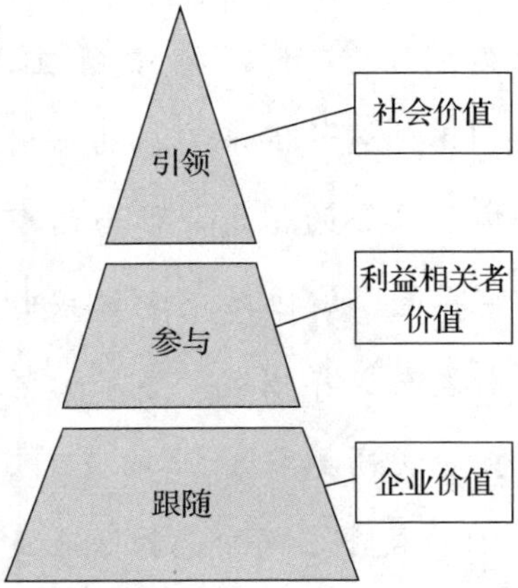

图 3　价值层级

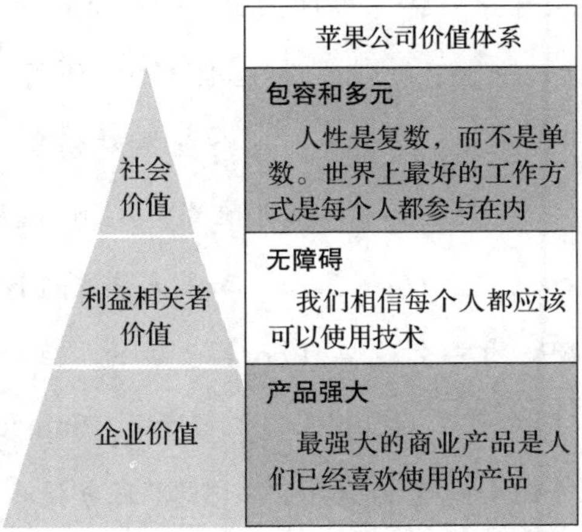

图 4　苹果公司价值体系

领导者对价值的认知境界，在企业经营活动中，是以如下方式表现出来。以一些我们所熟悉的企业为例，如表 1 所示。

表 1　领导者对价值的认知境界

企业	企业价值	利益相关者价值	社会价值
Google		便捷的搜索体验	每个人公平、自由获得信息的权利
Tesla	生产效率	舒适的驾乘体验	保护环境
Facebook	成本降低 利润提升	初期：约会 中期：社交	连接世界 分享信息
Uber	市值增加	司乘匹配	城市治理、资源配置
阿里巴巴	……	让天下没有难做的事	社会诚信治理
绿地集团		美好的居住体验	优秀的城市治理

领导者对社会价值的不同理解，带来企业发展的不同结果。

相关链接

社会价值的实现是企业可持续发展的基础

2013 年，英特尔董事长安迪·布莱恩特（Andy Bryant）说：“英特尔希望找到一位能直面现实的领导者，而不是一位站在英特尔的立场来希望世界会变成什么样子的领导者。”这段对话，体现了从“企业自身”到“客户立场”的价值转换。

我们看到，Tesla将环保问题作为终身使命进行持续研发；Facebook致力于连接全世界以分享信息；Uber通过供求关系的平衡实现全社会的资源再配置；Alibaba则建构了社会的信息评估与治理机制。2016年2月，苹果与美国FBI就苹果是否该协助或者说按照FBI的要求破解iPhone手机的“互撕”，引发全世界围观。苹果的坚守换来了Google、Facebook、Samsung等一众高科技企业的支持，并向全社会传递了“安全”“保护隐私”的社会使命。而中国的绿地集团获得洛杉矶市中心绝佳位置的项目，在于其“绿地，让生活更美好”的社会价值。其致力于打造洛杉矶的新天际线，让居民重回城市，让城市更具活力，让城市流动起来，让城市发展起来。

心有多大，舞台就有多大，对使命的思考决定企业的高度。心存自身，终难立命；心存客户，赢得目标市场；心存产业，构建产业生态；心存社会，方可实现可持续发展。“社会价值”将超越“客户价值”，并带来颠覆性创新，为企业竞争带来新的市场格局。

实务操作指南

领导者如何引领创新

领导者引领创新的思路：强调价值理论，宽容失败，有具体的评价机制。

2012年7月，任正非与华为“诺亚方舟实验室”科学家的会谈纪要在微博上被曝光。在这份内部会谈纪要中，任正非回答了华为“诺亚方舟实验室”研究人员的16个问题，从中国创新环境、内部考核和选拔机制、自己做芯片的态度，以及对终端公司的评价、建立开放系统等方面都阐述了自己最新的看法和建议。

其中提出，在我们公司的创新问题上，第一,一定要强调价值理论，不是为了创新而创新，一定是为了创造价值。第二，在创新问题上，我们要更多的宽容失败。未来的价值点还是个假设体系，现在是不清晰的，所以要宽容失败。第三，宽容失败也要有具体的评价机制，不是所有的领域都允许大规模的宽容失败，因为你们是高端研究领域，我认为模糊区域更多。可以宽容失败。有一些区域并不是模糊的，就不允许他们乱来，比如工程的承包等都是可以清晰数量化的，做不好就说明管理能力低，这宽容不得。

2. 创新的分类

从大的分类来讲，创新分为两大类：连续性创新和颠覆性创新，如图 5 所示。连续性创新，是指对现有主流市场上产品性能改进做出贡献的创新称为连续性创新；颠覆性创新，是指最初据以立足的市场往往是非主流低端市场，并重新定义市场，这种创新是颠覆性创新。

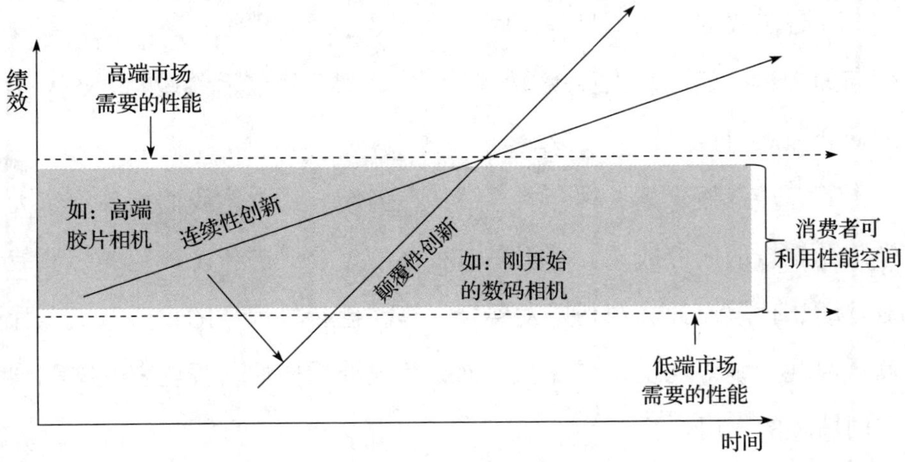

图 5　连续性创新与颠覆性创新

3. 创新的范式

创新的范式，我们归纳了一下，主要范式如表 2 所示。

表 2 创新的范式

国家 / 区域	主要创新范式	代表学者
美国	用户创新	von Hippel（1986）
	颠覆式创新	Christensen 等（1997）
	开放式创新	Chesbrough（2003）
欧洲	设计驱动创新	Verganti（2009）
	社会创新	Nicholls 和 Murdock（2012）
	公共创新	Swann（2014）
	责任式创新	Owen 等（2012）；Stilgoe 等（2013）
亚洲	精益创新	Womack 等（1990）
	知识创新	Nonaka 和 Takeuchi（1995）
	朴素式创新	Radjou 等（2012）
	模仿创新 / 追赶	Kim 和 Nelson（2000）
	自主创新	陈劲（1994）
	全面创新	许庆瑞（2007）

现有范式的主要不足是：第一，立足于局部思维；第二，只重视横向的知识、资源和人员等要素的整合；第三，过于倚重概念、文化或社会因素而走向另一个极端。

我们一直强调成长融合型思维，在创新方式上，我们推荐清华大学陈劲教授的研究成果：基于东方智慧的整合式创新。该范式强调战略驱动、顶层设计、中长期发展导向等在创新过程中的重要意义，强调全局观、统筹观及和平观对于创新范式的重要性，强调东方文化与中国情境的作用。

该范式框架如图 6 所示。

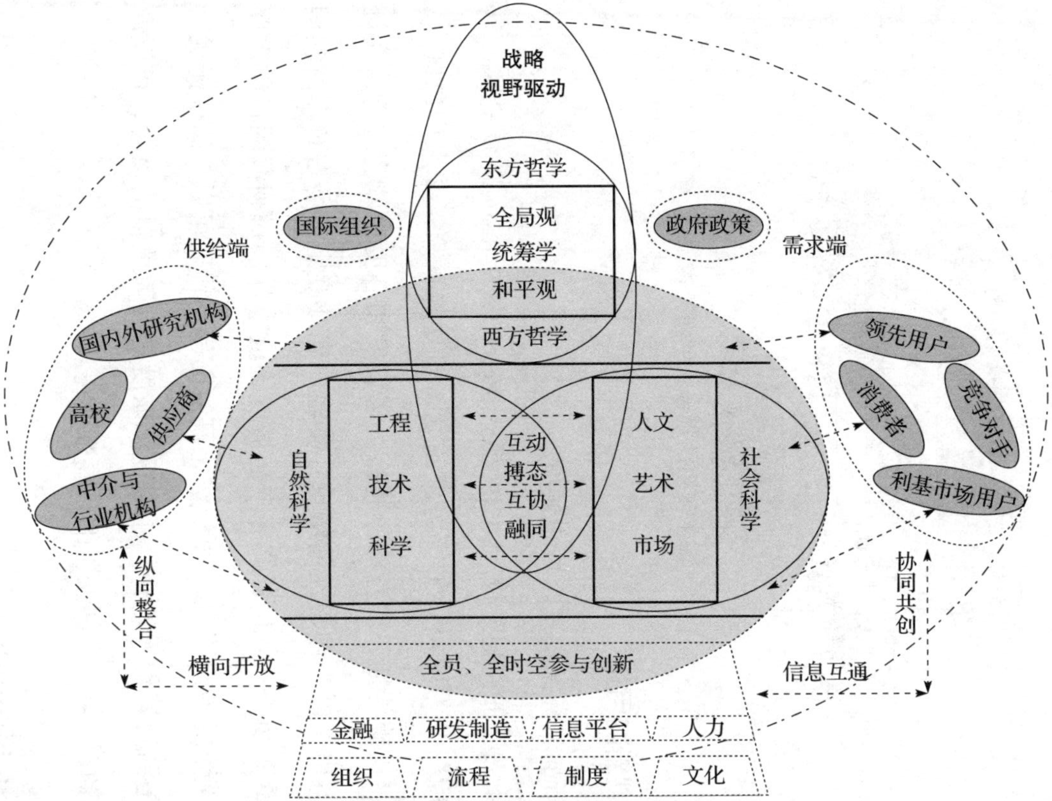

图 6　整合式创新的框架①

① 参考来源：陈劲，尹西明，梅亮．整合式创新：基于东方智慧的新兴创新范式 [J]. 技术经济，2017（12）：1-10.

相关链接

海尔集团的整合式创新架构[①]

海尔集团的整合式创新架构如图 7 所示。

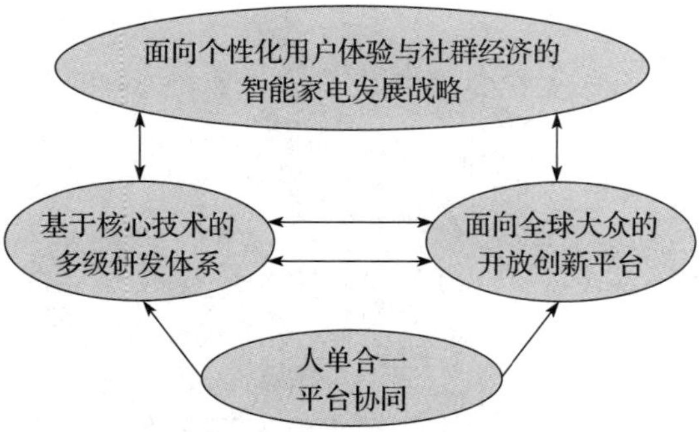

图 7　海尔集团的整合式创新架构

4. 创新的目标

创新的目标是提高客户忠诚度。

加州大学伯克利分校（UCB）教授 Peter C. Wilton 研究发现，“客户忠诚度”分为两类：①行为忠诚度，如复购率等；②态度忠诚度，如喜欢、口碑传播、引荐等。将行为忠诚度和态度忠诚度进行了实证分析，得出了以下颠覆性的结论：①客户忠诚度比市场占有率对利润的贡献重要 20 ～ 30 倍；②客户忠诚度比成本降低对利润的贡献重要 3 倍；③行为忠诚不代表态度忠诚，高复购率不代表可以“高枕无忧”，有可能是消费者别无选择；④态度忠诚度是创新逻辑的核心，可以通过“差异化”与“开创性”的布局来获得。

（二）创新力的内涵

创新力就是赋予资源以创造新价值的新能力。凡是能改变已有资

① 参考来源：陈劲，尹西明，梅亮 . 整合式创新：基于东方智慧的新兴创新范式 [J]. 技术经济，2017（12）：1-10.

源的价值创新潜力的行为，就是领导者的创新力。领导者通过创新力，带领企业在市场中将生态圈内的要素资源进行有效的整合，通过赋能、重构、使能，驱动平台创造新的更大的价值。

创新力具体体现为：识别创新机会的能力、建立开放网络的能力、创新商业模式的能力、管控创新风险的能力。

创新力强的企业领导者在行为方面表现出的强烈的善于发现问题、解决问题、自我革命的能力和力量。

例如，马云通过建立互联网平台解决了中小企业商品流、信息流、资金流的难题；乔布斯解决了广大用户使用体验的新问题；Musk解决了能源资源枯竭的难题；中国旅游在线平台去哪儿的创始人庄辰超解决了消费者对更便宜、快捷、方便的需求。

企业实践借鉴

华侨城数字娱乐平台创新①

华侨城的案例我们在前面讨论中国企业面临的挑战和机遇时有所展示，这里我们进一步跟踪和深化，作为一个传统的地产、文化企业，如何在互联网时代，通过创新，真正抓住机遇，赋予企业全新的服务业态，实现企业的可持续发展。

- **识别创新机会，搭建总体平台结构**

华侨城数字娱乐平台总体结构分为三大板块：主体公园、全域旅游枢纽及城市活动互联，如图 8 所示。

其中，高科技旅游技术服务是整个构架的基础，结构如图 9 所示。

数字内容的跨界经营是内容与技术结合的关键，结构如图 10 所示。

① 相关资料由 2016 级 EMBA 学员，华侨城文旅科技的文红光提供。

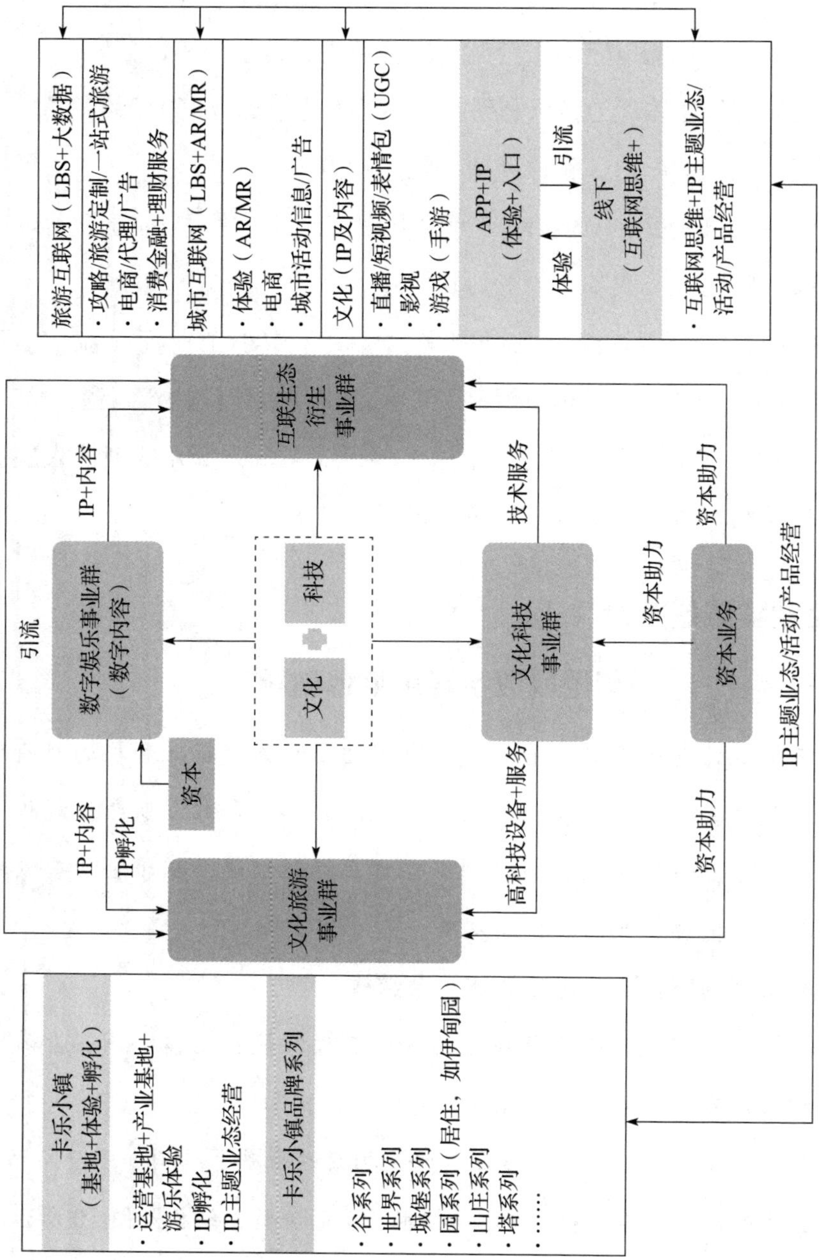
旅游互联网（LBS+大数据）
· 攻略/旅游定制/一站式旅游
· 电商/代理/广告
· 消费金融+理财服务
城市互联网（LBS+AR/MR）
· 体验（AR/MR）
· 电商
· 城市活动信息/广告
文化（IP及内容）
· 直播/短视频/表情包（UGC）
· 影视
· 游戏（手游）
APP+IP
（体验+入口）
引流
体验
线下
（互联网思维+）
· 互联网思维+IP主题业态/活动/产品经营
互联生态衍生事业群
数字娱乐事业群
（数字内容）
文化
科技
文化科技事业群
资本业务
资本
文化旅游事业群
引流
IP+内容
IP+内容
IP孵化
技术服务
高科技设备+服务
资本助力
资本助力
资本助力
IP主题业态/活动/产品经营
卡乐小镇
（基地+体验+孵化）
· 运营基地+产业基地+游乐体验
· IP孵化
· IP主题业态经营
卡乐小镇品牌系列
· 谷系列
· 世界系列
· 城堡系列
· 园系列（居住，如伊甸园）
· 山庄系列
· 塔系列
· ……

图8 总体平台架构

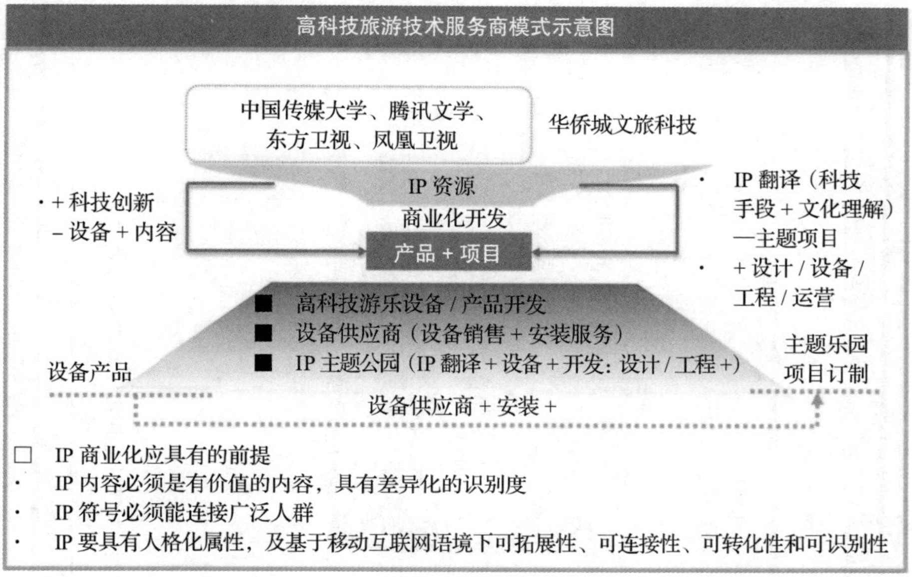

图9　服务商模式

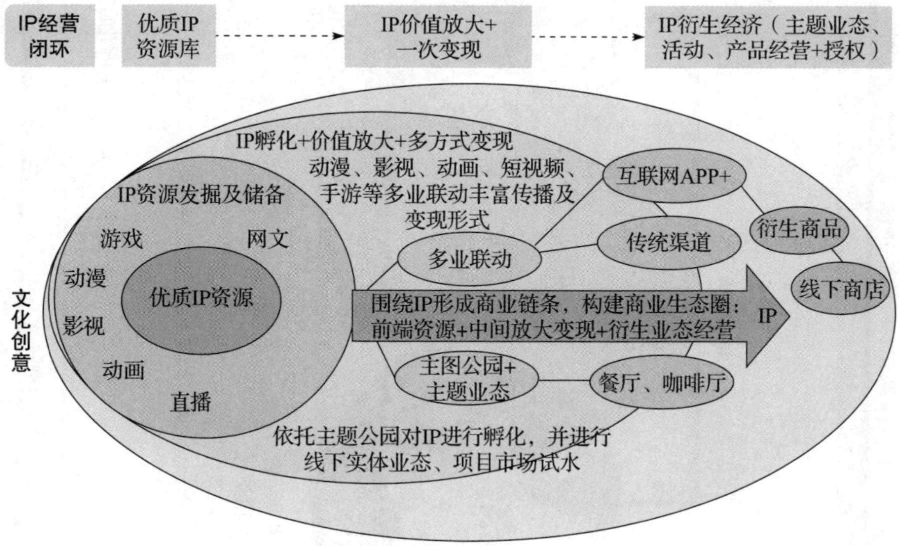

图10　跨界经营模式

主题公园平台是整个IP运营的重点，结构如图11所示。

- **建立开放网络、活跃生态，构成轮次收益**

全域旅游枢纽则是整个旅游生态圈的核心，如图12所示。

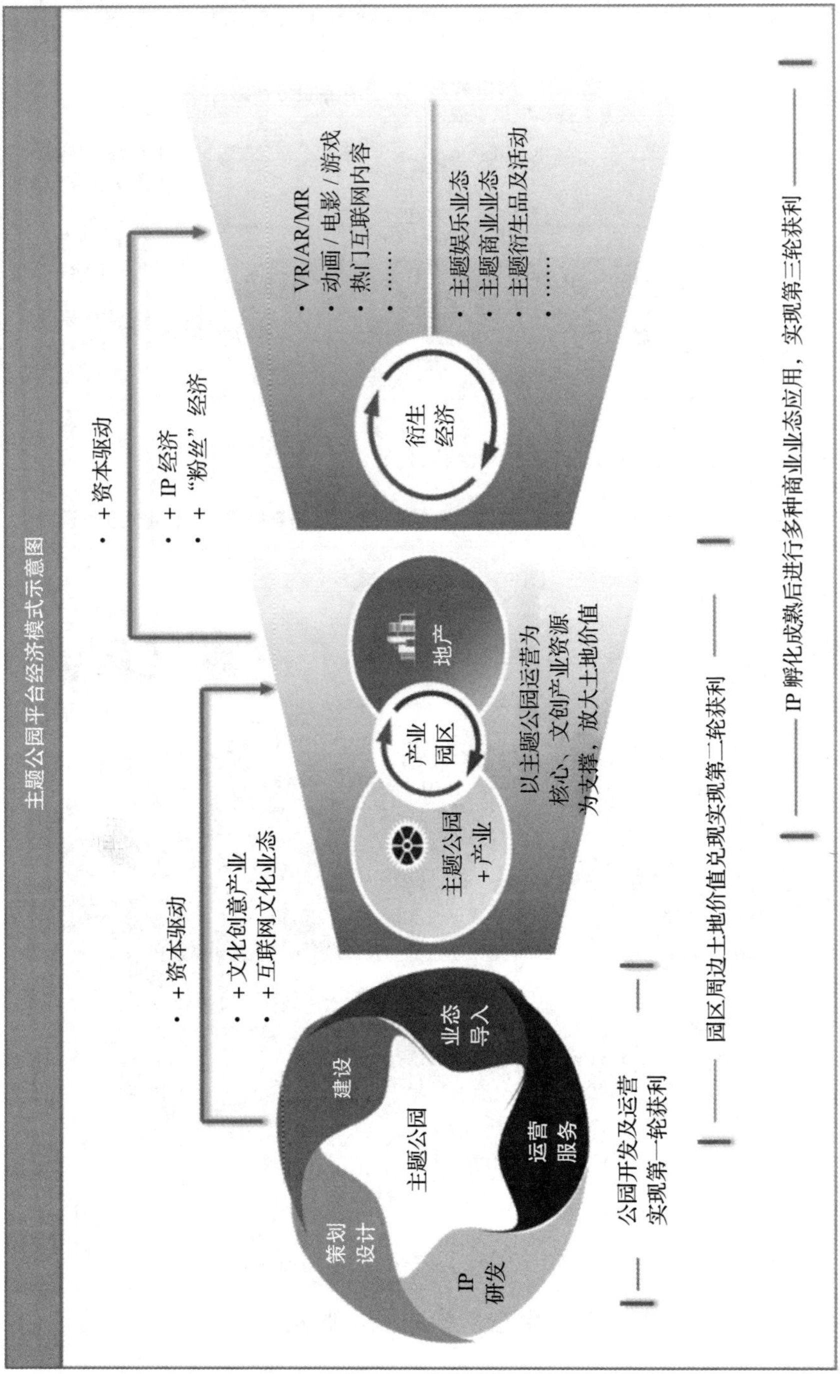
主题公园平台经济模式示意图
策划设计
IP研发
建设
主题公园
业态导入
运营服务
·+资本驱动
·+文化创意产业
·+互联网文化业态
主题公园+产业
产业园区
地产
以主题公园运营为核心、文创产业资源为支撑，放大土地价值
·+资本驱动
·+IP经济
·+“粉丝”经济
衍生经济
·VR/AR/MR
·动画/电影/游戏
·热门互联网内容
·……
·主题娱乐业态
·主题商业业态
·主题衍生品及活动
·……
公园开发及运营实现第一轮获利
园区周边土地价值兑现实现第二轮获利
IP孵化成熟后进行多种商业业态应用，实现第三轮获利

图11 主体公园平台

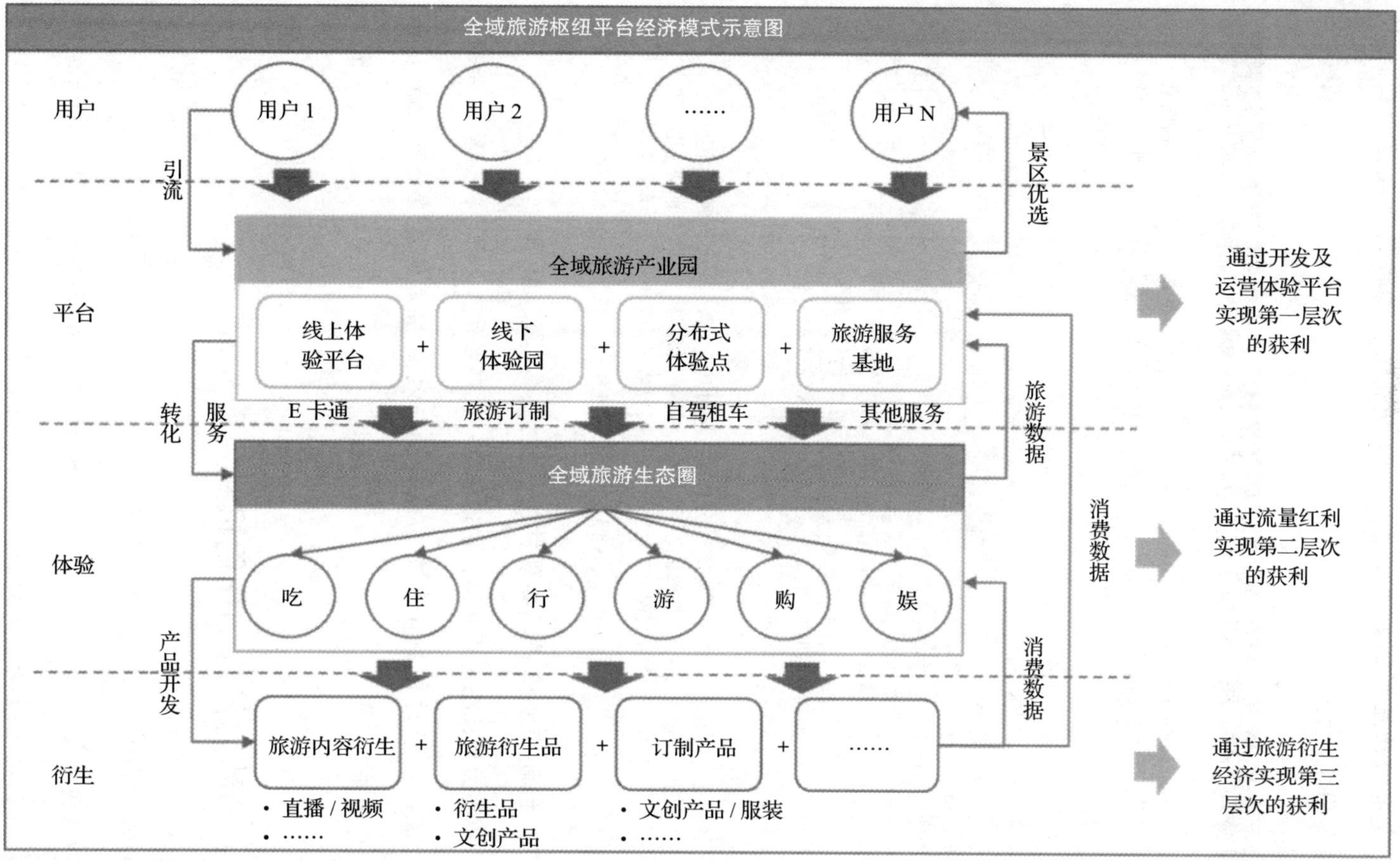
全域旅游枢纽平台经济模式示意图
用户
平台
体验
衍生
用户 1
用户 2
……
用户 N
引流
景区优选
全域旅游产业园
线上体验平台
+
线下体验园
+
分布式体验点
+
旅游服务基地
转化
服务
E 卡通
旅游订制
自驾租车
其他服务
旅游数据
消费数据
全域旅游生态圈
吃
住
行
游
购
娱
产品开发
消费数据
旅游内容衍生
+
旅游衍生品
+
订制产品
+
……
· 直播 / 视频
· ……
· 衍生品
· 文创产品
· 文创产品 / 服装
· ……
通过开发及运营体验平台实现第一层次的获利
通过流量红利实现第二层次的获利
通过旅游衍生经济实现第三层次的获利

图 12　全域旅游枢纽

城市活动互联则是盘活资源，活跃生态，构成轮次收益结构的关键，如图 13 所示。

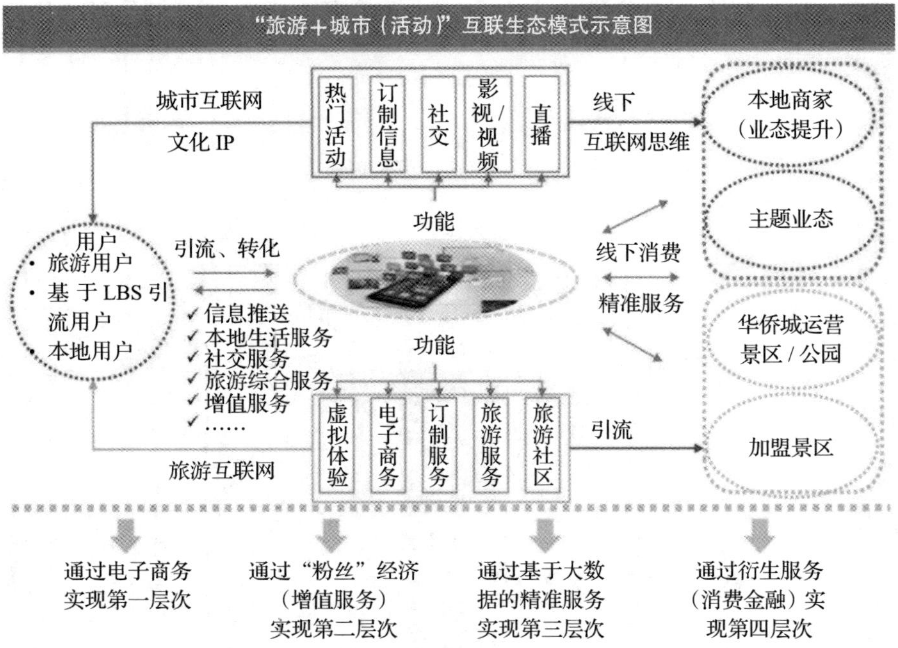

图 13　城市活动互联

- **创新商业模式，实现共生、共创、共赢、共享**

以建立商业生态为目标，构建旅游+城市互联网大平台，如图 14 所示。

最终，通过创新设计交易结构，与利益相关者创造全新价值，如图 15 所示。

二、创新力修炼的作用机制

领导者的创新力源于何处？

从企业层面讲，可从直接动能和核心动能来分析；从领导者角度讲，主要从思维特征去分析。

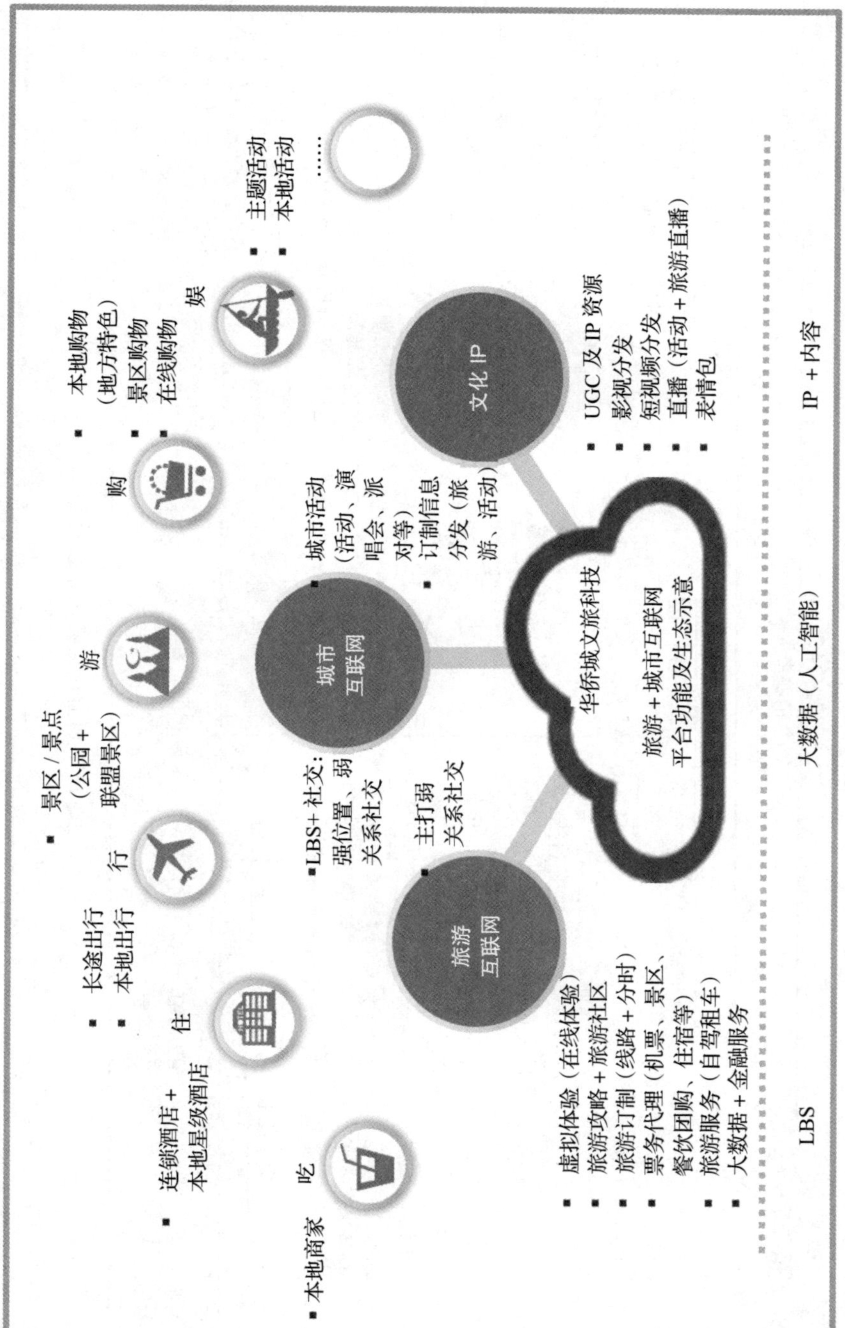
吃
■本地商家
住
■连锁酒店+本地星级酒店
行
■长途出行
■本地出行
游
■景区/景点（公园+联盟景区）
购
■本地购物（地方特色）
■景区购物
■在线购物
娱
■主题活动
■本地活动
……
旅游互联网
■主打弱关系社交
城市互联网
■LBS+社交：强位置、弱关系社交
■城市活动（活动、演唱会、派对等）
■订制信息分发（旅游、活动）
文化 IP
华侨城文旅科技
旅游+城市互联网平台功能及生态示意
■虚拟体验（在线体验）
■旅游攻略+旅游社区
■旅游订制（线路+分时）
■票务代理（机票、景区、餐饮团购、住宿等）
■旅游服务（自驾租车）
■大数据+金融服务
■UGC及IP资源
■影视分发
■短视频分发
■直播（活动+旅游直播）
■表情包
LBS
大数据（人工智能）
IP+内容

图 14 打造共赢生态圈

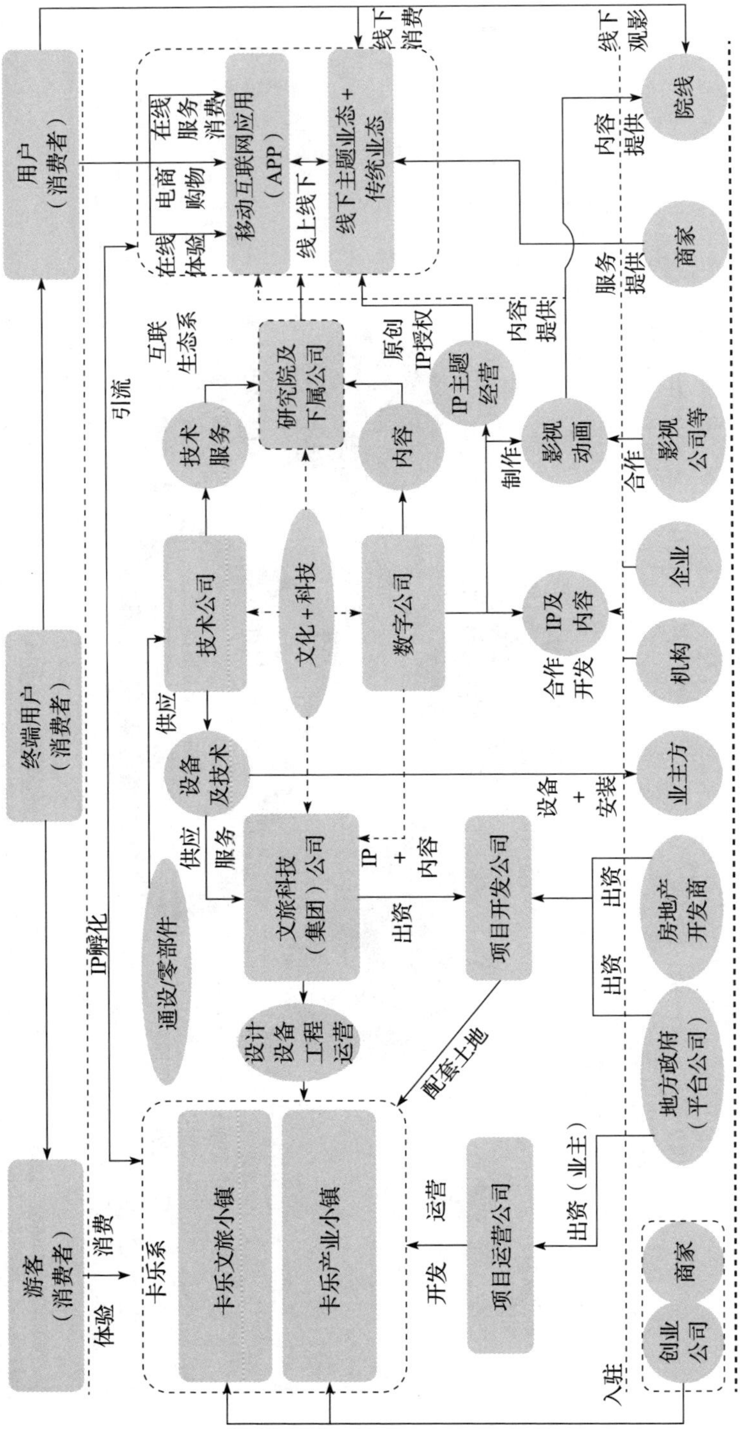

图 15 利益相关者关系设计

（一）企业创新的直接动能——四大动能

企业创新源于企业愿景的强大激励；源于市场需求的强烈推动；源于商品化的强烈拉动；源于反馈迭代的强大促进，如图 16 所示。

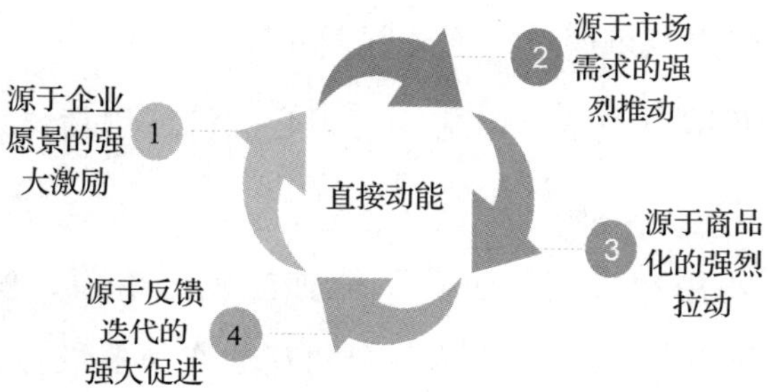

图 16　创新的直接动能

1. 企业愿景的强大激励

共启愿景是创新的出发点。创新的首要任务是愿景创新，即敏锐感知周围世界的变化，并创造引人注目的未来愿景的能力和行为。

面向未来，以未来定义未来，以未来定义现在。从愿景出发，思考创新路径，并循序渐进的通过微创新逐渐实现颠覆性创新，或持续不断地进行连续性创新。

共启愿景的步骤包括：

第一，通过愿景管理注意力，也就是创造专注。张小龙在红包大战的总结会上将微信支付的愿景总结为“更好的移动支付体验”，而非“支付的频次和数字”，从而创造了微信支付的异军突起。

第二，愿景激励和鼓舞员工将目的转化为行动，将未来的目的转换为分阶段、有目标的路径体系。

第三，领导用行动和象征，建构并调动意义，从而使得微小创新有了未来的意义。

2. 市场需求的强烈推动

企业一定要面向市场、面向用户，而非面向领导。面向领导是形成“大企业病”的根本原因。市场的需求、用户的参与，才是推进创新的重要动力。

如何面向客户？可通过“三个强调”。

第一，强调用户中心。以用户为中心的价值创造体系，一切服务于用户。

第二，强调用户参与。企业不能独立创造价值，使用户参与设计、创造、生产等全环节，从单方向的互动变为多维互动，并导向群体创造。

第三，强调用户订制。用户需求碎片化、个性化。按需订制、C2B 等运营模式成为创新的趋势。

3. 商品化的强烈拉动

创新不是实验室里的美好幻想，它必须经由组织化从而执行落地，经由商品化从而被市场认可与接受。而商品化就是把价值创新的成果“秀”给市场和用户，进而拉动消费，促进市场的进化和爆发。比如，乔布斯曾经说，光靠焦点座谈很难设计出产品来。人们经常不知道自己要什么，直到你秀给他们看。这就是一种拉动。

4. 反馈迭代的强大促进

创新是一个过程，会有很多失败和挫折。但是连续性创新的失败需要尽可能规避，颠覆性创新的失败则需要保护、鼓励和学习。通过不断的迭代试错，反馈试错的结果，从而能够有效自我调整，使创新能够朝正确的方向进行。

很多公司非常注重失败的学习和迭代。比如，宝洁公司前总裁

AG Lafley 说，从失败中我们学到的东西，比从成功里多得多！印度塔塔集团设置“年度最佳失败创意奖”；著名的设计公司 IDEO 的口号是“早失败，早成功”；维珍公司的理念是“失败的能力是一个核心价值理念”。

（二）企业创新的核心动能——企业文化

最近的大型国际研究结论证实了这一点。2015 年，我带复旦大学 EMBA 学员游学伦敦商学院（LBS），该院拉杰什教授指出，根据对 17 个国家不同行业的 759 个公司的研究表明，在推动公司创新的因素中，人们惯常认定的关键动因并未起到重大作用。迄今为止最大的创新动力其实在每一家公司中都存在——企业文化。

企业创新文化有相似之处。LBS 的拉杰什教授指出，创新的公司都是相似的，落后的公司各有各的落后。而且，创新公司的文化之间比我们所想的相似得多——与地理位置或国家文化没什么关系。例如，尽管各自国家的文化不同，创新的美国公司与创新的英国、德国、印度或中国公司却颇为相似。

企业创新文化体现为三种态度和三个实践。

1. 创新文化的三种态度

（1）关注未来市场。

这是推动创新的最重要的文化特征。遗憾的是根据一些统计，大公司的 CEO 平均只花 3% 的时间来考虑未来活动。

（2）愿意牺牲现在换取未来。

创新公司更愿意推陈出新，它们乐意降低现有累计投资的价值。

（3）容忍风险。

创新公司的管理者更能容忍风险，又能避免灾难性风险。

2. 创新文化的三个实践

（1）有影响力的倡导者。

在创新的企业中，产品和流程的倡导者十分活跃。

（2）不对称的激励手段。

创新公司的激励手段本质上是不对称的，成功的回报常常比失败的惩罚高许多。

（3）提倡内部自主权和竞争。

一般来说创新的公司（特别是大公司）往往提倡内部自主权和内部竞争。它们类似点子市场，内部竞争能确保如果坐享利益的管理者不去实现一个大胆的想法，公司中自有其他人去实现，这样使公司整体更富创新精神。

企业实践借鉴

读客的创新文化①

读客文化股份有限公司是中国书业品牌影响力领先、营销模式领先、生产方式领先的专业出版机构。自2006年创立以来，读客保持着平均每年50%以上的复合增长率，连续推出《藏地密码》《岛上书店》《银河帝国：基地》《参与感》《丝绸之路》等超级畅销书。2009—2016年，连续8年荣登“福布斯中国最具潜力企业”榜单。2016年，读客图书正式确立以“激发个人成长”为使命，包括激发读者的精神成长、知识结构成长和生存技能成长，只专注于出版能激发个人成长的好书。2017年完成A轮融资1.28亿元，向公众公司转型。

读客通过多年的创新实践，形成了独特的商业模式，如图17所示。

① 相关资料由2017级EMBA学员，读客图书程峰提供

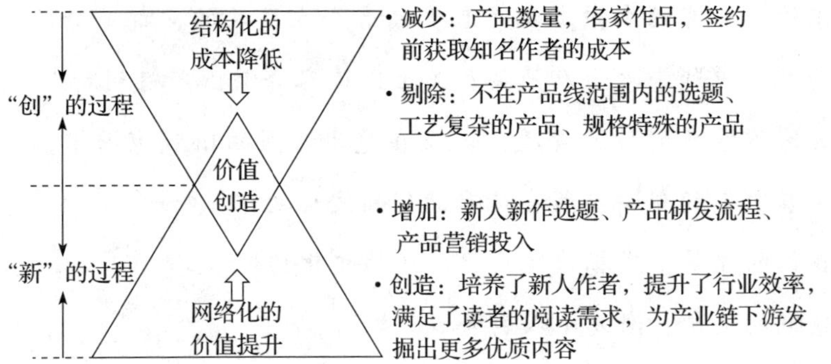

图 17　读客商业模式创新思路

读客的商业模式有如下特点。

独特生产流程：让一本书的销量超过行业平均水平 20 倍，让每一个进入公司的新编辑迅速成为行业顶尖畅销书编辑。

低成本模式：每个品类选用同规格纸张和开本，不做工艺复杂的产品，这样就可以集中采购，极大地降低了——纸张、印刷成本。

出品量极低的爆品模式：读客每年出品量极低，但每本书都是畅销书。读客每年不到百本，极少的品种也让图书库存和物流成本降低，可以花大量时间、精力在产品精耕细作上。

单品研发周期：由于出品少，图书销量高，在单品上读客可以投入大量时间、精力、金钱，这反过来也提升了图书产品的成功率。对于模仿、抄袭读客的，由于他们很难花费这么多时间、精力，所以也无法模仿成功。

退货：由于都是畅销书，退货率极低（5% 左右），除非是单品研发失败，这就保证了图书的利润率。

品牌：读客有鲜明的品牌辨识度，熊猫 LOGO 加上注册的黑白格子，让人无论是在书店、网店上，都能第一眼被识别。

市场：读客的书在市场上是最容易被发现、被理解的，这极大了降低了读者的选择、购买成本，提升了书店的效率。

体验：读客的书每本都是激发读者个人成长的，都是好读、好看的，为此从选题来源上及产品加工上，读客会做出严格判断。

读客这些年的快速发展，以及在竞争激烈的出版市场中杀出一片天地，其创新的秘诀潜藏在读客的创新文化之中。

我们的愿景：发扬传统文化，成为文化传统。

我们的使命：激发个人成长。

我们的价值观：追求奇迹就是奇迹！

我们的文化：

诚信是第一生产力！

永远充满梦想、勇气和爱。

创意是关键性力量，执行是决定性力量。

产品就是我们的神。

坚决执行！坚决执行！坚决执行！

团队的力量往一处使，就会迸发出乐趣！

（三）创新领导者的思维特征

企业中的许多追随者具备了创造性思维技能和知识。但这些才能，需要借由领导的力量，才能创造出有益于发挥追随者创新能力的氛围。

创新是种人格特质与态度。创新领导者的思维特征，主要表现为对事物的强烈好奇，对未来的无限执着，对失败的正确态度，善于合作乐于分享。

1. 对事物的强烈好奇

创新领导者最重要的思维特征是好奇心。保持敏锐的心，睁大双眼寻找有潜力的切入点，观察尚待满足的需求，看见别人没看见的机会。从某种程度上说，创新力 = 知识 × 好奇心。

2. 对未来的无限执着

正如赛车手始终紧盯前方的道路，创新领导者也关注于未来，知道该先看着目标，才能抵达目标，他们冲得极快，不受车道或四周对手的影响，只是盯着远方，留意变化，避免回顾过往，在瞬息万变的市场一马当先。以未来定义未来，以未来定义现在。未来不是发现出来的，未来是发明出来的，是创造出来的。

3. 对失败的正确态度

创新领导者懂得先犯许多小错误，以免遇到致命的大失败。在犯小错误的过程中，他们会设定失败比例，靠小尝试检验点子，提升恢复能力，学会化挫折为成功。创新者都面临一件事，失败。有些很早失败，多数时常失败，而且几乎每位今后都会再次失败。然而失败伴随着一个好处：启示。正像爱迪生说的，我没有失败，我只是发现了一万个行不通的方法。事实上，如果你完全不想失败，那你通常也完全不会成功。

4. 善于合作充满爱心

为了解决形形色色的问题，创新领导者借网络和非网络方式让众人集思广益，提供认知差异，方法则是创造交流空间，建立快闪团队，举办奖金竞赛与善用游戏，促使各路好汉脑力激荡。

创新领导者乐于慷慨帮助他人，诸如提供资讯、给予机会或协助解决问题，行善乍看不像是一种创业窍门，却是强化与他人关系的必要方法。如今世界日益公开透明，人人互相依存，行善可谓创新领导者的一大利器。行善的基础是保有一颗爱心。在所有支撑领导者能够长期不懈地持续创新的因素中，爱的效力最为持久。很难想象，领导者如果不是倾心所爱，还能够做到日复一日地早早起床，为成就一番事业而努力创新吗？成功的领导者该保有的秘诀就是爱。在领导他人时，存有一颗爱心；在同那些正努力工作的人相处时，存有一颗爱心；对所在组织的创新活动，存有一颗爱心；对那些用创新的产品和服务为组织增添光彩的人，存有一颗爱心。

企业实践借鉴

游读会领导者的创新思维①

游读会是一家致力于在大文娱产业中进行创新开拓的企业。游读会的使命是帮更多人成为具备诗意生活的能力的人。

作为一个平台型企业，游读会采取轻资产运营模式，通过平台链接整条文创产业链，提升产业效率，满足终端客户和平台上各方合作者降低运营成本、提高服务品质的需求。游读会创始人赵春善谈到，在创办游读会过程中，依据对未来科技发展的判断，依据对未来生活方式发展趋势的判断，依据敢于试错迭代更新的原则，秉承共创、共生、共赢、共享的精神，整个模式的设计，包含了相当多的反常识的创新思维。

第一，游读会可不可以没有编辑？如何做到出版业的龙头？

答案是可以，做到龙头还需要点时间。但已实现没有编辑、没有设计、没有印刷厂，持续不断地有越来越多的游读会的版权书出版。张瑞敏说，“让世界成为我的研发部”。游读会可以说，“让出版社成为我的编辑部”，而且和游读会合作的出版社比之前轻松，比之前更赚，作者的利益得到了更大的保障，消费者更“爽”，渠道也赚。

第二，游读会可不可以没有导游、没有地接？

① 相关资料由2012级EMBA学员，游读会创始人赵春善提供。

答案是可以的，已初具规模。游读会深度游读活动每次一个主题，由知名作家、教授、科学家、企业家、军事专家、考古专家、各行业杰出人物等带队，在国内外知名自然景点或历史遗存进行边游边读。会员感受比旅行社更好，实际产生费用也更省，因为我们有地方合伙人或国家合伙人进行了当地资源的最优化匹配。

第三，游读会可不可以没有“地推”能发展更多优质会员？

答案是可以的，已实现。游读会的游读活动具备新闻点有媒体传播的价值，可以把带队导师及参与人员的“粉丝”引起过来，通过媒体的传播二次发展会员。

例如，某西北餐厅是游读会线下体验店之一，主要为顾客提供宁夏和新疆菜，尤以宁夏滩羊肉最好，所有菜品不用味精、不用地沟油，食材安全可靠让消费者放心。自从游读会推荐后，2016 年一年时间另新开了 3 家店，半年回本。计划出版的《最值得去的 100 家餐厅》《不能错过的 100 道菜》（暂定名）等系列餐饮图书和纪录片会优先选择该餐厅，因为他们老板用心、用情，骨子里热爱餐饮行业，有敬畏之心。

第四，游读会可不可以没有自己的实体店，能发展成世界最大的线下体验连锁之一？

答案是可以。游读会在深度游读的活动过程中，需要体验感好的餐饮、酒店、景点等，把他们发展成游读会的线下体验连锁。这样不仅满足我们的需求，也满足市场上注重体验感的消费升级的人员，他们通过扫码可以了解更多的线下体验店的信息，可以更放心消费，同时也传播了游读会的价值主张，也发展了游读会的会员。

第五，游读会可不可以没有员工，但有朝气蓬勃、持续创新的事业合伙人、地方合伙人？

答案是可以的。游读会改变之前连锁企业的加盟模式和直营模式为合伙人制，进行更大利益上的捆绑。

三、创新力修炼的操作思路

创新力的修炼，聚焦的是提高客户忠诚度。

创新力修炼的思路，如图 18 所示。

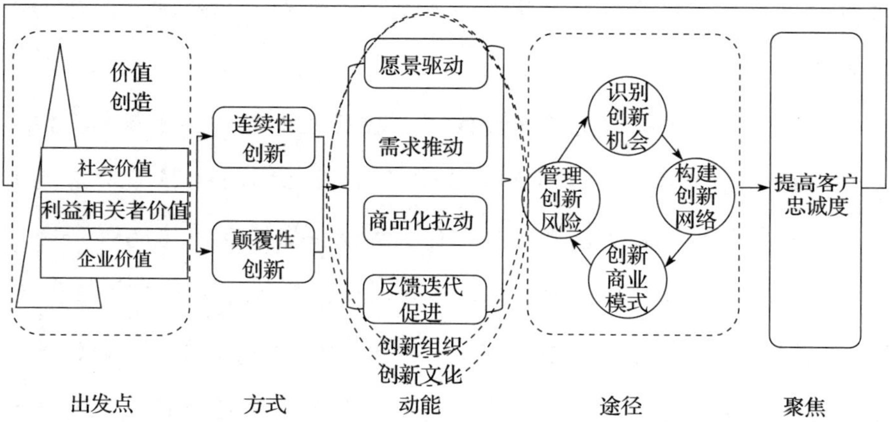

图 18　创新力修炼的思路

我们想先举个实例，说明创新力可以修炼，并说明科学修炼的途径。

2009 年年初，我全职回到复旦大学当教授，同时兼任上海现代服务业研究院副院长，曾作为副总编参与编辑一套丛书，对上海企业家在现代服务业中的创新做了总结。该套丛书在 2012 年 10 月出了第一辑，两年内出齐。针对上海市现代服务业的发展，从企业创新破题，以案例故事的形式，撷取了 100 家特色鲜明、勇于创新的代表，将其创新实践以平实、生动的语言表述出来，以期在更广阔的范围内予以传播和分享，如图 19 所示。

聚焦互联网创新　聚焦金融业创新　聚焦服务外包创新　聚焦文化创意企业创新　聚焦现代服务业发展方向

图 19　已出版的五本丛书

当时我们总结，上海在现代服务业创新方面，主要是以下五个方面的探索。

第一，新模式。

新模式的宏观解释是新增长方式，这一方面是产业结构升级的产物，另一方面是现代服务业高人力资本投入、高附加价值，低资源消耗、低环境代价的结果。微观解释是新服务方式，是服务提供者在技术创新、制度创新和管理创新基础上产生的服务自身的创新。

第二，新业态。

新业态指由于高新技术作用和市场需求影响，不断演化出来的新兴的服务业业态，如环保产业中的环境服务业。

第三，新技术。

新技术指具有时代特征的信息技术、网络技术，以及在它们的基础上形成的现代服务业运作的信息化平台。

第四，新机制。

新机制是在现代服务业中广泛被采用的新的管理方式和运作方式，用以适应在新技术条件性，新商业模式的发展管控。

第五，新领军人物。

新领军人物是指在现代服务业领域，通过技术创业、商业模式创新，成长起来的一批有远见卓识的企业家和创业者。他们的出现带动了现代服务业的发展，也给从事现代服务业创新的人以激励和标杆作用。

典型案例 1：“沪江网”的创新——选自《上海现代服务业五新 100 例（第一辑）》

该案例是整套丛书总结的第一个案例，当时我们起的题目是“3.0 版的语言大学校——记上海互加文化传播有限公司”，我们是这样总结的。

大学 1.0，即现在主流的实体教育；大学 2.0，是以哈佛、耶鲁大学为代表的网络课程；大学 3.0，即“在线教育”，沪江网是典型代表。如图 20 所示。沪江网是全球大型的外语学习门户网站，提供包括外语互联网门户媒体、B2C 电子商务、外语互联网学习工具在内的全套外语数字教育网络服务。

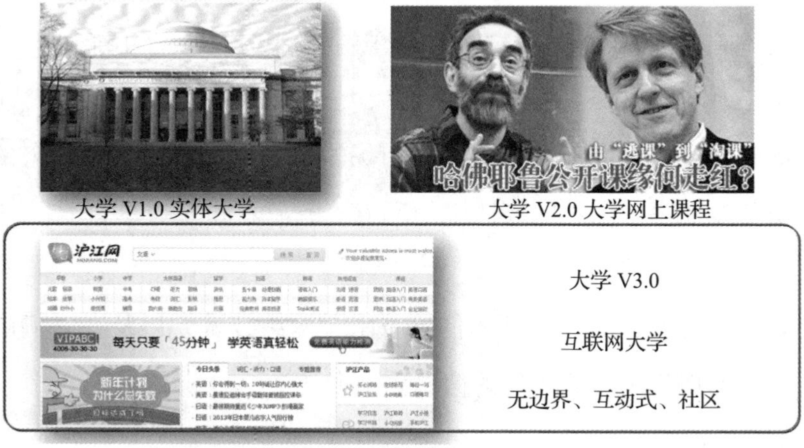

图 20　大学 1.0 到 3.0

沪江网商业模式的创新成功经验，我们总结为以下四点。①以意愿为起点：在线教育的需求、消费者消费态度的变化、通过数据收集和分析为消费者的体验带来针对性服务。②以科技为基础：借助传统互联网实现产品智能化——在线教育；借助移动互联网实现产品移动化；借助信息技术实现产品服务化；借助大数据技术实现行业生态化。③以平台为核心：通过整合教师、学生等资源，搭建以两者为核心的平台生态系统，并在此基础上，刺激补足品开发商、广告商、信息服务商等的加入，构建教育的生态系统。④以创新为常态：不断推陈出新，如沪江职场、汉语教学、幼儿教学等产品。

由于从大学 3.0 的角度对沪江网进行总结和探讨，对沪江网下一步的发展就起了积极的推动作用。沪江网现在已经成了该领域的有影响的独角兽企业之一。

典型案例 2：大众点评网的价值网络整合就是一个典型案例，选自《上海现代服务业五新 100 例（第五辑）》。

大众点评网于 2003 年 4 月成立于上海。大众点评是中国领先的本地生活信息及交易平台，也是全球最早建立的独立第三方消费点评网站。我们在 2012 年组织力量对它做案例研究时，大众点评影响还较有限。现在，大众点评不仅为用户提供商户信息、消费点评及消费优惠等信息服务，同时亦提供团购、餐厅预订、外卖及电子会员卡等 O2O（Online To Offline）交易服务。当时，我们是这样进行总结的，如图 21 所示。

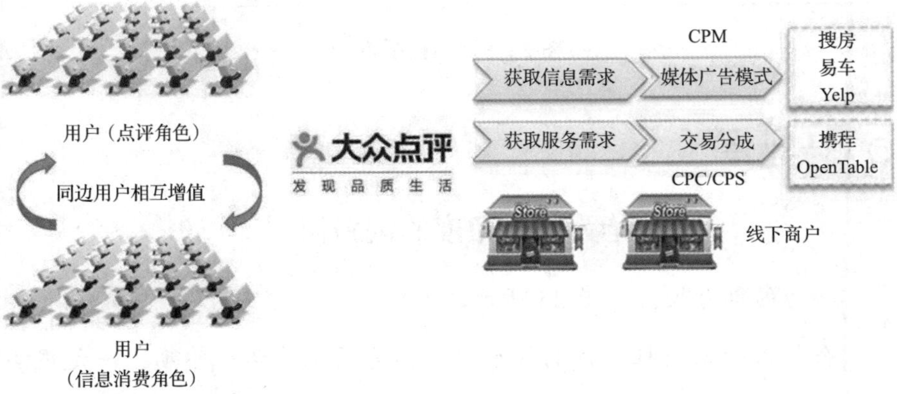

图 21　大众点评的价值网络整合

普通消费者属于大众点评网平台同边用户。

用户点评内容越多，会吸引更多用户来平台使用信息。

更多用户的信息使用，会促使更多有价值内容（点评）的生产，最终实现商业相关方价值网络整合。

（一）领导识别创新机会

领导创新活动，首要问题是创新什么？从何入手？或者说，创新机会在哪里？

1. 从“两个层面”识别创新机会

从思路上讲，可从客户层面需求和未来层面需求这两个方面着手。如图 22 所示。

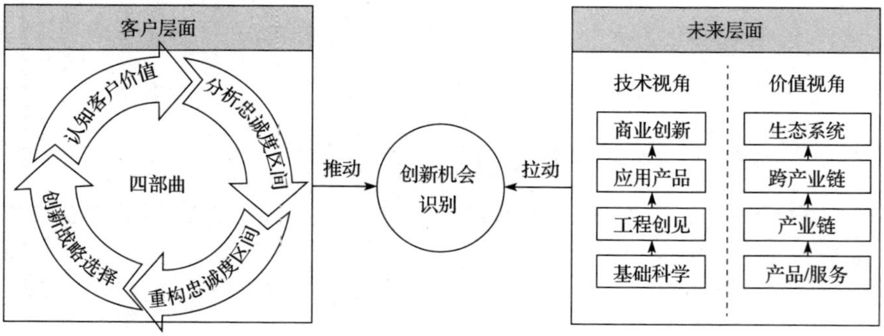

图 22　识别创新机会

相关链接

华为两个角度的创新模型

华为的创新模型如图 23 所示。

在华为的创新机会识别模型中，华为聚焦于两个维度：一是现实的客户层面，即客户价值改进与重构中的创新机会，如华为交换机从

"可以忍受的价值"向"可以想象的价值"不断创新迭代。二是理想的未来层面，是基于基础科学突破基础上的工程创见和应用产品，以及将其商品化的过程。例如，华为发布的麒麟960处理器，实现了华为在处理器业务上从追赶者到领先者的跳跃。因此，企业在创新中，需要成为客户层面与未来层面结合的现实的理想主义者。

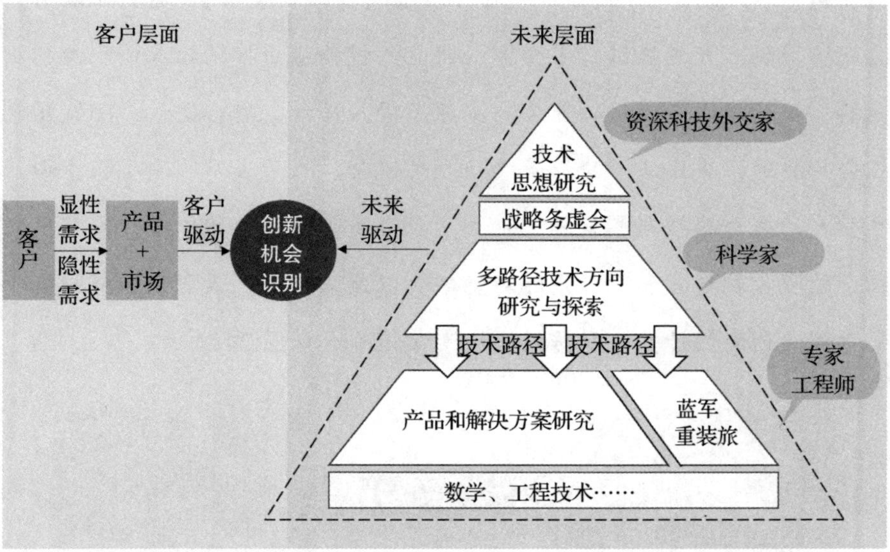

图23　华为的创新模型

企业实践借鉴

云联传媒的创新机会识别①

云联传媒是第一家提出"全场景营销"概念的公司，而且在产品布局及商业模式上逐渐落实这个概念。在技术支持方面，云联传媒积极与具有核心竞争力与实力的科技类公司达成合作，在Wi-Fi连接领域、Mac抓取领域、探针技术领域等发掘与营销活动的关联性，并积极付诸精准化营销实践。

① 相关材料由2014级EMBA学员，云联传媒董事长江兰提供。

云联传媒的创新机会识别，来源于腾讯多场景融合“触发”消费者、华为倡导“智能终端全场景连接”、搜狗着重“场景力”构建等实践探索的启发。

随着技术的发展，当下关于场景营销的理论建设已有雏形，国外译著有罗伯特·斯考伯的《即将到来的场景时代》，国内专著有吴声的《场景营销》等。腾讯在2016年发布了《智慧营销白皮书》，对腾讯既有产品及场景的可开发性进行了介绍。同时，搜狗基于搜狗输入法、搜狗浏览器、搜狗搜索三大核心业务，完成了输入场景、搜索场景、浏览场景三者的打通，提出了“跨场景营销”的概念。然而当下，除了较少由业界引发的概念推广与整理外，在关于“全场景营销”的源起、发展及系统化的理论构建方面，可谓相对空缺。以此为契机，云联传媒提出全场景营销的创新设计。云联传媒全场景营销平台如图24所示。

图24 云联传媒全场景营销平台

以全场景营销为中心的Web3.0时代，媒介形态深度碎片化，全场景打破了Web2.0时代移动互联网构筑的线上场景与传统线下活动场景的界限，实现了时间与空间的高度黏合，产生了立体的、精准的、迭代的全新营销生态。现代营销学之父菲利普科特勒（Philip Kotler）所提到的“人文中心主义的时代”已经到来。受众不再简单的被定义为“消费者”和“目标人群”，而是具有独立思想、鲜明个性、丰富的生活场景中的人，消费者行为模式在被重新定义和重构。

云联传媒提出了基于全场景营销体系下的N+消费者决策模型——DICAS（迪卡斯）模型，如图25所示。迪卡斯模型的内涵指由场景和需求驱动，社交、搜索、影响和体验等要素在同一场景下或者不同的、相互联系的场景下相互影响，激发消费购买行为并进行分享，进而对其他消费者的购买决策产生积极影响。迪卡斯模型包括五个步骤：Drive驱动、Interest兴趣、Customer Engagement用户互动、Action行动、Share分享。

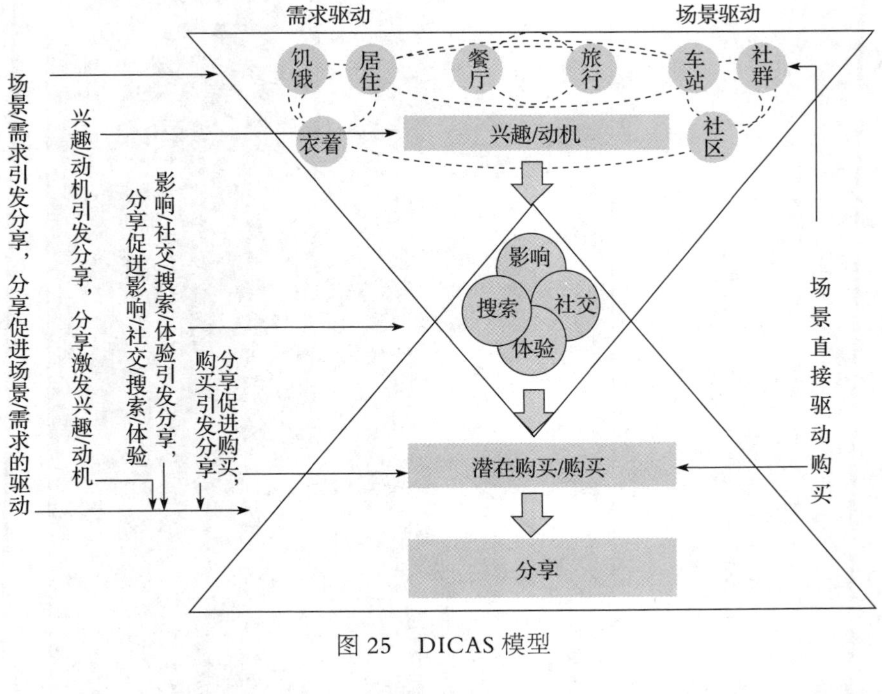

图25 DICAS模型

基于DICAS对于消费者决策这样的洞察，云联传媒构建了一个以云联传媒DMP平台为数据基础，以云联传媒AdCross、SocialCross、WifiCross三大产品平台为支点，覆盖受众从场景和需求驱动到购买分享全过程的全场景营销体系，如图26所示。

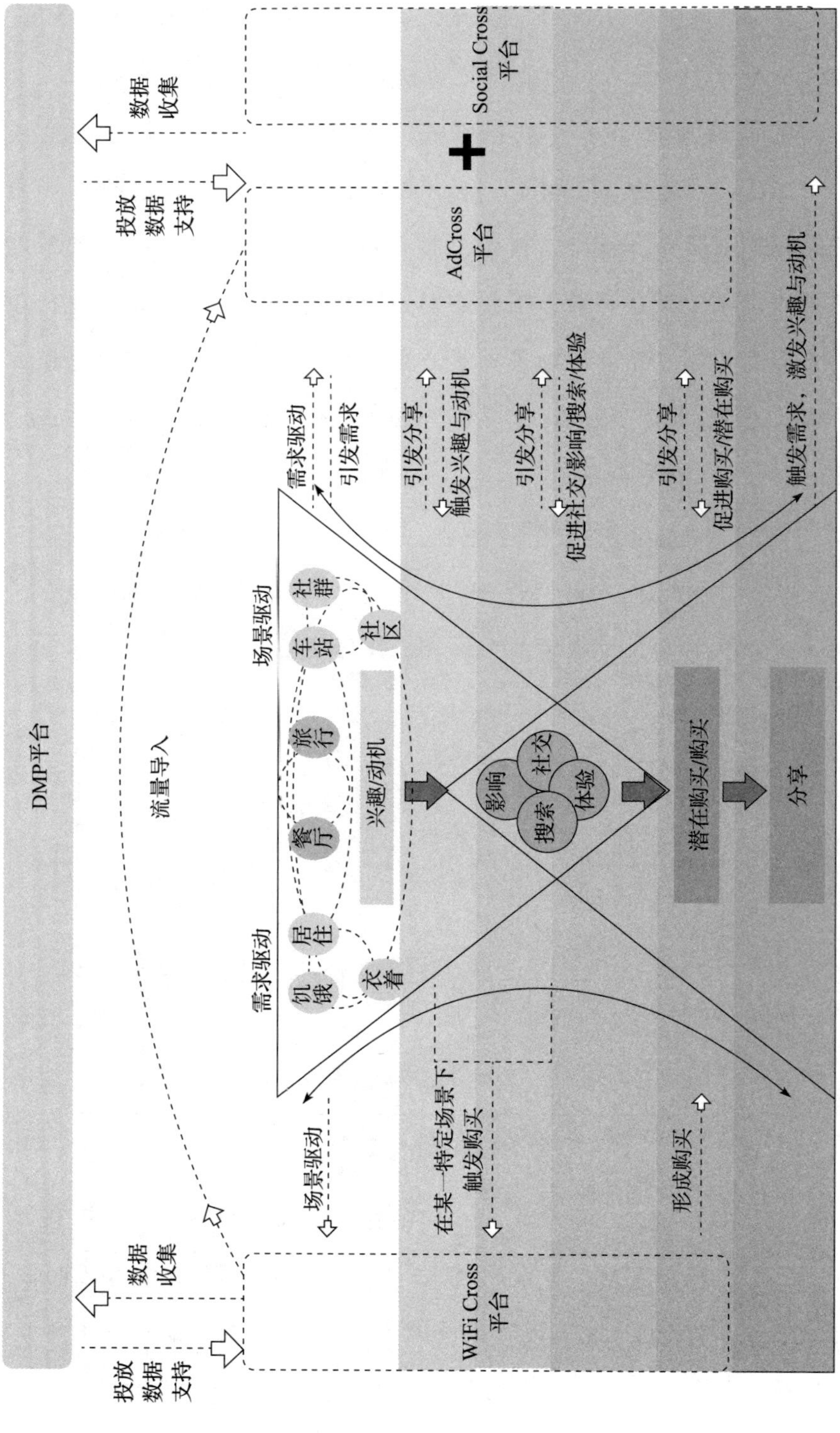

图 26 云联 DMP 平台示意图

DMP平台为整个体系提供数据支持，WiFiCross平台依靠DMP提供的基于地理位置的投放数据向目标消费者进行精准投放，形成场景驱动，并为AdCross和SocialCross平台提供流量导入，再结合AdCross基于消费者需求、兴趣等多维度的精准画像以及融合分享、互动等社会化传播的SocialCross平台，充分触发消费者的购买需求、动机和兴趣，进而相对高效地在特定场景下触发购买行为。另外，WiFiCross、AdCross和SocialCross平台也持续不断地为DMP平台提供数据收集，不断扩充数据库和样本库，使用户画像更加多维精准，四者共同构成了一个完整、可持续的全媒体营销体系。

如何领导识别创新机会？从实务操作层面，领导者通常采用如下三种思考方法。

2. 用“三个方法”识别创新途径

实务操作指南

领导识别创新机会的思考方法

- **跨界挪用法**

即领导者善用类比，懂得把现有的做法加以改造创新，把不同地方或产业的概念“乾坤大挪移”，把过时的想法改造得足以顺应现代需求。比如，星巴克执行长舒茨并未发明咖啡馆——他只是借用而已。他具备敏锐的眼光，想象出咖啡馆开设在不同国家的景象，于是决定将意式咖啡馆引进美国。

在舒茨到意大利出差期间，他发现当地人喜欢聚在咖啡馆里，跟左邻右舍一起品尝意式浓缩咖啡。他说：“咖啡馆很温馨舒适，气氛其乐融融，顾客像是一家人。”这是米兰等意大利城市的重要文化。

当时美国人要是到外头喝咖啡，地点多半是简便的餐厅，但舒茨看见咖啡馆可以当作“第三地”：在工作与家庭之间的聚会场所。美国原本没有这种地方，舒茨觉得机不可失，把意大利式咖啡馆搬到美国很有胜算。

不过他刚开始的做法不太对。起初他把自己的咖啡馆命名为II Giornale（每日咖啡馆），把意大利当地咖啡馆原封不动搬到美国，侍者打上领带，歌剧音符飘扬。然而他旋即发现西雅图当地的顾客不吃这一套，于是他改变做法，拿爵士乐和蓝调取代歌剧，还加上座位，让客户不必站在吧台前喝咖啡。这样更动的背后有其道理，他发觉美国人喜欢边喝咖啡边用笔记本电脑的舒适环境。

- **从头打造法**

即他们看见空地，手持一张白纸，从头开始打造。他们擅长发现问题，辨认瓶颈与障碍，然后提出新点子。他们不是注重现在已有的做法，而是关注目前欠缺的做法，听见别人听不见的声音，留意别人忽略的事物。只要发现一丁点不寻常之处，立刻追问：“为什么是这样？”从而发现和把握良机。马斯克不明白为何现有的火箭如此造价高昂，决心好好钻研，他发现问题出在研发人员追求火箭发挥最大效能，却不顾制作成本。他又进一步看到，问题的关键在于让火箭可以重复使用。正是因为马斯克善于发现问题。从而实现了他的太空传奇。

- **多方融合法**

即擅长兼容式思考，融合现有点子，结合互异的概念，开辟崭新道路。中国的BAT在创建之初，都非常好的借鉴了国际上已有的一些成功经验和失败教训，然后结合中国的实际，采用中国老百姓最乐意接受的方式，开辟了一条新的道路。

3. 用“一种工具”识别创新突破点

这里我们介绍一种识别创新机会的操作工具：二层面、三价值、四维度创新机会识别矩阵。我在2016年11月，带复旦大学EMBA学员赴加州大学伯克利大分校游学，听该校教授介绍了捷蓝航空（Jetblue）如何用此工具来识别创新机会，很有启发。

实务操作指南

领导识别创新机会的一种工具

创新机会识别矩阵的练习如图27所示。

Jetblue在激烈的航空业中后来居上是如何做到的？当我们将“飞行”的两层面四维度客户价值分析出来之后，几乎没有航空企业可以相信“低价格”“高服务”和“晚点少”可以同时实现。他们有足够的理由“拒绝”接受这种颠覆式的创新，他们无法提供更高的服务，因为成本会提升；他们不可能减少晚点率，因为那是外在因素；他们更不可能打破价值曲线，同时实现“低价格”和“高服务”。然而Jetblue做到了。因为这张分析表格拓宽了他们创新的思路，在Jetblue，你的客户体验几乎就是“可想象的最高价值”：①定位于廉价航空，提供“低价格”；②以“永不存在航空管制（No blackout dates on JetBlue）”而知名，晚点少、体验高；③价格是透明的，消费者无须关注什么时候是最低价；④登机凭证全电子化，简化一切手续；⑤拆掉一排坐骑，加大空间；⑥公开的赔偿标准和及时的赔付体系；⑦更重要的是，Jetblue作为廉价航空坚持“以人性方式对待旅客”（Treat Customers with Humanity）的服务理念。JetBlue将其服务归结为五项核心价值：安全、关心、诚实、有趣和激情，力图将旅客服务恢复到人性化水平。Jetblue理所当然的创建了其独特性，并凭借满

课堂练习

捷蓝航空的示例

	可接受的最低价值	可获得最高价值	可想象的最高价值
产品/服务（提供给客户的核心解决方案）	• 安全 • 安全到达指定地点	• 安全 • 延误有及时提醒和通知，利于安排	• 安全 • 准时起飞，准时到达
支持服务（履行及增加核心承诺的服务）	• 准时 • 尽量少差错 • 尽量简化的程序	• 信息提醒 • 优先行李 • 手机登记等	• 信息共享（航班、天气） • 价值透明、便宜 • 座椅舒适 • 简化登机 • 行李快递
关系管理（传递差异化客户体验的能力）	• 不让客户愤怒	• 不同会员规则的差异化服务	• 个性化服务
形象/声誉（相关联的三个词语）	• 安全为先 • 价格合适 • 服务一般	• 信息及时 • 人性服务 • 信息化	• 低价格 • 高服务 • 全程无忧

您的练习

	可接受的最低价值	可获得最高价值	可想象的最高价值
产品/服务（提供给客户的核心解决方案）			
支持服务（履行及增加核心承诺的服务）			
关系管理（传递差异化客户体验的能力）			
形象/声誉（相关联的三个词语）			

图 27　创新机会识别矩阵的练习

座率 85.3%（西南航空为 65%）成为美国航空的新“客户价值”标准。更重要的是，Jetblue 通过“可以想象的最高价值”，打破了价值和成本之间的取舍定律，同时寻求“高价值”和“低成本”，并给传统航空业带来了颠覆性的创新机会。

从伯克利游学回复旦后，我们用此方法在 EMBA 学员中做了介绍和推广，如下所示，实践效果非常好。

我当时的具体做法是，全班同学（60 人）分 6 个组，每组选一个代表性企业（是学员所在的企业），按前面所介绍的工具，以捷蓝航空为参照，进行讨论。实践效果非常之好。以广东景兴女性健康护理公司为例，2017 年 3 月在课堂讨论后，董事长回去以后当即做了推广，实践效果非常明显，现在公司已准备上市。景兴女性健康护理公司创新机会识别如表 3 所示。

表 3　景兴女性健康护理公司创新机会识别

	可接受的最低价值	可获得的最高价值	可想象的最高价值
产品 / 服务（提供给客户的核心解决方案	• 安全、舒适 不渗漏 密闭式包装更卫生	• 无触感体验 干爽 360 度不渗漏 不过敏 不同长度	• 安全及舒适 提高隐私部位的免疫能力 生理周期的健康程度显示 可以直接马桶冲走弃置
支持服务（履行及增加核心承诺的服务）	• 剪裁贴身设计 采用高级干爽表层 配合创新导流层	• 采用天然材料（如蚕丝） 减少异味 缓解经痛	• 采用热感芯片传送分泌物特质，提早了解身体状况 • 利用可降解物料
关系管理（传递差异化客户体验的能力）	• 保证安全	• 个性化	• 个性化 绿色环保
形象 / 声誉（相关联的三个词语）	• 满意 安全 好心情	• 无担忧 体贴 可依赖	• 生理周期的卫士 贴身周到 健康伴侣

我们在具体采用这方法时，可以在企业高管中，可以在全体员工中，也可以在用户中，或邀请外脑头脑风暴中等各个层面来加以采用。

我们再以新世界百货为例，该公司高管学了本课程后，提交了如下的作业，如表4所示。

表4　新世界百货创新机会识别

	可接受的最低价值	可获得的最高价值	可想像的最高价值
产品/服务（提供给顾客的核心解决方案）	• 可选择的商品丰富 • 商品质量好，没有假货 • 购物方便，服务便捷	• 商品品质高，款式新，畅销款多，码全量足 • 环境舒适，配套齐全，满足多生活场景消费需求 • 提供一站式购物、休闲、娱乐服务	• 基于新技术的智能精准营销，顾客商品选择无界 • 线上线下高度融合，全生活场景消费，多业态无界互融 • 顾客的智能设备与服务系统高度链接
支持服务（履行及增加核心承诺的服务）	• 支付方便，交易安全 • 服务规范，态度热情 • 售后服务有保障	• 结合移动互联网技术的智能导视、导购、客服系统 • 完善的数字化会员服务体系，通过互联网技术、移动工具，快速满足顾客服务需求 • 智能支付，无须排队，一键完成交易 • 售后服务无忧，线下线上多渠道快速响应 • 全交易生命周期跟踪管理，服务随时在线，智能推荐、适时提示，消费过程随时感受尊重与关注	• 服务场景化呈现，智能无感，沉浸式服务 • 基于消费行为大数据分析的人工智能应用，服务介入无限趋近顾客的内心需求，时机准确、效率极高 • 智能引导消费、主动刺激消费需求，主动预测顾客喜好和需求，极大提高交易的转化率 • 服务无时不在，智能、便捷 • 人、物、服务，三者智能互联，高效互动
关系管理（传送差异化客户体验的能力）	• 提供优质服务，以客为友 • 满足顾客合理的服务需求 • VIP 客户的尊崇感	• 基于智能数字化，顾客享受沉浸式服务 • 基于大数据/AI，提供千人千面的个性化服务 • 打破时空，随时随地享受服务	• 满足消费者生活圈需求（购物、休闲娱乐、社交） • 智能化营销服务体系形成，通过智能教据驱动，更懂顾客需求
形象/声誉（相关联的三个词语）	• 信得过 • 值得去 • 有保障	• 方便 • 高效 • 知心	• 无界 • 融合 • 生活依赖
发展阶段	服务化	数字化	智能化

（二）领导建立开放网络

领导建立开放网络，最重要的是领导的思维认知要与建立开放网络相匹配。

1. 建立创新网络的两种思维认知

开放式创新，即将外部知识上升到同内部知识同等重要的地位，其本质是突破企业边界，在更大范围内配置创新资源。在全球生产网络、全球价值链、技术变革、知识扩散的背景下，开放式创新尤为必要，能够更大范围的降低交易成本，更大程度的提高网络价值。两种创新方式如图 28 所示。

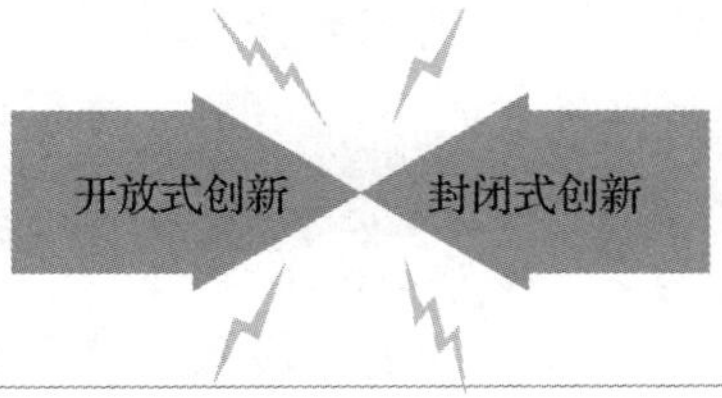

图 28　两种创新方式

我们可以通过对比封闭式创新与开放式创新的主要区别，来培养自己开放式创新的认知，如表 5 所示。

表 5　两种创新方式在领导认知上的区别

基本原则	封闭式创新	开放式创新
公司理念	我们能创造出行业中最多、最好的创意和产品	最佳的创意可能来自别处
创新空间范围	以企业内部资源为主，独立自主实现创新	整合全球资源，通过合作实现创新
核心能力	产品开发能力和服务开发能力	内、外部资源整合的能力
员工的职责	员工自上而下完成创新任务	员工创客化
创新的效率	较低效率	较高效率

2. 创新开放网络的四种构建方式

四种创新网络构建方式如图 29 所示。

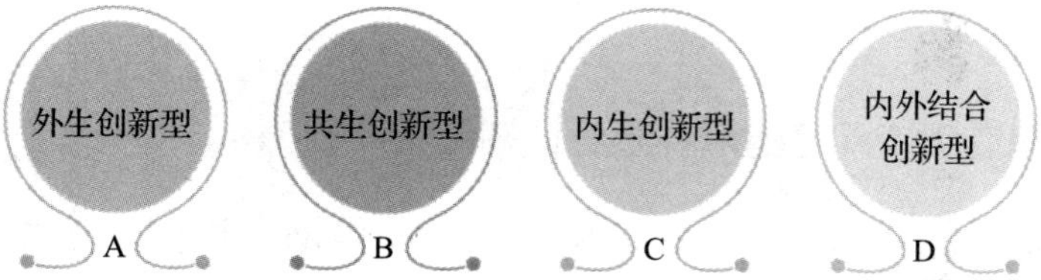

图 29　四种创新网络构建方式

（1）外生创新型。

在互联网领军人物带领下，运用互联网革命的通用技术集群，以互联网思维、方法和手段，打造出以新技术、新模式、新业态、新机制为主的全新企业组织，实现从企业运行方式、治理结构，到社会再生产循环的颠覆性创新。

（2）共生创新型。

充分利用客体原有的基础设施、设备、软硬件和支撑系统，引入新技术，创新新模式、新业态，打造出一个与原有系统并行共生的全新产业链和生态圈。

（3）内生创新型。

在领军人物的带领下，对原有企业进行彻底改造。企业原有的物理空间变为创客空间，原有员工变为创客，原有车间、生产小组全部打散，成立众多小微企业，原有管理部门变为创新支撑体系，最终实现企业整体脱胎换骨的大变革。

（4）内外结合创新型。

企业有强烈变革的愿望和实施“互联网 +”一定的条件，但缺少互联网基因、技术和人才。通过内外结合方式，组成“互联网 + 智能 + 企业再造实战团”，对选定企业进行“互联网 +”大改造，实现产业互联、企业再造和战略大转型。这是这几年开始掀起、被企业普遍接受的创新方式。

企业实践借鉴

雏鹰农牧集团的开放式创新网络[①]

雏鹰农牧集团（以下简称雏鹰），始创于1988年。2010年9月15日，在深交所挂牌上市（股票代码：002477），被业界誉为“中国养猪第一股”。经过20多年的发展，集团形成了包括粮食贸易、生猪养殖、互联网在内的三大板块核心战略，已发展成为拥有粮食贸易、饲料生产、生猪养殖、屠宰加工、冷链物流、终端销售、线上业务等完整产业链体系的现代化大型企业集团。

虽然从产业上看，雏鹰是一个传统的行业，但是企业一直秉承着开放创新的思路。通过与利益相关者的有效链接和互动，实现商业模式的灵活创新。雏鹰据此还提出了自己的模式，如图30所示。

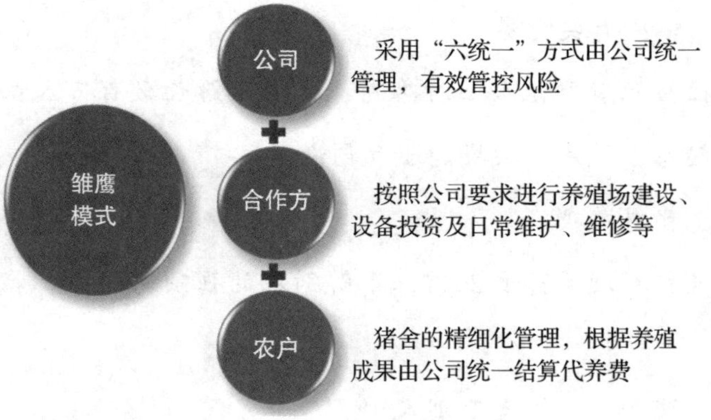

图30　雏鹰模式

一个典型的案例，就是雏鹰和沙县小吃的合作。雏鹰通过赠送平板电视的方式，将终端投放到沙县小吃的门店，形成一个庞大的终端网络进行内容的传播，以此为契机，2016年，雏鹰农牧集团与沙县小吃集团签订战略合作协议，双方在原料供应、产品研发、基地建设、互联网平台合作、共享市场渠道资源等展开全面合作等。

① 相关材料由2016级EMBA学员，雏鹰农牧集团副总吴易得提供。

实务操作指南

领导建立开放网络的六种方法

领导建立开放网络，至少有以下六种方法。

第一，搭建研发平台。

这是最重要的一种方法。比如海尔搭建了全球研发创新平台，上面聚集了近十万家科研机构和大专院校。

第二，创造交流空间。

创新领导者明白未来的工作模式是集结跨领域的人才，善用各种科技平台，供大家交流想法。

第三，建立快闪团队。

由于科技进步，快闪团队能迅速集结，着手开工，随后解散。

第四，举办有奖竞赛。

奖励往往能激励他人面对难题，靠着网络让数百万人知道问题邀请大家一起想方设法，挑战能驱动创新。

第五，善用游戏。

游戏过程有助于建立互信，了解别人的强项与弱点，找出往后的合作模式。

第六，培养自己成为T型人才。

T型人才有其专业，亦对诸多领域广泛涉猎。相较于T型人才只专精一门领域，T型人才以开放态度融合各种观念。

（三）领导创新商业模式

技术只是加速器，商业模式是根本。商业模式创新是企业最本源的创新。以价值链为基础进行商业模式创新，核心前提是将商业模式看作价值创造的过程。由此，针对这一过程进行创新就会产生众多的商业模式类型。商业模式重在规定公司在价值链中的位置，并形成特有的运作系统，商业模式明确了一个公司开展什么样的活动来创造价值、在价值链中如何选取上游和下游伙伴中的位置及与客户达成产生收益的类型安排。

企业家都有这样的体会，在很多情况下，“怎么做”比“做什么”更加重要。“怎么做”就是设计商业模式创新的问题。我在与企业家的交流中，总结了具有很大操作性，实践效果也较好的领导商业模式创新的路径，如图 31 所示。

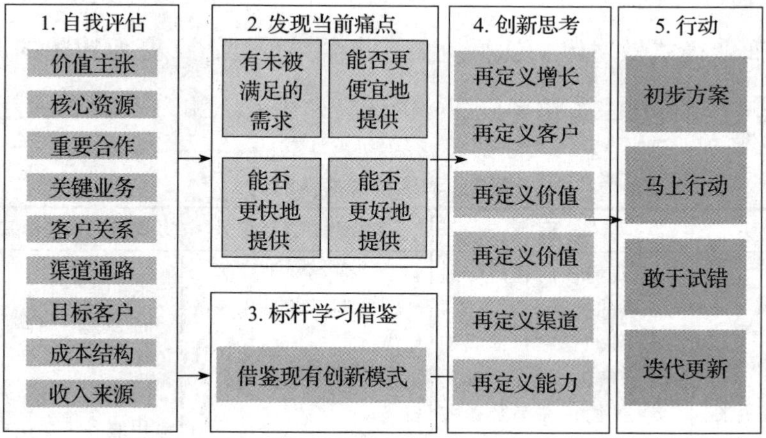

图 31　领导商业模式创新路径

1. 自我评估，剖析自身的商业模式

为便于操作，我借用了商业模式画布的模块法来进行评估。根据亚历山大·奥斯特瓦德等人在经典著作《商业模式新生代》中的论述，商业模式画布覆盖了商业的 4 个主要方面：客户、提供物（产品 / 服务）、基础设施和财务生存能力。细分下来，可以分为 9 个构造块，如图 32 所示。

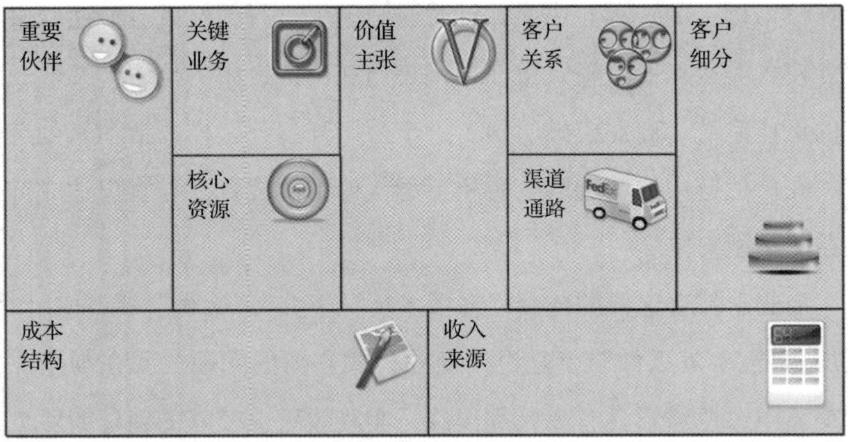

图 32 商业模式画布

自我评估是商业模式创新的基础。当我们将此方法对苹果与诺基亚的商业模式做对比，就很快揭示出苹果成功，诺基亚掉队的原因。我们书中以价值主张和客户细分为例，如表 6、图 33 和图 34 所示。

表 6 苹果和诺基亚对比

模块	内涵	案例说明（苹果）	案例说明（诺基亚）
价值主张	a）我们该向客户传递什么样的价值 b）我们正在帮助我们的客户解决哪一类问题 c）我们正在满足哪些客户需求 d）我们正在提供给客户细分群体哪些系列的产品和服务	手机是个终端 a）主导美好的未来数码生活 b）形象化、简单化人机互动 c）集于一身，手机是个终端 d）化繁为简，超级触控体验	手机是个手机 a）威图：奢华的身份象征 b）智能手机：所有的应用服务于手机的传统功能而非其他 c）低端手机：耐用、抗摔、便宜
客户细分	a）我们正在为谁创造价值 b）谁是我们最重要的客户	一款产品引导不同的客户需求：定位中高端用户，追求美好的数码生活品质。	多款产品适应不同的客户需求： a）高端奢侈品：威图手机（Vertu） b）中端客户：塞班智能手机 c）低端客户：平板传统手机

图 33　苹果一款产品引导不同的客户需求

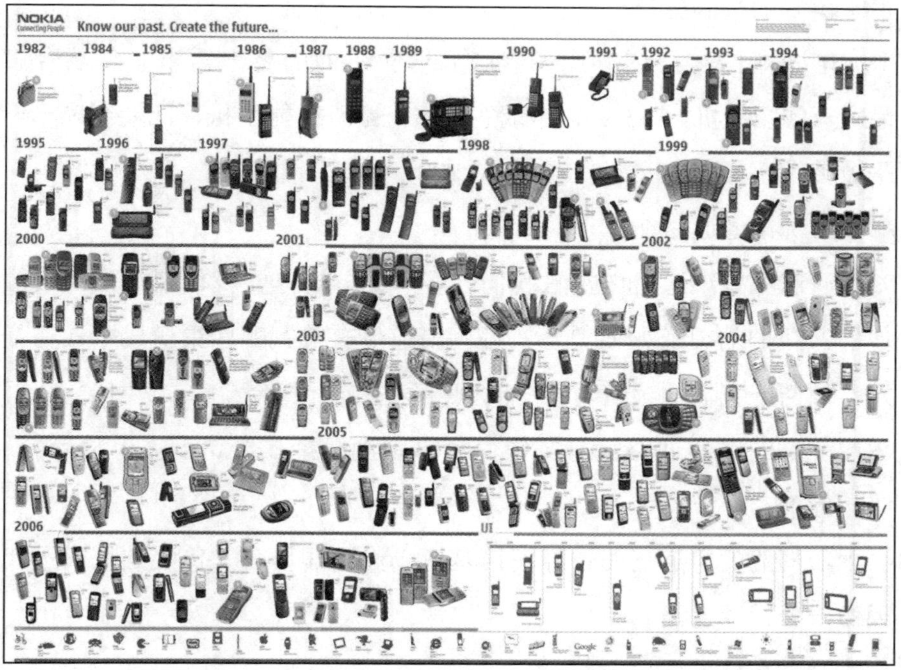

图 34　诺基亚多款产品适应不同的客户需求

（1）价值主张。

我们该向客户传递什么样的价值？我们正在帮助我们的客户解决哪一类问题？我们正在满足哪些客户需求？我们正在提供给客户细分

群体哪些系列的产品和服务？

苹果的价值主张：手机是个终端！主导美好的未来数码生活；形象化、简单化人机互动；集于一身，化繁为简，超级触控体验。

诺基亚的价值主张：手机是个手机！威图——奢华的身份象征；智能手机——所有的应用服务于手机的传统功能而非其他；低端手机——耐用、抗摔、便宜。

（2）客户细分。

我们正在为谁创造价值？谁是我们最重要的客户？

苹果的客户细分：一款产品引导不同的客户需求，中高端用户，追求美好的数码生活品质。

诺基亚的客户细分：多款产品适应不同的客户需求。高端奢侈品——威图手机（Vertu）；中端客户——塞班智能手机；低端客户——平板传统手机。

（3）渠道通路。

通过哪些渠道可以接触我们的客户细分群体？我们现在如何接触他们？我们的渠道如何整合？哪些渠道最有效？哪些渠道成本效益最好？如何把我们的渠道与客户的例行程序进行整合？

苹果的渠道通路：与经销商分享利润，授权经销商。严格审核，统一标准。

诺基亚的渠道通路：经销诺基亚，无利润可言。传统的厂商一代理商一分销商通路。

（4）客户关系。

我们每个客户细分群体希望我们与之建立和保持何种关系？哪些关系我们已经建立了？这些关系成本如何？如何把它们与商业模式的其余部分进行整合？

苹果的客户关系：活跃的移动互联网系统。手机售出，是客户关系的开始。与应用开发商形成的生态圈，使得客户关系一直处于活跃状态，并为苹果带来持续盈利。

诺基亚的客户关系：单次买卖，即告终结。手机售出，即表示客户关系的状态终结。缺少移动网络的支持来保证活跃的客户关系。

（5）收入来源。

什么样的价值能让客户愿意付费？他们现在付费买什么？他们是如何支付费用的？他们更愿意如何支付费用？每个收入来源占总收入的比例是多少？

苹果的收入来源：凭借硬件，依靠软件，可持续的收入滚动。包括手机销售收入；与运营商的分成收入；应用软件下载收入；收费音乐下载收入；配件的收入。

诺基亚的收入来源：单纯硬件收入，也就是手机销售收入。

（6）核心资源。

我们的价值主张需要什么样的核心资源？我们的渠道通路需要什么样的核心资源？我们的客户关系呢？收入来源呢？

苹果的核心价值：持续创新；后续服务；应用平台。

诺基亚的核心价值：手机硬件。

移动互联网时代，硬件制造商不再是 IT 服务业，而只是制造业。

（7）关键业务。

我们的价值主张需要哪些关键业务？我们的渠道通路需要哪些关键业务？我们的客户关系呢？收入来源呢？

苹果的关键业务：基于未来的移动互联网时代。手机终端 + 应用平台。

诺基亚的关键业务：传统的手机通信时代，即手机硬件。

（8）重要伙伴。

谁是我们的重要伙伴？谁是我们的重要供应商？我们正在从伙伴

那里获取哪些核心资源？合作伙伴都执行哪些关键业务？

苹果的关键合作：合作者，创造新价值。通过应用服务提供者，创造移动互联的生态圈；为消费者提供持续不断的服务；从中获得最大的利润分成。

诺基亚的关键合作：只为降低不必要的浪费。即供应商降低成本、提高质量、完善供应链。

（9）成本结构。

什么是我们商业模式中最重要的固有成本？哪些核心资源花费最多？哪些关键业务花费最多？

苹果的成本结构：手机硬件成本仅占 20%，通过软件成本，创造新价值。

诺基亚的成本结构：手机硬件占总成本的 70% 以上，主要是硬件成本，无异于制造业。

2. 深入剖析，找出原有模式的痛点

痛点的本质，是用户的刚性需求，是未被满足的刚性需求。寻找用户痛点的切入点，可以从四个角度来进行考虑，如表 7 所示。

表 7　找出原有模式痛点的四个角度

序号	角度	内容
1	有没有未被满足的需求	同行业目前没有人解决的，但是用户依然非常需要解决的问题。这就是所谓的“蓝海”，然而并不是每个人都能发现“蓝海”，也不是每一个“蓝海”都是真的“蓝海”。例如，摩拜单车就是对客户最后一公里出行问题的完美解决
2	能不能更便宜	能不能把满足用户需求的成本压低，能不能提供更便宜的产品和服务，甚至能不能提供免费的产品？这是小米对客户带来的最大价值，也是小米带给手机产业最大的冲击
3	能不能更快	能不能把满足用户需求的效率提高，提高效率，意味着为客户节省时间，提升了用户体验，提升效率也意味着单位时间生产的产品更多，降低了成本。另外，用户最讨厌的是复杂
4	能不能更好	能不能把满足用户需求的品质提高，说白了，就是你能不能大幅度提高产品的用户体验。卫哲在讲到互联网创业时，曾经说过，新的商业模式必须能够至少成倍的提高客户体验

3. 兼收并蓄，借鉴现有范式的亮点

成功的商业模式是非常一样而又非常不一样。非常一样的是创新性地将内部资源、外部环境、盈利模式与经营机制等有机结合，不断提升自身的盈利性、协调性、价值、风险控制能力、持续发展能力与行业地位等。

非常不一样的是在一定条件、一定环境下的成功，更多的具有个性，不能简单地拷贝或复制，而且必须通过不断修正才能保持企业持久的生命力。

借鉴现有创新模式的亮点，可以帮助我们少走弯路。

我们发现，在最近十年中，指数式增长的企业在商业模式上有如下三个共同特点，如表 8 所示。

表 8　指数式增长的企业在商业模式上的三个特点

序号	特点	内容
1	杠杆资产	一个企业如果自有的资源能够能撬动更多的外部利益相关方的资源能力，我们叫作杠杆资产，如果你的杠杆资产比较大，相对来说你就能够容易进入到指数型增长的渠道
2	社交型	未来企业的商业模式，用户和用户之间，用户和企业之间，企业内部，企业和供应商之间，都应该以社交化的方式来交往，将来的组织一定是社交型的，只有这样才会发现你的影响力，你的营业额，或者你的市值才会高速增长
3	即需即供	不管哪一个利益相关方有需求，另外一类供给方都会及时响应这个需求，这是一种非常重要的商业模式特征

4. 创新思考，从六个方面重新定义

商业模式思考的逻辑就是“定义增长、定义客户、定义价值、定义价格、定义渠道、定义能力”。这六个定义的关系如图 35 所示。商业模式创新，就要在这六个方面进行“再定义”。

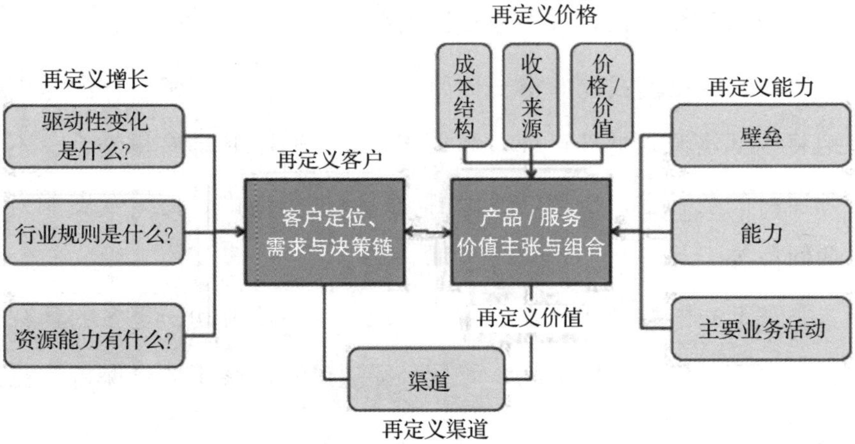

图35　六个再定义[1]

以永辉超市为例，是这样进行再定义的。

企业实践借鉴

永辉超市商业模式创新的六个再定义[2]

永辉超市商业模式创新的六个再定义如表9所示。

表9　永辉超市商业模式创新的六个再定义

六个再定义	以前的永辉	现在的永辉	区别
再定义增长	传统零售实体店 绩效考核 传统技术重人工	（一）零售行业的发展趋势变化 1. 追求品质和文化内涵的新消费诉求 2. O2O、线上线下全渠道融合 3. 生态化商业聚合体雏形初现 4. 互动式零售体验更加明显 5. 零售业将加快适应市场变化 （二）资源与能力 1. 转型升级，创新零售业态 2. 赋能合伙人创业 3. 打造垂直供应链 4. 科技赋能助力转型	实体店升级迭代，客户购物体验提升 线下＋线上 超市＋餐饮 运用科技力量提升运营效率 合伙人机制

① 本图借鉴夏惊鸣“24字讲透商业模式思考的逻辑”。
② 相关材料由2016级EMBA学员，永辉超市杨李提供。

续表

六个再定义	以前的永辉	现在的永辉	区别
再定义客户	家庭主妇居多	1. 定位于“平民超市，百姓永辉”，受到家庭主妇们的青睐。 2. 重视千禧一代的购买力 3. 注重移动购物客户的引入	线上线下客户融合 满足中高端品质客户
再定义渠道	分销渠道： 传统商超大卖场 供应链： 传统采购渠道	分销渠道： 大卖场 电商 社区店 超级物种 供应链： 1. 发展合作到源头去，往产业链走，同时推进供应链垂直采购 2. 全球直采、品牌订制、品质订制	与年轻人建立连接 引领消费升级潮流 提升品牌价值
再定义能力	做生鲜，以菜篮子为主	1. 以生鲜为核心、食品用品为辅 2. 创业组织、合伙创业 3. 为用户提供健康、安全、高性价比的食品 4. 注重用户体验与到家服务 5. 商品结构优化	以用户为中心 贴近用户需求
再定义价值	产品价值主张（产品本身出发）	产品价值主张（产品本身出发） 客户价值 / 需求主张（服务 / 产品 +）	更加注重客户需求和客户体验
再定义价格	1. 成本结构： 产品本身：单价 2. 收入来源： 传统超市 3. 价格 / 价值： 产品价值主张	1. 成本结构： 客群需求：制度低价 + 高价产品 附件服务：成本增加 供应链：品质订制 2. 收入来源： 超市 + 餐饮 线上线下 供应链改革 中央厨房 3. 价格 / 价值： 产品价值主张 客户价值 / 需求主张	不再仅仅以低价取胜

5. 制订方案，马上行动，敢于试错，迭代更新

商业模式的创新，是个过程，是个迭代更新的过程。下面以微信为例，阐释迭代更新的必然性和重要性。

从2011年1月推出到2011年年底，微信在1年的时间里更新了11个版本，平均每个月迭代一个版本。

第一版：

1.0版本仅有聊天功能。

1.1版本增加对手机通讯录的读取。

1.2版本打通腾讯微博。

1.3版本加入多人会话。

第二版：

2.0版本加入语音对讲功能。直到这个时候，腾讯才完成了对竞争对手的模仿和追赶，开始创新之路。

2.5版本率先引入查看附近的人。

第三版：

3.0版本率先加入漂流瓶和摇一摇功能。

3.5版本增加英文界面，全面进军海外市场。

第四版：

4.0版本率先推出相册和朋友圈功能。

4.2版本增加视频聊天插件。

4.3版本增加语音搜索功能。

4.5版本增加多人实时聊天，语音提醒等功能。

第五版：

5.0版本添加了表情商店和游戏中心，扫一扫功能全新升级，微信支付体系打通，一个移动商业帝国的框架已经基本搭建完毕。

5.1版本增加电子商务。

5.2版本增加聊天的实时位置共享，多项生活服务，聊天记录搜索，语言自动转换为文字等。

5.3 版本增加见面输入数字加群功能，收藏标签，英文翻译，聊天消息收藏等。

5.4 版本增加了公众号搜索功能、更加丰富便利的转账功能场景等。

第六版：

6.0 版本增加微视频功能，微信卡包等功能。

6.1.1 版本，通过附件栏发送红包，搜索朋友圈内容及附近餐馆。

6.2.2 版本，手机充值可以充流量，通过二维码收钱，运动公众号 iWatch 数据接入。

6.3.5 版本，群里可以视频聊天，群主可以发布公告，微信运动可以查看步数。

6.3.8 版本，在 iPad 上可以支持 IOS 多任务，聊天文件中可以查看文件和链接。

6.3.13 版本，可以通过 3D Touch 预览网页，聊天记录可以发给多人。

6.3.16 版本，按群成员和日期查找内容，快捷查看步数排行榜。

6.3.30 版本，针对 IOS 10 进行了优化调整。

6.5.1 版本，可以在朋友圈分享相册的视频。

6.5.4 版本，可以通过二维码给身边的人发红包。

6.5.10 版本，可对视频进行编辑，可设置某条朋友圈的互动不再通知。

6.5.16 版本，可管理通过微信授权过的信息。

6.7.3 版本，可拍一个自己的表情，长按文字换行。

实务操作指南

母婴之家的商业模式创新①

母婴之家成立于2003年10月，是行业领先的一站式专业母婴用品网上商城，是受妈妈们欢迎的专业商城之一。母婴之家面临市场的激烈竞争，也在不断谋求创新变革，按照本书提供的商业模式创新五步流程，做了如下的设计。

第一步：自我评估，清晰了解自身商业模式的现状。

母婴之家当前的商业模式是全品类垂直电商模式，面临着平台电商和集合零售商的双重冲击，竞争压力大，难以持续发展，如图36所示。

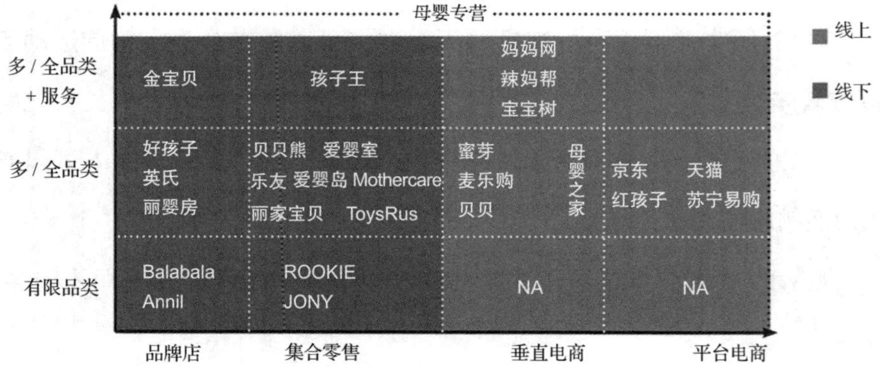

图36 母婴之家面临的竞争

通过自我评估，重新定位，锚定下一步商业模式创新的思路，即围绕用户的全方位价值增值，母婴之家锚定结构层面的创新，打造“百变俏妈”模式，如图37所示。

第二步：发现当前的痛点。

国内整个母婴行业，可以用“三多三少”来概括：进入者多，强势者少；

---

① 根据复旦2016级EMBA学员，母婴之家邹勇明提供的素材整理。

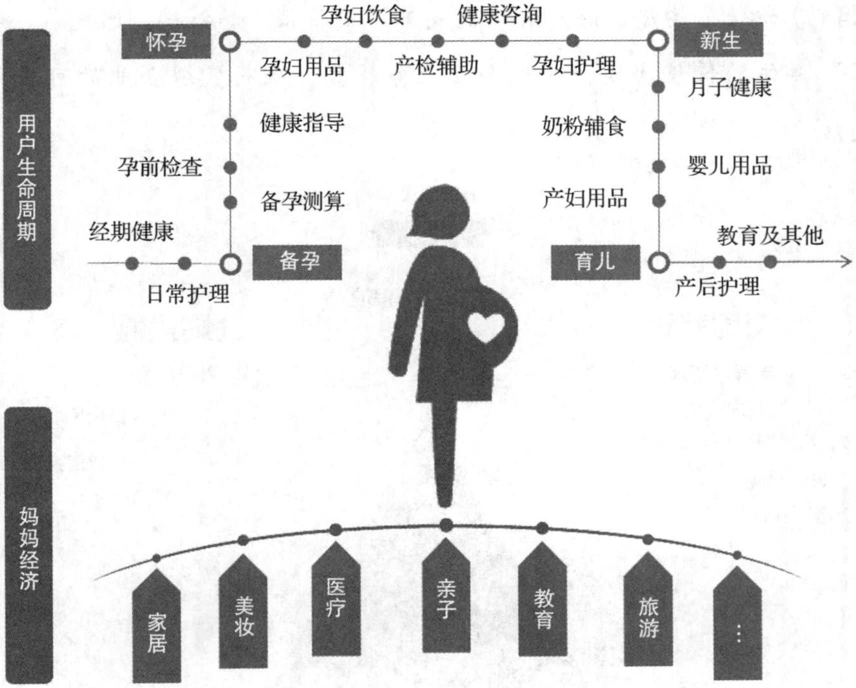

图 37　打造百变俏妈

传统经营模式者多，互联网思维经营者少，社群概念者少之又少；

业务模式模糊者多，发展方向清晰者少。

用户痛点、行业痛点包括：能否赚钱？能否保本？能否突破传统模式？如何帮助妈妈们完成自我实现？

第三步，标杆学习借鉴。

妈妈网以社区为核心，布局“妈妈生态”体系，如图 38 所示。

辣妈帮拥有完善的社区内容体系和资源集成，如图 39 所示。

妈妈帮有出色的内容体系，如图 40 所示。

第四步：用六个在定义来进行创新思考。

再定义增长：解耦旧的垂直电商业务关系模式，重新认知用户

（俏妈）价值，构建"强关系""低成本""高价值"的链接，围绕着"妈妈"群体的价值实现，实现全面业务转型，从而实现企业的可持续发展。

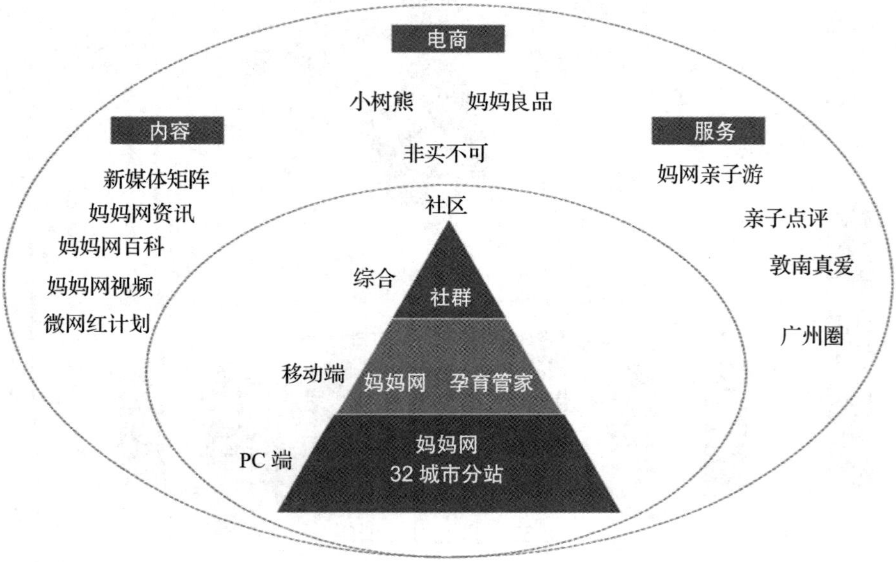

图 38 妈妈网

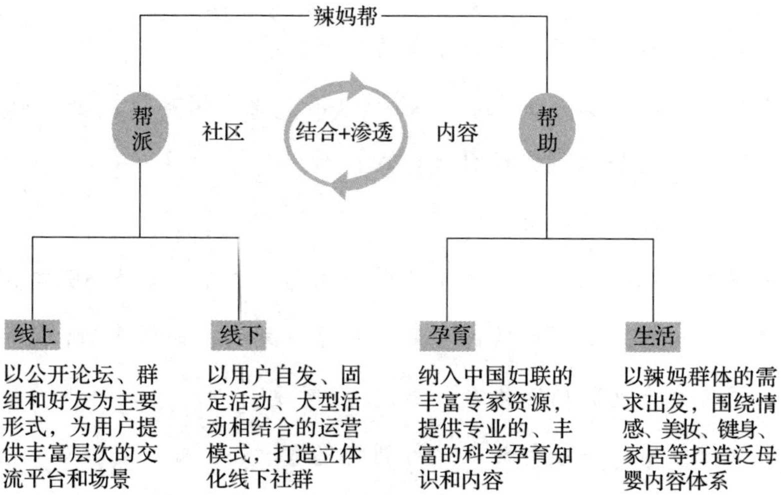

图 39 辣妈帮

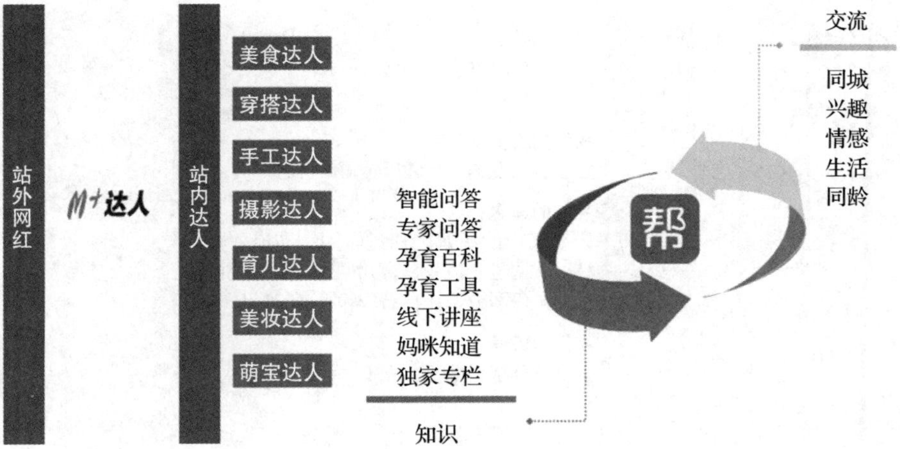

图 40　妈妈帮

再定义客户：虽然群体还是“妈妈”，但对客户的定义已经从简单的商品购买客户，变成社群互动的“粉丝”客户，变成相互价值增值、相互成就的合作伙伴。

再定义渠道：重新构建立体的互动渠道，如图 41 所示。

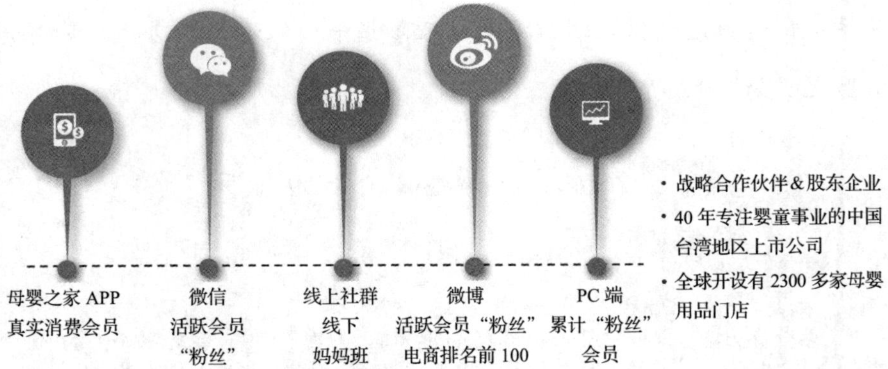

图 41　重新构建立体的互动渠道

再定义能力：核心能力从电商销售、服务的能力，全面转成社群互动、赋能“妈妈”，帮助“妈妈”成功的能力。

再定义价值：“妈妈”的价值自我实现，成为未来母婴之家的核心价值主张。为此，母婴之家提出了新的使命和愿景，如图 42 所示。

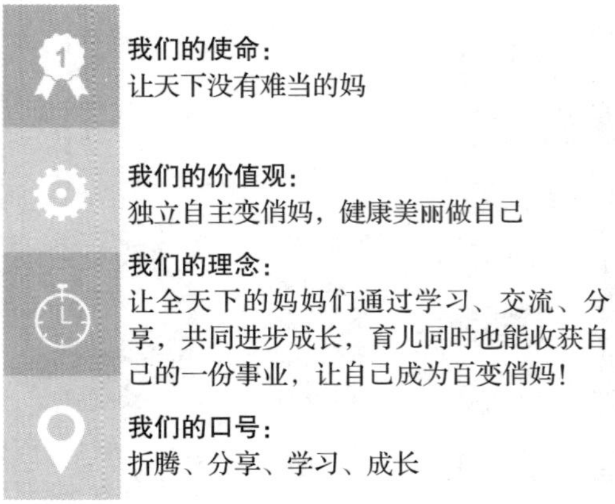

图 42 母婴之家的使命愿景

再定义价格：不再追求低价格获胜，而是以个性化的帮助“妈妈”开展营销活动，从线上到线下，多维度引流，增加线上成交率，提高线下门店客流量，帮助加盟的“妈妈”获利，从而实现平台的获利。

第五步：快速行动试错，迭代更新演进。

“百变俏妈”正在积极推广新模式，发展代理商体系和个人加盟体系，快速推进试错机制，再反过来修正平台的运营机制。百变俏妈加盟说明如图 43 所示。

“百变俏妈”商式模式解说（个人加盟版）

一、加入“百变俏妈”你将获得：
1. 一个个人小店　2. 一个专属链接

二、“百变俏妈”收益模式：
返现补帖模式，无需备货发货，无需定价核算利润，只需分享你的专属链接，让客户到你的小店下单购买（总部（或代理商）负责发货），总部（或代理商）会直接核算返现补帖到你的个人账户

三、管理方式：
线上商城的商品上架、定价、促销统一由总部（或代理商）管理：1、直接收款、直接发货，提供相商品的售后服务，您无需在货源、供应链上投入过多精力，只需做好客户的服务、提高复购率。

四、个人加盟商业绩优异者可升级为团队管理人员，领取额外团队管理奖励。

图 43 百变俏妈加盟说明

（四）领导管控创新风险

创新有风险。如何领导管控创新风险，以下几个方面要特别注意。

1. 提升管理创新的风险意识

（1）没有风险意识是最大的风险，别在风险出现时才想起防风险。

（2）机会主义是最大的敌人。

一窝蜂、走捷径创造的大多是伪奇迹，创新只能脚踏实地，厚积薄发，一砖一瓦盖长城。

（3）学习科学的风险管理理论加以指导。

比如，借鉴集成风险管理的思想，集成风险管理应涵盖两层意思：一是风险的集成，即风险管理的内容是纯粹风险和投机风险的集成；二是管理的集成，包括管理要素、管理过程、管理功能、管理技术与方法的集成。对集成风险管理的实施过程，则包括风险识别、风险评估、风险预警、风险应对、风险监控与管理改进 5 个环节。

2. 识别创新过程的若干陷阱

（1）股权融资的“不平等”条款。

如果企业的创始股东对于融资协议缺乏谨慎的态度，又没有专业机构的帮助，在遇到融资协议的“不平等条款”时，“看在钱的份上”一味让步，反而会让企业陷入被动，甚至失去自己一手打造的事业，得不偿失。

（2）互保、联保贷款。

“互保”“联保”贷款，最大的风险在于一家企业需要为其他企业的过错买单，这意味着风险控制的希望寄托在别人的手上。在经济环境出现不利因素，或者某一个行业遭遇市场危机时，这种风险是呈几何倍数增长。

（3）不规范的“股权众筹”“P2P”。

“股权众筹”是一种对专业度要求非常高的融资手段，它的行为表象，有很多环节，与“非法吸收公众存款”和“擅自发行股票”等触犯法律的行为非常相像，一旦把握不准，很容易造成非常严重的后果。在 2018 年 6～7 月，42 天里有 108 家 P2P“爆雷”，仔细分析一下，“雷”的无外乎“没有好的资产端”“恶意欺诈”这两个原因，这样思考下来，可以得出结论——规范的、真正的 P2P 是不会跑路的，也就不会“雷”掉。

3. 规避创新探索的若干误区

创新探索中的这些误区，要注意避免。

（1）不顾客户需求的过早创新，忽略了时间维度，往往“为他人作嫁衣裳”，例如微软 2000 年推出的平板电脑。

（2）不顾技术经济周期的过快创新，忽略了技术维度，往往“独木难支”，例如无法实现在线互动的慕课课程，有高达 90% 以上的辍学率。

（3）不顾组织配合的过度创新，忽略了组织与文化维度，往往“力不从心”，例如柯达体系中的数码相机，死于组织的僵化。

（4）不开放合作的封闭创新，忽略了差异化维度，往往“孤芳自赏”，例如苹果初期的个人电脑系统封闭。这些不顾执行条件和商品化基础的创新，都会成为市场的先烈，而非先驱。

4. 建设创新风险的管控系统

领导者要从系统角度研究，建设管控风险的防范、监控和释放系统。

（1）创新风险的防范系统。

创新风险的防范系统包括：①行业发展之趋势；②竞争对手之动向；③商业模式之“软肋”；④可能引爆之“黑洞”；⑤定性定量之体系；⑥未雨绸缪之“网络”；⑦细水长流之培训。

（2）创新风险的监控系统。

创新风险的监控系统包括：①与目标管理相结合；②与激励手段相结合；③与现代工具相结合；④与借助“外脑”相结合。

（3）创新风险的释放系统。

创新风险的释放系统包括：①应急系统；②应急演习；③日常化解。

保障力修炼

6

第六章

本章要点

领导是一个过程，是一种影响力生态，是领导者、追随者、环境之间互动的过程。领导力的发挥，有赖于整个组织的运营机制，它的保障系统能否高效运作和良性互动。

在今天不确定性和颠覆性创新背景下，我们强调的保障力，是指领导者打造实现新愿景的高效运行机制的能力。具体包括：领导与时俱进的组织变革，培育内在驱动的人力资源，重塑灵活适应的激励机制。

本章从哲学层面和管理层面探讨了保障力的来源。在此基础上，从操作层面探索了组织变革的基点与主流范式；探索了新时期人才选、用、育、留的新理念，包括如何领导好“90后”；探讨了激励机制创新的新思路，特别是如何实现从职业经理人向事业合伙人的转变。

企业家卓越的领导力要靠强大的执行力来体现，靠与时俱进的运营机制来保障。

开篇案例

华为的30年与卓有成效的保障体系

过去30年，在华为公司创始人及创业团队奋力牵引下，在全体员工共同奋斗下，华为实现了从“一无所有”到在全球同行中“三分天下”，从“积极跟随者”到“行业领先者”的跨越式发展。华为的跨越式发展如图1所示。

30年来，华为从一张白纸变为世界级高科技企业，成为中国企业的标杆。2015年年报显示，华为运营商、企业、终端三大业务全球销售收入达3950亿元，同比增长37%；净利润369亿元，同比增长33%。2016年年报显示，华为运营商、企业、终端三大业务实现全球收入 5216 亿元，同比增长 32%，净利润 371 亿元，同比增长 0.4%。2016 年，华为继续加大研发投入，研发费用达 764 亿元，占总营业收入 14.6%，同时在微处理器、5G 网络标准等方面取得了多项重大突破。

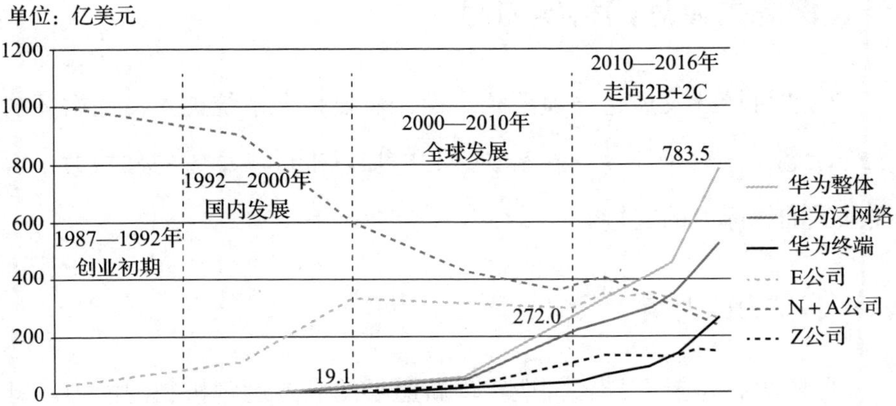

图 1　华为的跨越式发展

2017 年年报显示，华为继续保持了各个方面的全速增长，如图 2 所示。

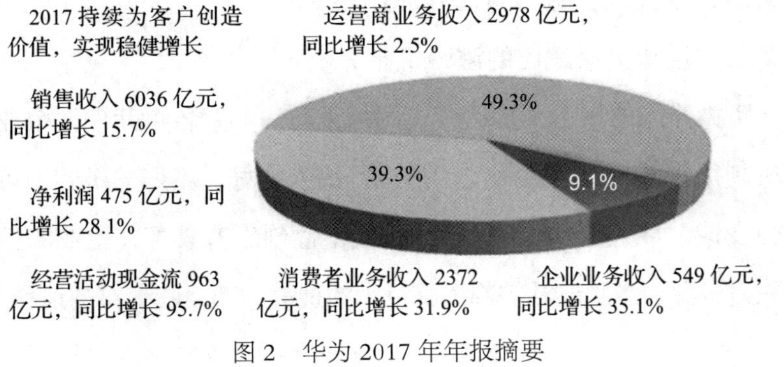

图 2　华为 2017 年年报摘要

华为 30 年的发展历程给了我们诸多的启示，在不确定性和颠覆性创新的时代，企业的变革与创新，不仅仅是战略的转型升级，产品与技术的创新，资源整合的创新，商业模式的创新，更深层次的变革与创新是组织创新、组织运行机制的创新。这 30 年发展历程的背后，靠的是强大的执行力；强大的执行力又源于好的运行机制。只有组织匹配、人才给力、激励到位，建立起卓有成效的保障体系，才能领导企业不断向前发展。

一、保障力修炼的科学内涵

企业可持续发展是一项系统工程，需要整个系统进入良性循环的工作状态，才有可能使创新活动顺利的加以推进。卓越的领导力，需要强大的保障力的支持。

（一）保障力的内涵

保障力，是指领导者打造实现新愿景的高效运营机制的能力。具体包括：

第一，领导与时俱进的组织变革。

第二，培育内在驱动的人力资源。

第三，重塑灵活适应的激励机制。

保障力修炼的核心，是运营机制的重塑。实践告诉我们，企业中的运营机制很重要，好的机制使不那么好的人变好；不好的机制，可能好人也会变成“坏人”。在不确定性和颠覆性创新背景下，企业的组织运营、人力资源、激励方法等都面临巨大的挑战，都面临变革的迫切需要。

（二）保障力修炼的坚实基础

从华为等标杆企业的经验来看，领导者的保障力需要三方面的坚实基础。

1. 构筑核心价值观的底座

“资源是会枯竭的，唯有文化才会生生不息。”这就要求：①以客户为中心。为客户服务是企业存在的唯一理由。我们所有的一切行为都归结为为客户提供及时、准确、优质、低运作成本的服务。我们在前瞻力中强调聚焦客户体验，在创新力中强调聚焦提升客户忠诚度。②以奋斗者为本。我们不能让“雷锋”吃亏，奋斗者必将得到回报。办企业，一定要强调正气抬头、提供正能量。③长期艰苦奋斗。作为企业，繁荣以后不再艰苦奋斗，就必然丢失繁荣；我们必须坚持思想上的艰苦奋斗。我们反复强调，只有自我颠覆，才能决定我们看多深。

2. 形成自我批判纠偏机制

“过去的成功不是未来的可靠向导”。这就要求将自我批判打造成组织与个体自我纠偏的机制。烧不死的鸟是凤凰，泥坑里爬起来的是圣人。

3. 打造价值创造管理循环

“企业的活力除了来自目标的牵引、来自机会的牵引以外，在很大程度上是受利益的驱动。企业的经营机制，说到底就是一种利益的驱动机制。价值分配系统必须合理，使那些真正为企业做出贡献的人才得到合理的回报，企业才能具有持续的活力。”这就要求：①全力创造价值。②正确评价价值。③合理分配价值。这三点是我们重塑激励机制时重要的指导思想。

企业实践借鉴

万丰奥特的核心价值观底座[①]

万丰集团创立于1994年，是一家以先进制造业为核心的国际化集团公司。遵循“永恒提升价值，不断奉献社会”的经营理念，涉足汽车零部件、航空工业、智能装备、金融投资等领域。万丰以实业强

① 相关资料由2016级EMBA学员，万丰奥特吴锦华提供。

国为责任和使命，致力于“营造国际品牌，构筑百年企业”。

企业文化是万丰的灵魂。也是万丰奥特保障力的核心。以各级领导团队为主导，吸收了广大员工的集体智慧，提炼出万丰文化，充分发挥了无比强大的动力和战斗力。

万丰文化使来自五湖四海的各种专业人才的组合，形成一种声音、一个方向、一股活力，具备了强大的团队威力。

万丰精神——如何做人，万丰理念——如何做事，万丰制度——行为规范。

在万丰，没有文化就没有灵魂。

使命：为客户提供满意的优质产品和服务。

愿景：营造国际品牌，构筑百年企业。

价值观：永恒提升价值，不断奉献社会。

目标：百强万丰、百誉万丰、百年万丰。

作风：实事求是，艰苦奋斗；雷厉风行，一抓到底。

方针：万里之行，始于轮下；丰功伟业，基在创新。

精神：敬业、竞争、实干、学习、团队。

万丰梦：快乐工作、幸福生活。

在万丰，没有战略就没有方向；没有文化就没有灵魂；没有人才就没有未来；创新是企业发展永恒主题，一个人力量有限，团队的威力无穷。

为保证文化的落地，万丰每年组织200多名精英骨干外出研讨，包括文化讲座、分组讨论、成果分享等，目的在于发挥集体智慧闪光点，集思广益，畅所欲言，发现问题、提出问题、分析问题、解决问题；统一思想、产生共识、步调一致，为圆满完成经营计划目标而奋斗；发现并培养优秀干部。

万丰特色的“野马特训”提出，一个国家需要精神，一个民族需要精神，一个企业同样需要一种独特的精神去统一和武装每个员工。万丰人通过“野马特训”，培养团队精神、提升专业素质、练就强健体魄，使来自五湖四海的各种专业人才的组合，形成一种声音，一个方向、一股活力，成为有灵魂、有担当、有创新、自我驱动强、执行力高效的万丰铁军！

万丰奥特在不断发展中，2018年3月5日，央视《焦点访谈》播出了对万丰奥特董事长陈爱莲代表的采访，陈爱莲代表就政府工作报告中“创新”话题阐述了自己的观点，“报告当中三十几次讲到创新这个话题，我觉得创新列在了五大发展理念之首，创新已经形成了全国人民的意志。”

二、保障力修炼的作用机制

领导的保障力如此重要，那保障力又从何而来？对此，我们可以从哲学层面和管理再造层面加以分析。

（一）从领导哲学层面思考保障力的创新

关于哲学层面的思考，我们在强调领导力的核心要素时已有所提及，主要是如下几个重要观点。

第一，领导是一个过程，是一种影响力生态，是领导者、追随者、环境之间互动的过程。

第二，领导活动的有效性主要依赖于情境因素之间的匹配程度。

第三，领导力的发挥，有赖于企业运行、支持、保障系统的高效运作和良性互动。

第四，保障力修炼的核心是企业管理的再造。

（二）从管理再造层面思考保障力的创新

保障力修炼的目的，是提升组织的执行力。保障力修炼，最重要的途径，是管理再造。从管理再造层面思考，现在需实现“四个转化”。

1. 管理目标内涵的转化

从瞄准定量标准齐心协力直接实现，向瞄准目标背后的意义间接实现转化。

2. 管理决策内涵的转化

从金字塔型行政层级向群策群力、集体智慧转化。

3. 管理协调内涵的转化

从定义标准、共同遵守，向定义目标，互相协同转化。

4. 管理激励内涵的转化

从外在的物质激励为主，向内在的激励成功需求为主转化。

相关链接

华为管理再造思考①

华为认为，客户需求、技术演进和人才变化等因素驱动下，业界组织与人才管理呈现新趋势。

- **商业因素**

数字时代的信息透明化，使客户在需求与供给的博弈中逐步占据主导，需方更个性需求、更高服务体验，要求供方更具创造力、更敏

① 引用自华为公司人力资源管理纲要 2.0 总纲（公开讨论稿）。

捷高效。旧组织运作模式、资源整合方式等难以快速、个性化地适应新需求。

● **技术因素**

高新技术变革加速与企业效率提升间的“剪刀差”是企业经营业绩提升的机会差距。缩小“剪刀差”的途径是让企业员工适应技术变革速度，让企业响应技术变革的速度接近于人。因此，持续学习能力、利用新技术创新的能力成为个体与企业打造竞争力的新关键。

● **人才因素**

企业人员结构更多元，85后开始成为职场的主力军，“互联网一代”渴求更宽松的创造环境、更自主的创造过程、更激动人心的创造意义、更新鲜的创造技能。

为此，华为对系统管理再造有如下思考。

人才：新“帕雷托曲线”，企业发展更依赖优质人才的创新，如图3所示。

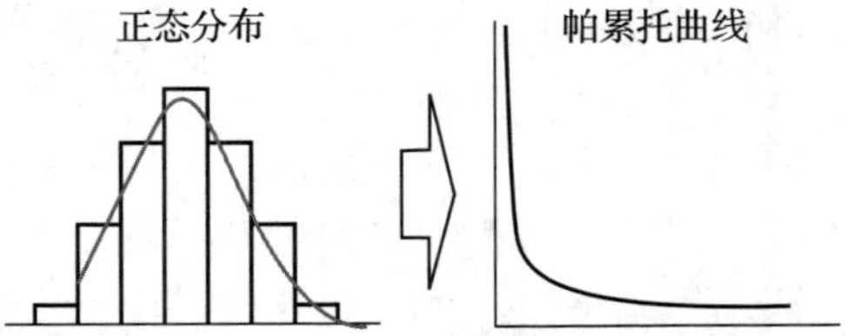

图3 新“帕雷托曲线”

对外加强全球新技术“优才”的获取，对内实施队伍结构调整，“不换脑就换人”。

差异化考核与激励“超优”和创新人才，构建激发人才创新创造的机制和氛围。

组织：“团队的兴起”，平台+业务团队式的敏捷组织模式盛行，如图4所示。

前端：多功能的精兵团队。

后端：平台资源化、服务化；开放整合内外资源。

链接：用组织数字化促进信息透明度与运作效率。

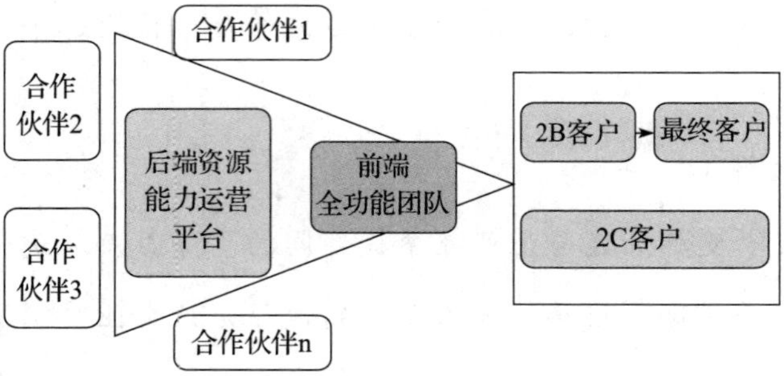

图 4　平台 + 业务团队

企业："跨越旧边疆"，组织边界不断开放，人与机器开始共同创造，如图 5 所示。

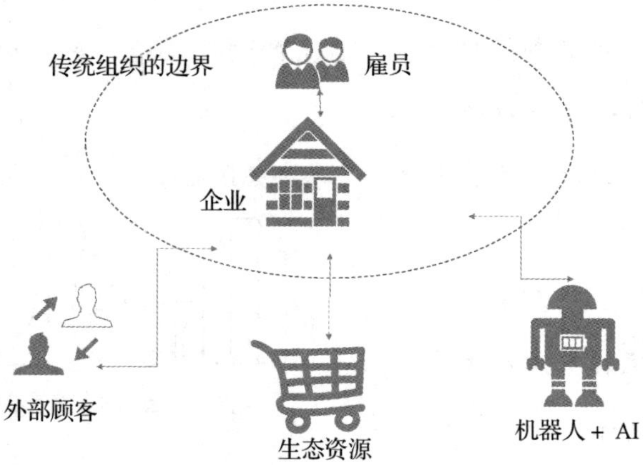

图 5　跨越旧边疆

打破组织边界，生态资源成为企业能力组成部分。

机器人、认知计算和 AI 正在成为"增强劳动力"。

管理者拥有更广泛的资源整合领导力。

三、保障力修炼的操作思路

领导者的保障力修炼，可围绕三方面进行：领导与时俱进的组织变革，培育内在驱动的人力资源，重塑灵活适应的激励机制，其修炼思路如图 6 所示。

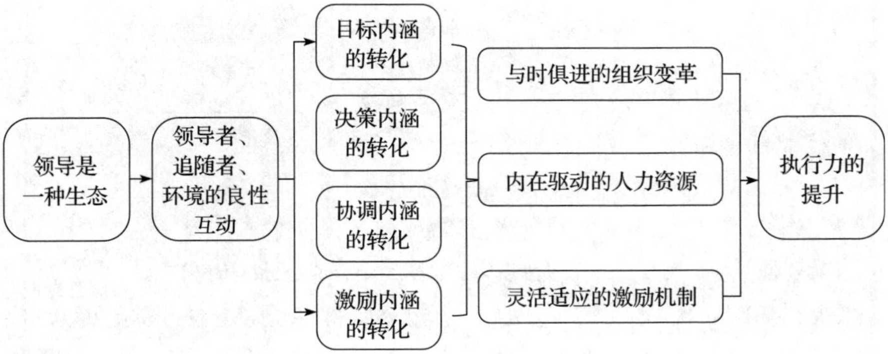

图 6　保障力修炼操作思路

（一）与时俱进的组织变革

1. 华为组织变革的启示

华为的强大的执行力，与时俱进的组织变革起了极为重要的作用。

相关链接

华为的组织机制创新

- **华为的组织结构创新**

在 1996 年以前，由于员工数量较少，华为公司部门比较单一，产品的研发种类比较集中，组织结构也比较简单，因此其一直采用的是在中小企业比较普遍的直线式管理结构。

1998 年，华为正式引进了事业部制。实行了事业部制度的华为通信短期内在管理上大有起色，由于事业部制对产品的生产和销售实行统一管理，自主经营，独立核算。

21 世纪，随着外界环境的不确定性增强，创新速度加快，华为的组织结构又一次发生调整，转变为因势而变的矩阵式结构，即大平台管理和三权分立，如图7所示。

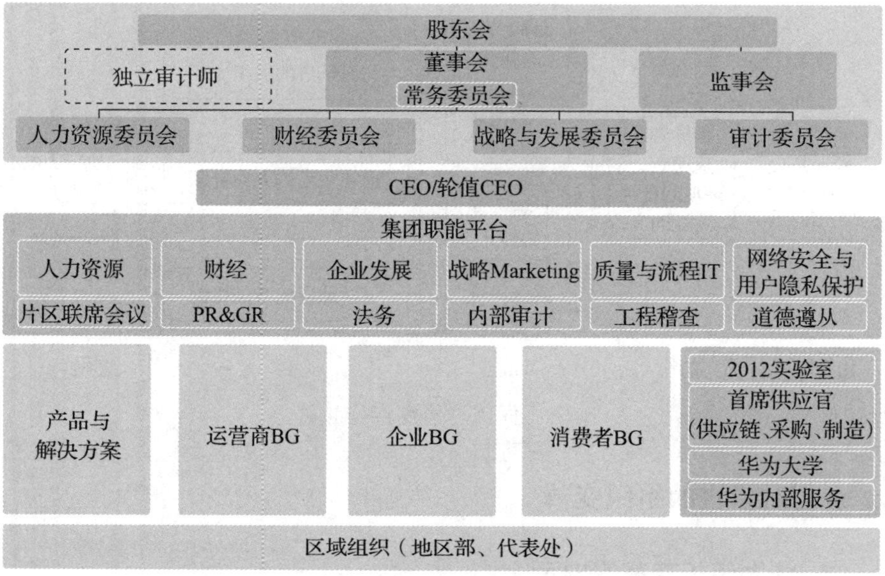

图7　最新组织架构表述

华为未来组织架构的思考如图8所示。

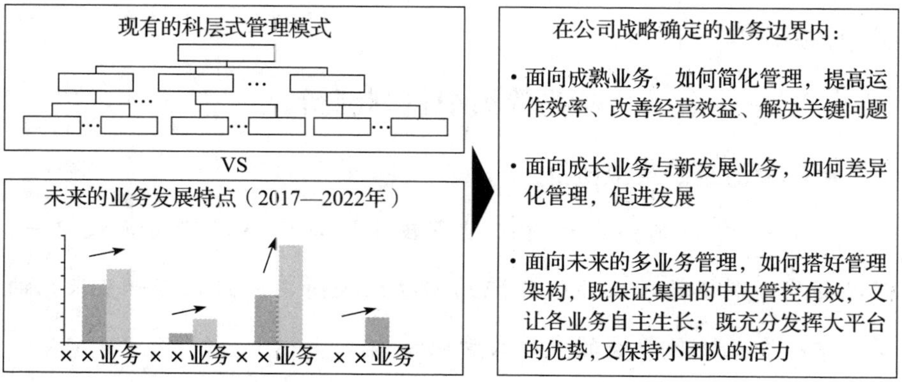

图8　华为未来组织架构

● 华为的市场组织创新

“一点、两面、三三制”。

“铁三角”。

“重装旅”。

- **华为的研发体制创新**

有的采用模块式组织，即用工业的流程做研发。

有的采用“修长城”法，板凳要坐十年冷。

有的采用海豹突击队，即直接面向客户的应用平台研发。

- **华为的决策体制创新**

轮值 COO。

轮值 CEO。

轮值董事长。

华为的组织变革，给了我们这样的启示。

组织的结构调整，始终围绕企业发展战略的创新来展开。市场组织借鉴美国军队的作战体制变革。研发体制强调整体作战能力与快速应变能力的有效结合。决策体制创新围绕“动态均衡”。今天的华为已从早年的高度集权，演变为适度民主加适度集权的决策体制。从组织变革到管理再造，形成可持续发展的管理框架。

企业实践借鉴

有孚网络基于新战略的组织架构创新[①]

上海有孚网络股份有限公司创立于2001年，公司总部位于上海，在北京、深圳设立有分支机构，是国内领先的企业级云计算运营商之一。

有孚网络的服务理念是成为客户IT管理团队的一部分。着力解决客户企业信息化过程中所有面临的IT问题，真正实现以客户为中心的服务。基于如上的战略和业务，有孚网络也重新构架了公司的组织架构，用以支撑公司的业务发展，如图9所示。

---

① 材料由2016级EMBA学员，上海有孚网络股份有限公司COO蒋卫权提供。

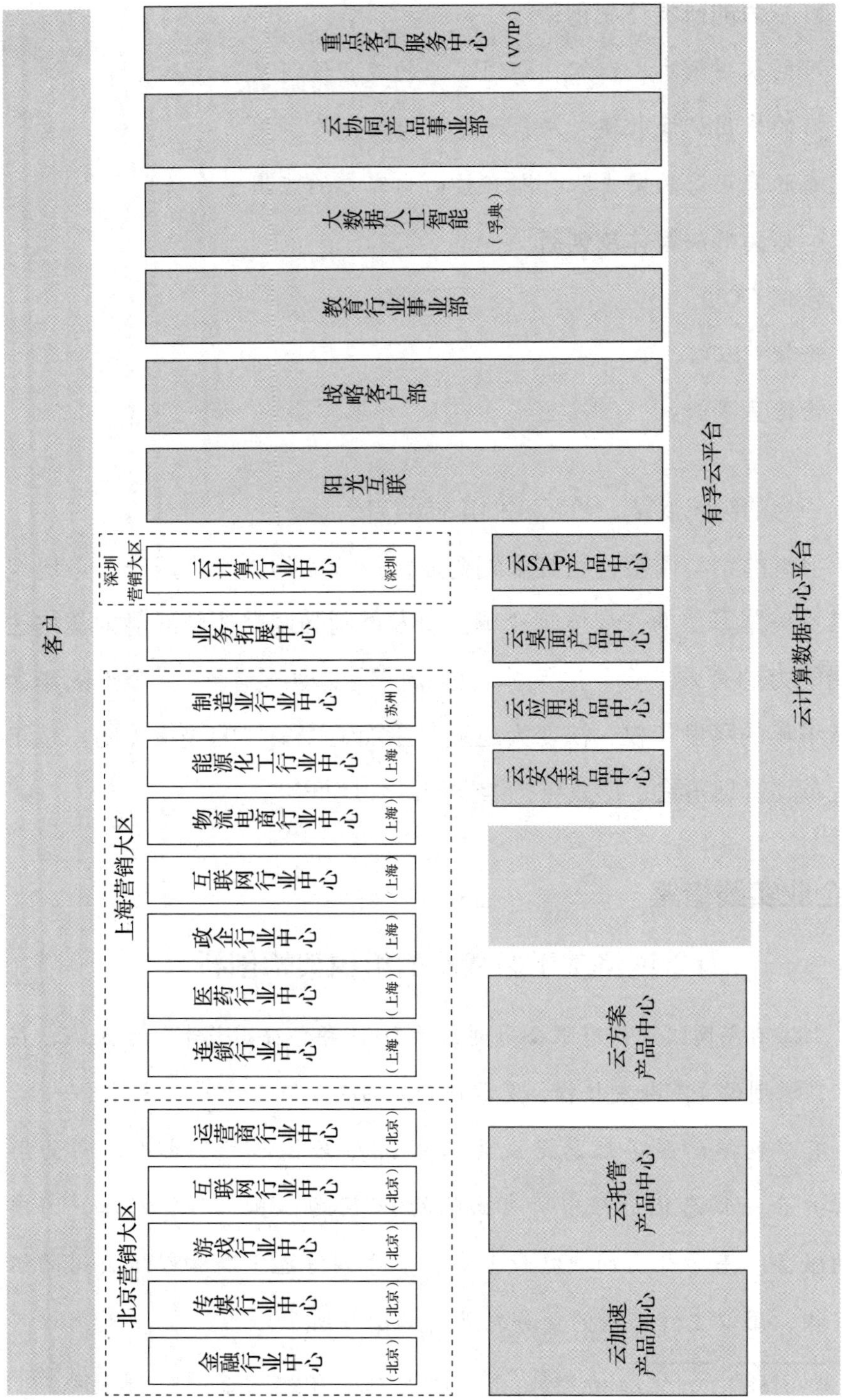

图 9 有孚网络新的组织架构

实务操作指南

领导组织变革的“三个坚持”

第一，坚持“战略决定业务”“业务决定组织”，适应不同组织特点，发挥大平台优势。

第二，坚持“聚焦客户”，建立适应客户需求变化的、灵活敏捷、协同共进的组织。要非常注重流程的优化。流程一定是端到端的，从客户中来，到客户中去，通过流程解决客户的挑战和压力，满足客户端的需求。流程关注高效率，流程里面不能彰显人为因素和权力，它显示的是端到端的逻辑，客户需要什么，通过流程实现快速交付，把钱拿回来，流程的效率要高，交付结果的质量要高，成本要低。

下面，是华为以客户为中心的流程，可供我们参考，如图 10 所示。

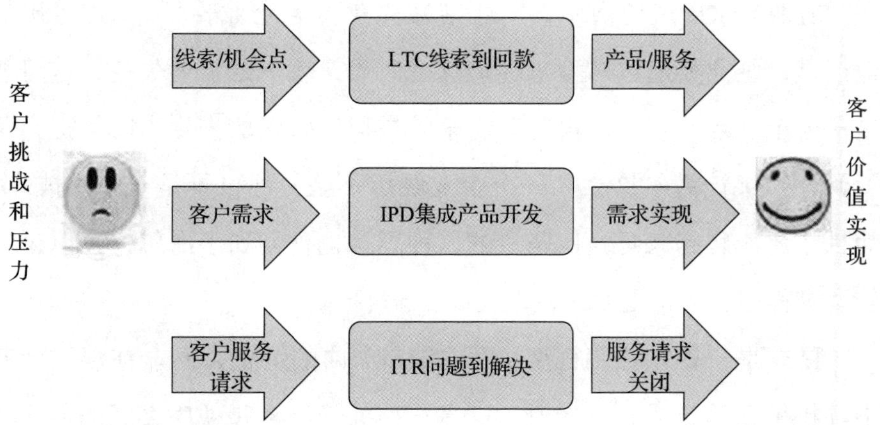

图 10　华为以客户为中心的流程

第三，坚持简化组织考核，增强协作牵引，用心思考干部与专业人才，绩效管理和激励体系如何把团队的工作氛围和战斗力进行提升，促成员工愿意做事情、愿意去思考如何把事情做好，并乐于接受新的挑战，超出本职去做事情，从而打造出组织的战斗力和执行力。

2. 领导企业组织的变革

领导者思考组织变革的基点，有四个维度：①组织要围绕战略变，围绕增长变。战略决定并引领组织，战略方向在哪里，组织变革的方向就在哪里，战略性业务在哪儿。②组织要围绕客户变，围绕客户价值变。③组织要围绕人才变，围绕人的价值创造活力与效能变。④组织要围绕技术变，围绕技术革命与人的关系变。

在具体操作中，要注意如下三个方面。

（1）组织的未来是“释放”而非“失控”。

凯文·凯利（以下简称KK）的著作《失控》雄心勃勃地描述了他眼中的未来，在网络状的世界里，线性思维似乎已经成为一种“过时”。但是在“业务成长”和“确保控制”之间，企业家们通常还是会选择后者。

前两年KK造访海尔，与张瑞敏先生讨论企业转型。KK给出的建议是，企业要通过转型来拥抱这个时代，就一定需要失控，这可能是从一个顶点坠下去，再爬升起来的过程。张瑞敏先生当时就提出了疑问，如果让海尔这么大一个企业经历下坠，那可不是一个小成本，而且，还能爬起来吗？他坚持的这种思路也贯彻到了海尔一直以来的转型过程中——转型要转，但业绩不能下降。

释放是一种在控制框架（而非细节）内的爆发，而非在混沌状态中寻找机会的赌博。或者说，这是一种处于混沌和秩序之间的混序状态。这也是我们强调成长融合型思维的具体表现，是体现东方智慧和中国企业现实要求的明智做法。“失控”给中国社会和中国企业带来的危害记忆犹新，在中国做领导，决不能“失控”。

（2）组织的模式是“走向平台化”。

未来主流的组织模式是：平台 + 分布式经营体，平台 + 分布式项目、平台 + 小组、平台 + 自主经营体、平台 + 创客等。这种组织模式是小应用、大平台、富生态，这种组织也是企业发展的全新的组织模式，包括苹果、谷歌、Facebook、微软、亚马逊等，都代表了全新的组织模式。

（3）组织的变革是“四方面重构”。

第一方面，驱动机制的重构。传统组织的内在驱动机制主要是权力驱动、威权指令式驱动，现在要转变为愿景与大数据驱动。组织要激发人才价值，创造活力，驱动员工创造价值，不再依靠简单的指令、单一靠严格的制度约束和标准化行为规范来驱动员工，而是通过文化价值观管理，依靠人才对组织使命与愿景的认同，使千军万马朝着一个共同的目标而奋斗。通过唤醒人才自我开发与自我管理意识，激发员工价值创造潜能，使人才从“要我干”转向“我要干，我们一起干”。

同时，用户数据将成为企业核心资产，用户数据流向决定产品与业务流向，并成为决策与业务运行的依据，得数据者得天下！企业不再是简单按照威权的命令式指挥员工去做什么、怎么做，而是为员工确定好未来的发展愿景，同时利用大数据驱动企业决策和业务的运行。从这个角度来讲，未来组织的驱动机制叫作愿景驱动和大数据驱动。

第二方面，协同机制的重构。过去组织的合作主要是以职能为主来分部门，过去组织内部的协同主要基于科层结构中的权力与权威，下级与同级之间的协同一定来自上级，而未来的组织是无中心分布式网状结构自组织，是平台生态。行动不一定来自预先设计，而是随需而动，协调不是来自上级，而是自动、自发、协同。

第三方面，管控监督机制的重构。管控监督机制，从刚性监控转变向柔性监控。刚性管控主要是依靠严格的制度、流程管理及纪律约束，但在知识型员工面前，流程、制度与风险控制体系再完备，也有漏洞。人的道德风险最难控制。对道德风险的控制除了流程、制度、信息对称，更需靠文化，更要靠柔性引导，让员工愿意并有动力去遵守规则。

第四方面，生产组织结构的重构。在工业文明时代，企业的生产组织方式主要体现为集中化、规模化、标准化，而在互联网与工业智能化时代，企业生产组织模式主要有智能化、平台化和创客化三种方式：一是智能化无人工厂大量出现。目前，中国家电企业如海尔、创维、美的都在加速智能化生产的进程。二是生产组织日趋平台化，内部经营单元日益微项目化、团队化，如广东温氏集团通过互联网将56000个家庭农场连接在一起，实行集约化管理平台下的分布式生产模式。三是基于互联网社会协同的智能家庭工厂与个体知识劳动者的创客化。生产组织的结构，在形态上表现为四个转向——从规模生产转向按需订制，从独立发展转向开放协同，从客户为先转向用户为本，从人工制造转向自动智能。

企业实践借鉴

永辉的水样组织[①]

架构扁平化，小店阿米巴经营，要保持组织活力，就要成为像水一样的组织，永辉未来将走向水样组织，足球队一样的团队。水纯净而多变，可以随外界的变化而不断变化，当遇到污染时，可以过滤掉，当放进圆形器皿时就是圆的，当放进方形器皿就是方的，结构可以灵活多变，当遇到困难时，可以水滴石穿，做到极致，也可以海纳

① 相关材料由2016级EMBA学员，永辉超市杨李提供。

百川，包容一切。在组织内也是一样的，每个个体，组织都可以很好的协同，像水一样变换，如图 11 所示。

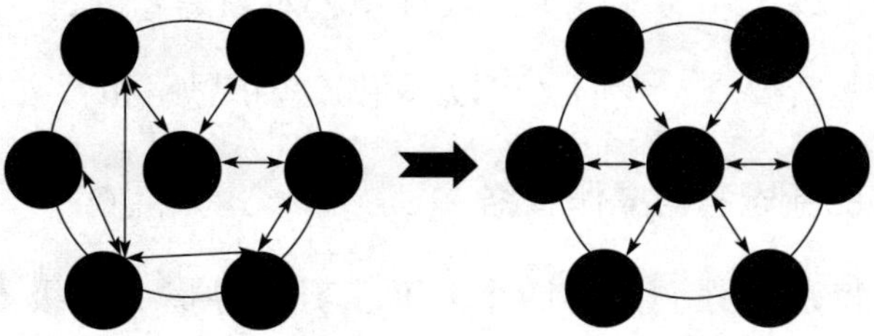

图 11　永辉的水样组织

永辉在有专项项目时，以项目负责人为中心，其他人全力支持项目达成；暂无专项项目时，以所在团队负责人为中心，为团队创造价值。依据团队和项目的需要灵活变换负责人。在某个专项项目中，你可能是核心，但在另一个项目中，你可能辅助别人完成工作。整个组织像水一样流动，像足球队一样运作。

（二）内在驱动的人力资源

在不确定性和颠覆性创新背景下，如何领导人力资源创新，要围绕“内在驱动”。目前人力资源管理的逻辑和方法都亟待改革。未来，在发展范式上，变革的重点是两个转型，即加快“纯粹雇佣型”向“合作共生型”的劳动契约模式转型，加快“成本控制型”向“投资共赢型”的人力资本模式转型。

古往今来，关于领导者如何在人力资源管理上指导好选、用、育、留，有多种研究。中国历史上的曾国藩《冰鉴》、诸葛亮的识人七法等，都曾影响深远。

我在多年的教学和企业实践中，曾总结了古往今来先贤哲人在识人方面的 17 种方法。最近，我又加了一种方法，“微信（社交媒体）

观察法”，发现通过比较一个人在日常生活、工作与在社交媒体表现的异同，对正确识人非常有帮助。

在今天不确定和颠覆性创新条件下，对领导者的选、用、育、留又提出了哪些新要求？我们又可以采用哪些新思路和新方法？

1. 选人的新思考与操作思路

今天，特别要强调如下四个方面：努力寻找“A 级人才”，用心选拔高潜质人才，选才注意“三个匹配”，心中要有张“黑名单”。

（1）努力寻找“A 级人才”。

领导力强调“做什么”？做什么的关键是“谁来做”，在于能否将优秀的人才聚集到自己的身边。

乔布斯在世时，有记者采访他，让他总结成功的原因，他说，我的成功得益于发现了许多才华横溢、不甘平庸的人才。不是 B 级、C 级人才，而是真正的 A 级人才。而且我发现只要召集到五个这样的人，他们就会喜欢上彼此合作的感觉、前所未有的感觉。他们会不愿再与平庸者合作，只召集一样优秀的人。所以你只要找到几个精英，他们就会自动扩大团队。

在日常工作中，我们看到，假如你找到真正顶尖的人才，他们会知道自己真的很棒。你不需要悉心呵护他们自尊心。大家的心思全都放在工作上，因为他们都知道工作表现才是最重要的。

作为领导者，能替他们做的最重要的事，就是告诉他们哪里还不够好，而且要说得非常清楚，解释为什么，并清晰明了地提醒他们恢复工作状态，同时不能让对方怀疑你的权威性，要用无可置疑的方式告诉他们，你的工作不合格。

企业中有很多人很会管理流程，却不知如何寻找答案。顶尖的人会主动寻找最棒的答案，虽然他们是最难管理的人，但找到他们，工作效益会明显提高。

相关链接

阿里巴巴邀请A级人才加盟

2017年6月25日，亚马逊前资深主任科学家（Senior Principal Scientist）任小枫已经更新了他在华盛顿大学官网上的个人主页，其最新任职为阿里巴巴iDST首席科学家和副院长。随着阿里巴巴3月启动代号为“NASA”的一项计划，iDST正式成为NASA计划的人工智能大脑。阿里巴巴董事局主席马云表示，NASA要让阿里巴巴从技术跟着业务走的“兵工厂”，变成可以“制造导弹”的科技公司。NASA具体内容是：计划要面向未来20年组建强大的独立研发部门，建立新的机制体制，为服务20亿人的新经济体储备核心科技。

2017年10月10日，在云栖大会前一天，13位全球顶级科学家应邀来到阿里巴巴杭州总部。其中包括中国唯一图灵奖获得者姚期智，中国量子力学第一人潘建伟，哥伦比亚大学数据科学研究院主任周以真等人。

2018年6月26日，由阿里巴巴倡导，全球社会学、经济学、心理学等多领域顶尖学者共同发起的研究机构罗汉堂今日在杭州成立，将研究与科技创新伴生的社会经济形态变化等课题。阿里巴巴方面表示罗汉堂的研究成果将为全社会服务。此前一天，15名全球顶尖学者已在杭州与包括阿里巴巴集团董事局主席马云在内的阿里巴巴和蚂蚁金服管理层进行两天的闭门探讨。罗汉堂的首批学术委员会的15位成员以经济学家为主，包括6位诺贝尔经济奖获得者。罗汉堂未来会邀请更多全球顶尖的社会学家、心理学家、人类学家等跨学科、多领域的学者加入。

（2）用心选拔高潜质人才。

人类关于人才的观念经历了四个时期：第一个时期持续了数千年。这几千年中，人类根据体力的大小做出对于彼此的选择。在第二个时期，强调智力、经验、既往业绩。20 世纪 80 年代进入第三个时期。当时驱动整个行业的是至今仍然在提倡的能力。现在，我们迎来了人类关于人才观念的第四个时期，在这个阶段，关注的焦点迅速转向潜力，即我们的学习能力，以及适应未来完全不同且越来越复杂环境的能力。现在越来越多的企业领导认识到，怎样找到这些高潜质人才，怎样培养和使用高潜质人才？这些问题已经是核心的战略问题，直接影响了企业核心竞争力和可持续成功的能力。

从实践给我们的启示看，高潜质人才具有如下的特征。

高度的好奇心和学习能力——乐于面对风险，学习新鲜事物；高度的跨领域思考能力——以更宽广的视野看问题，引入新的观点。

高度的社会洞察力和同理心——准确理解他人的想法和立场；高度的韧劲和情感成熟度——将反馈和困难看作是学习、成长、机遇的能力。

高潜质人才的一个重要指标是正确的动机。一个高潜质的人，他不是自私的人，他们的血液中流淌着一股强大的动力和正义感。他们有着对事业的长期承诺和投入，不完全是为了一己私利，他们有着更加长远、更加宏大的愿景。

在选拔高潜质人才时需注意的问题是：（未来）高潜质≠（目前）高绩效。

（3）选才注意“三个匹配”。

我们当然知道A级人才的重要，当然知道要用心选拔高潜质人才。但我们也知道，一方面，人才是有市场价格的，用A级人才需要A级费用，要看你这个企业能否接受这样的成本。另一方面，小马当然拉不动大车，但大马也拉不好小车。

领导力特别强调“匹配”。在选才中，要注意三个匹配，如图12所示。

图12　三个匹配

第一，组织匹配度。

企业初创期，主要是由个人能力拉动企业的成长。此时个人能力大于企业发展需要，是依靠员工拉动企业发展的阶段。因此有丰富经验的候选者应该作为首选。

企业成长期，员工的能力和企业发展所需的能力差距越来越大。在这个阶段，员工是在被企业拖着走。组织应该有意识地均衡“经验者”和“潜力者”的数量，维持一种既有充分的大量骨干精英拉动业务，也有一批后继者蓬勃成长的环境。

企业成熟期，经验沉淀，组织架构基本完善和成熟的业务使企业的管理团队有机会放眼未来，调整战略。想要在未来持续发展，更注重的是长期潜力的挖掘，此时一个拥有巨大潜力的人比经验丰富更重要。

第二，公司定位匹配度。

不同的公司，对于想要找的人定位是不同的。例如，公司现在对某个岗位特定就是需要有经验非常丰富的人选，而且同时公司能够给出相应的培训、薪酬福利等去满足，那这样的招聘是明确且容易成功的。

公司提供不了后续的发展平台、培训机会、薪酬福利，那就是不匹配的，即使能够招进来也可能会在短期内离职。

精准的定位匹配也会对后续的岗位评估、员工发展、职业生涯发展、继任规划和分配计划提供实时清晰的支持。

第三，岗位匹配度。

每位招聘者都需要明白岗位存在的意义，是产生成果和承担相应的责任。这要判断个人需要的职业技能，解决问题的能力以及知识、经验和素质来划分出真正需要的岗位。

定了岗位的等级、职责后，更重要的就是看能否真正实现“人岗匹配”。

我们经常会发现岗位划分做得很标准完美了，但是组织绩效依然没太大起色。这往往是由于岗位上的“人”能力没有跟上。

因此无论在大、中、小不同的企业中招聘人员时都要做到人事相宜，注意人与岗位的匹配，人与定位的匹配和人与组织的匹配。

（4）心中要有张“黑名单”。

选人中，必须考虑：哪些人不适合合作?

我们不但要想清楚，我们希望选什么样的人，还要想清楚，那些人是万万不能选的。沈南鹏在投资时说，有四种人，他坚决不投：不会定战略的 CEO 不投；不懂产品的 CEO 不投；不会带团队的 CEO 不投；不会算好账的 CEO 不投。

下面这三条建议，对于做好人才选拔也有一定的帮助：让他的主管给他写一个推荐；多做一些访谈；多看看他的微信朋友圈/微博。

企业实践借鉴

BD（碧迪医疗）的人才战略[①]

BD是一家全球化的医疗技术公司，通过改善医学发现方法、医疗诊断效果和护理质量以引领世界健康。BD在保护患者和医护人员安全、强化医学研究和临床实验室建设领域为行业所瞩目。

基于业务板块，BD中国提出了自己的人才战略。BD大中华区人力资源总监吴珊珊表示，BD志在成为一家本土化的跨国公司——我们的客户在中国，我们的研发和制造在中国，我们对于人才的培养也立足于中国。BD致力于吸引、凝聚、激励和发展优秀人才，秉承“互信、互助、互励、互爱”的企业价值观，鼓励员工参与企业社会责任项目，推动多元化和包容性，力求营造最佳工作环境。

在人才招聘上，销售精英训练营项目，通过系统的培训和实地带教，培养具有潜力的青年人才成为优秀的销售精英；MBA实习生项目，在多元化的工作环境中，通过参与具有一定战略挑战的业务研究项目，深入了解医疗行业，拓展自己专业领域；在销售实习生项目上，为每位实习生配备一对一的带教“师傅”，让大学生接受全面培训，亲历职场工作，获得综合发展，与BD共同进步成长；社会招聘方面，BD致力于吸引和聘请那些具有杰出潜质的人才，开展一系列丰富的活动与项目，为员工的职业生涯提供成长和发展的机会，并为员工工作与生活的平衡提供保障。

---

① 相关材料由2016级EMBA学员，碧迪医疗器械（上海）有限公司商务副总监黄俭为提供。

BD根植于中国本土的人才战略，在实施中取得了良好的成效，助力BD中国在本土市场不断开疆拓土。

实务操作指南

选人大思路

选人时，坚持“努力奋斗”的优秀人才是公司价值创新之源，让外部优才汇聚，内部人才辈出，建设匹配业务，结构合理、专业精深、具有创新活力的人才队伍。

选人时，坚持在成功实践中选拔干部、在关键事件中考察干部、在业务实战中磨砺干部的干部管理机制。

选人时，坚持“优胜劣汰”，基于真实的责任结果，大力提拔能从0到1的、能构建格局的、能扭亏为盈的“有作为”干部，督促问责满足现状或推诿责任的“不作为”干部，识别清理热衷钻营、制造虚假繁荣的“假作为”干部，坚决淘汰急功近利、业务造假的“乱作为”干部。

2. 用人的新思考与操作思路

领导在用人时，要有如下三点新思考。

（1）用新思维带团队。

用人的核心，就是要把合适的人放在合适的位置上。今天而言，合适的新内涵是：①花更多的精力吸引独当一面的领军人物。②要多启用年轻人。③必要时，要整建制的引入团队。④与有企业家精神的团队和本企业共同创业、内部创业。

（2）建设人才生态圈。

与我们前面提到的企业发展模式改变，与打造平台生态圈相匹配，企业也要建设人才生态圈。在产业生态体系当中，企业是围绕客户聚合人才，产业生态圈的背后，是人才的生态圈。构建人才生态圈，不再是整合，而是要聚合。靠共同的愿景、共同的目标聚合在一起。过去是人才投资优先，现在是人才聚合优先。先有人才聚合，才有产业生态系统。

建设人才生态圈，有五项驱动因素，以及与这些因素紧密联系的五项发展活动，如图 13 所示。

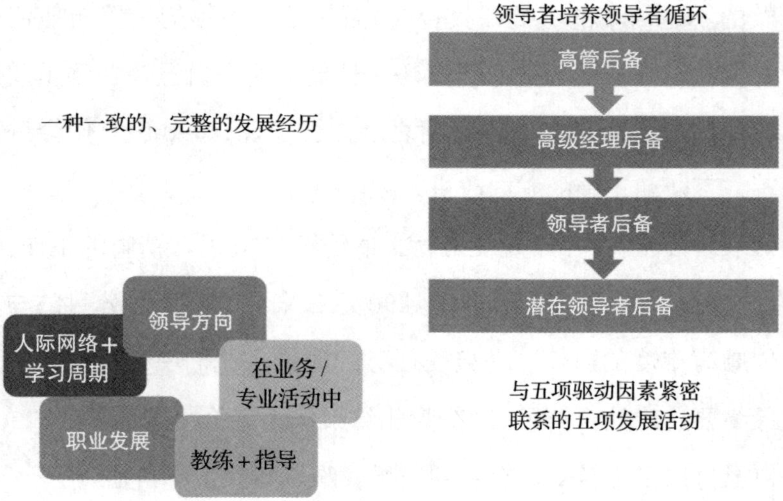

图 13　五项发展活动

（3）大胆用好“90 后”[①]。

如何用好“90 后”，是领导者的热门话题。从现实情况看，注意以下五个方面，对用好“90 后”很有帮助。

第一，严于律己：领导者要以身作则，培养自身人格魅力。

对“90 后”员工的管理，用行政命令去压制他们往往会适得其反，而用人格魅力去感染他们则会事半功倍。中华人民共和国成立后几代人的信仰是领袖，而“90 后”的信仰虽然有所缺失，但是却容易被人格魅力所感染。

① 根据互联网公开资料整理。

因此在管理过程中，要求他们做到的事情领导者首先自己要做到，而且力争做得更好，让“90后”产生信服感甚至是崇拜感，这样他们自然会更乐于接受你的要求。

第二，宽以待人：请用鼓励代替批评，与他们分享正确的经验。

在对“90后”的管理中，领导者需要具备很强的耐心及宽容度。由于工作经验不足，“90后”难免会做错事，这种情况发生后，领导者要做的不是简单的“批评教育”，而是站在平等的位置与他们分享成功的做法，交流自己的心得感悟，让他们明白自己错在哪里及这个错误可能造成的后果。一段时间之后你会发现，“90后”们会进行自我修正，不断朝正确的方向改进。

第三，目标明确：布置任务时，请给予“90后”清晰的工作目标。

对初出茅庐缺乏工作经验的“90后”来说，准确区分目的与目标是一件颇有难度的事情。在接受任务的时候，他们往往是盲目的，不知道最终要达成什么结果；缺少量化结果作为评价标准，导致“90后”觉得自己付出了辛苦却没有看到结果，难以建立工作自信。

因此领导者在向“90后”布置任务时，一定要帮助“90后”确立此项工作的目标，最终要达到什么结果。当他们看到清晰的结果呈现的时候，实现目标的成就感会直接增强其信心，并逐步建立自我确立目标的习惯与能力。

第四，高效沟通：除了工作外，请多与“90后”谈谈生活。

前面提到，“90后”注重平等，希望得到尊重，因此，领导者在工作之余也要多和“90后”们谈谈生活化的问题，比如聊一聊最近比较热议的网络人物、事件，并尽量学会他们的表达方式，多采用网络语言。这样会使“90后”感觉你和他们处在平等的位置，有助于建立更加高效、通畅的沟通渠道，会对管理产生十分积极的影响。

第五，坚守底线：包容不等于纵容，请坚持奖惩的原则和底线。

对“90后”的管理需要耐心和包容度，并不意味着可以让他们放任自流。“90后”们普遍存在着自律性差的缺点。在领导过程中，一定要让“90后”明白他们的边界在哪里，你的底线在哪里，对于非常严重的错误，如对公司的形象、名誉及财产造成了十分恶劣的影响，绝不能姑息。这样做不仅为了贯彻公司的制度，更是为了培养“90后”的责任心，因为这将是伴随他们一生的东西。

企业实践借鉴

新生代员工的管理实践①

H公司是一家生产型企业，拥有47.7%的新生代员工，他们的特点包括：重视自我、淡化权威、厌恶规则、渴望认可、思维多元、追求工作和生活的平衡。

H公司对新生代员工管理的背景和逻辑理解如图14所示。

劳动力人口趋势	企业人员现状	组织人才需求	新生代员工特点
· “90后”成为新生劳动力主体 · 新生代人口由生存性向发展性转变 · 流动人口规模增加，但是增速放缓	· “90后”员工占比47.7% · 蓝领员工的离职率居高不下，30%～40%高于行业和市场的平均水平 · 其中，“90后”群体的离职>40%	· 数字化人才 · 复合型人才 · 技术型人才 · 终生学习	· 重视自我 · 淡化权威 · 厌恶规则 · 渴望认可 · 思维多元 · 追求工作和生活平衡

图14 新生代员工管理的背景和逻辑

在对新生代员工进行管理的过程中，H公司总结出一套方法体系，框架如图15所示。

① 相关材料由复旦大学EMBA学员结合企业实践总结。

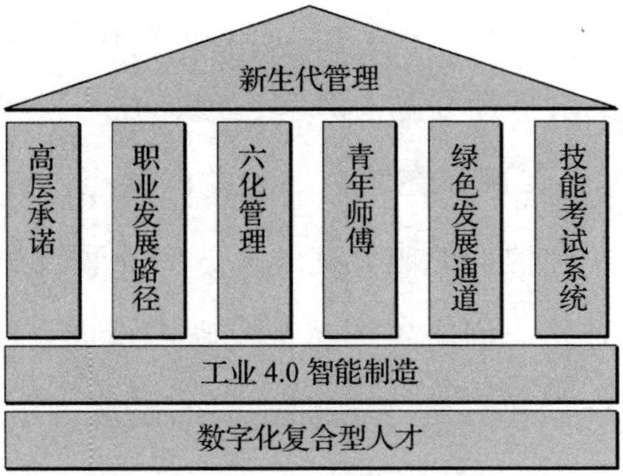

图 15　新生代管理模型

其中“六化管理”在实践中取得了非常显著的成效。

工作生活化：鼓励社交工具在工作中广泛运用。非正式沟通、非权威沟通占主导。跨部门、跨职能、跨登记链接。

管理融入化：淡化权威、双向沟通、共同生长。

轮岗制度化：复合型人才培养、蓝领职业发展路径设计、能力矩阵推广多技能工人。

激励多样化：现金＋非现金福利，个性化激励、游戏化激励制度。

辅导个性化：双导师制度，包括工作导师、生活导师。

团队虚拟化：精准匹配、高效便捷、虚拟会议、主题多元。

新生代员工管理的一个实施亮点是蓝领发展计划。如图 16 所示，取得了良好的成效。

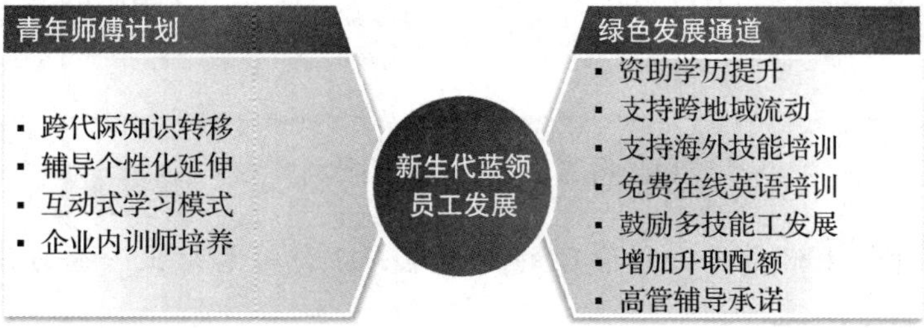

图 16　蓝领发展计划

实务操作指南

用人大思路

- 人才聚合优先
- 努力适才适用
- 态度决定去留
- 绩效决定奖罚
- 能力决定上下

3. 育人的新思考和操作思路

从领导者认知层面看，人才不是自然成熟的，人才是环境的产物，是教育和培训的结果。要创造条件，请名师、高师、严师“点化”人才。

从领导者操作层面看，主要方法有：高屋建瓴，引爆灵感；实践历练，轮岗培训；寓教于乐，多种形式；教练技术，订制课程。

（1）高屋建瓴，引爆灵感。

可以邀请外脑头脑风暴，可以组织企业的高级顾问团，可以更好发挥独董的作用，可以在日常工作中为自己找导师、找师傅。

一个人能走多远，非常重要是跟谁在一起走。当年我在上海实业集团工作的时候（1995—2008 年），上海实业的八个高级顾问（李嘉诚、邵逸夫、郭鹤年、唐翔千、荣智健、罗康瑞、陈启宗和郑海泉）和四个独立董事（利国伟、梁振英、李业广、罗嘉瑞），他们的言行，对我们高管团队影响很大，帮助很大。

（2）实践历练，轮岗培训。

猛将必起于卒伍，大仗、恶仗、苦仗最能锻炼人才。

领导者要将人才放在“熔炉”中锤炼，人才是修炼出来的。也可采用轮岗的方法，使人才广泛接受多方面历练，开阔思路，增长才干。

（3）寓教于乐，多种形式。

最好的教育是“润物细无声”，领导者可以通过艺术和美的形式提供“正能量”。

上实集团在海外建设“波罗的海明珠”项目的时候，也非常关注对海外工作员工的培育，实践是最有说服力的，比较是最有震撼力的。比如组织员工参观在莫斯科郊外的中共“六大会址”，当员工实地看过这些历史的痕迹，真心会涌起一种身为中国人的骄傲和自豪，也自然增加了献身于国家经济建设的精神和责任感；又比如带领员工参观康德故居博物馆，共同分析康德哲学，分享三个批判：对这个世界你能够认知什么？对你能够认知的世界你能做些什么？对可以做的事情你怎么做？和员工一起思考和探索，从世界观层面为员工提供正能量。

（4）教练技术，订制课程。

“世界顶尖人物，都有一个好的教练”。教练技术是有效提升领导的工具。组织变革的核心其实是人的思维模式的变革，而教练式领导力对组织发展至关重要，战略型教练模型如图 17 所示。

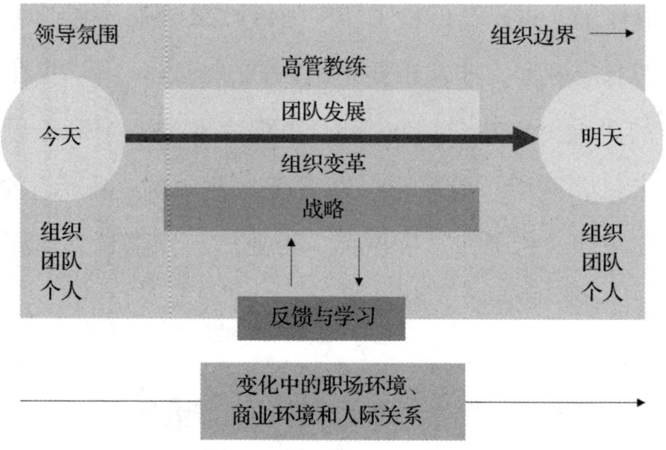

图 17　战略型教练模型

企业内的培训课程设计，则必须度身量制。我曾多次带学员在美东游学时参访运通银行，他们的订制课程很有特色。

相关链接

运通银行的订制课程

- **领导力发展关键方案——年轻领导层**

年轻领导层课程如图18所示。

	Purpose·目的	Content·方案
First Things First 启航阶段	• Support first-time leaders in their transition from individual contributor to people leader • 帮助新任领导完成从贡献者到领导者的角色转变	• Leadership at American Express, performance management,giving feedback,Emotional Intelligence. • 美国运通领导力领悟，工作表现管理，意见反馈机制，情商管理
Raise Your Game 发展阶段	• Provide learning solutions to help experienced leaders take their leadership skills to the next level. • 为有经验的领导者提供学习方案，以助其提高领导水平	• Applying business acumen,leading team performance,inspiring others and growing talent. • 发挥商业睿智，领导团队表现，启发他人增智慧

图18　年轻领导层课程

- **领导力发展关键方案——中高级领导层**

中高级领导层课程如图19所示。

	Purpose·目的	Content·方案
Accelerate Your Growth 加速阶段	• Develop high potential managers to strengthen the current and future pipeline of leaders. • 培养深具潜力的管理者，为当下以及未来的领导层储备力量	• Career management,sponsorship, executive presence,growth mindset. • 职业管理，职业支持，高管风度，成长型思维模式
Accelerated Leadership Development 成熟阶段	• Enhance the skills needed to help senior executives drive business transformation. • 让高级主管加强所需技能，以驱动商业转型的实现	• Growth mindset,collaboration and transformational leader ship • 成长型思维模式，合作共赢，变革型领导

图19　中高级领导层课程

实务操作指南

愿景育人，协作共进

第一，坚持核心价值观的内在精髓，这是育人的基本出发点。

第二，不断赋予组织发展新愿景，用愿景牵引个人动机，将组织目标和个人发展规划相结合，激发组织和个人持续创造的更大责任感。

第三，强调共同奋斗的精神，促进基于共同目标的协作共进。

4. 留人的新思考与操作思路

从操作层面讲，留人的主要思路和做法有以下几点。

关于靠什么留人：情感留人、薪酬留人、事业留人。

关于如何留人：以文化为纽带、以制度为核心、以利益为基础。

在新形势下，在如何留人上，在文化、制度、利益的设计和操作上，都有不少创新。在利益上，从职业经理人制向事业合伙人制转化是最重要的创新。

实务操作指南

理想吸引、机制留人。

靠理想吸引人；

靠发展凝聚人；

靠情感关爱人；

靠机制留住人。

（三）灵活适应的激励机制

领导力的“匹配”在激励机制上的表现，是领导者在激励机制的运用上，不同层面激励的侧重点不同。

对基层激励的重点：饥饿感。

对中层激励的重点：危机感。

对高层激励的重点：使命感。

在激励机制的运用上，必须坚持“多劳多得”，优化与完善全产业链价值创造与分享机制，让更多、更优秀的内外部人才参与到公司价值创造中来，让各类人才更愿意、更好地创造更大价值。

灵活适应激励机制的体现，主要在以下四个方面。

第一，分享机制：从职业经理人到事业合伙人。

第二，倾斜重点：向成功的贡献者倾斜。

第三，实施途径：全面报酬的优化组合。

第四，精神激励：共造组织的文化氛围。

1. 分享机制：从职业经理人到事业合伙人

这是一个大趋势，在认知和操作上我们强调以下几方面。

（1）认知上的七个转变。

把主要领导者少数几个人的奋斗，变成一个团队的共同奋斗。

把个体独立作战，变成抱团作战。

把各种稀缺资源的单打独斗，变成“1+1+1=111”。

把员工变成老板。

把职业经理人变成创业者。

把利益共同体变成事业共同体和命运共同体。

把搭车人变成奋斗者。

我们将传统职业经理人模式与事业合伙人机制进行了对比，从中可见现在强调事业合伙人制的必要，如图 20 所示。

所有权的角度	“我的”	→	“我们的”
组织文化的角度	老板文化	→	组织文化
价值评价体的角度	老板个人主观评价	→	构建客观评价体系
对组织规则敬畏感的角度	个人敬畏	→	组织规则敬畏
企业决策与智慧源泉	个人能力与智慧	→	群体能力与智慧
企业家的关注重点	盯着人	→	关注人背后的机制制度建设
责任体系角度	对老板负责	→	对组织负责
人生价值目标追求	做生意	→	做事业

图 20　传统职业经理人模式和事业合伙人制的区别

事业合伙人机制在操作上，有十个方面需引起注意：①战略导向清晰。②业务成熟度要高。③分利不分权。④交易结构设计合理。⑤制度加文化，共识最重要。⑥围绕战略要素进行激励，避免大锅饭。⑦有资本化平台的支撑。⑧增量分配原则。⑨注意《中华人民共和国公司法》《中华人民共和国证券法》《中华人民共和国合伙企业法》的相关规定。⑩避免出现贡献环节和收益环节的脱节。

（2）操作上的若干建议。

从目前总结的新鲜经验看，我们感到最重要的是做好三件事：合伙人模式选择；推动价值观建设；塑造新商业文明。

第一，合伙人模式选择。目前主要有五大模式。

小米模式：创始人模式，特指企业的创始人股东，这种合伙制的目的就是要打造一支卓越的创业团队，就是吸纳和凝聚更多的优秀人才抱团打天下。

复星 / 阿里模式：企业精英模式。主要是由对企业未来发展有至关重要影响的核心人员构成。阿里合伙制很重要的一点就是同股不同权，使创始企业家与人力资本具备比货币资本更大的企业终极控制权与经营话语权。复星也是这一模式。

万科模式：万科采用的是分层合伙人制度，公司层面上为一级合伙人，各个单一的事业群有事业群合伙人，到每一个项目上有项目合伙人。分层合伙的好处是能让更多的员工参与到整个合伙机制里面。这种分层合伙实际上有利于形成全员合伙机制。

华为模式：华为的合伙机制本质上是一种利润分享合伙机制。即虚拟股权计划。员工拿到的股权只是利润分红权，在华为干就参与分红，否则股权就公司回购，回购之后放在一个池子里，又卖给持续贡献者及新加入的奋斗者。

温氏模式[①]：管理合伙机制。通过建立管理平台，把 56000 个家庭农场联结在一起，农场主自己掏钱投资，产权归农场主，共同在一个事业与管理平台上经营生产数据上移、平台管理、责任下沉、权力下放、独立核算、分布生产（自主经营）、共识共担、齐创共享。

第二，推动价值观建设。

在价值观建设方面，主要是在“四共”——共识、共担、共创、共享上面下功夫。

共识：要推进合伙制的企业，一定是一个使命与价值驱动型的组织。合伙人一定要有战略共识，有共同的使命和价值观。

合伙制的前提，就是大家要有共同的使命和价值观。

共担：共担就是共担风险，共担治理责任。

真正的合伙制，合伙人既要出钱又要出力还要出资源。合伙制一定要建立自我施压与担责的体系。

共创：企业内部，每个合伙人各有能力，把每个人的优势真正发挥出来，企业要实现价值驱动要素联动。

以客户价值为核心，真正形成“价值创造—价值评价—价值分配”

---

① 指的是广东温氏食品集团。温氏集团是一家拥有模式创新基因的集团化公司，从“公司 + 农户”的模式、“公司 + 家庭农场”及种猪配套服务体系的建设到温氏的“三大创新”——体制创新（公司 + 农户）、技术创新和文化创新。

的有机循环。

共享：所谓共享不是简单的利益共享，其实是剩余价值共享、信息与知识共享、资源与智慧共享，真正形成良性的生态环境共享体系。

第三，塑造新商业文明。

战略文明：

战略观走向生态战略观。

归核，内在核心力——有所为有所不为。

业务链循环共生。

模式平台化共生。

能力平行化共生。

产业链交融共生。

组织文明：

层次结构 -> 平台网络。

刚性规范 -> 柔性协同。

有序规划 -> 混序创新。

规模优势 -> 敏捷优势。

组织统筹 -> 个体解放。

治理文明：

资本与人力资本对等公决治理。

代理契约 -> 合伙契约，泛契约。

人力资本承担信托责任，共享剩余控制权。

资本一人本共同劣后分享

业务文明：

以客户为中心，虔诚为客户尽力。

开放合作、真诚与伙伴共赢。

博弈关系 -> 交互关系。

交易契约 -> 联盟契约。

雇佣文明：

雇佣关系 -> 合作关系。

管理控制 -> 授权赋能。

工作契约 -> 承诺契约。

薪酬分配 -> 权益分享。

绩效优先 -> 工作—生活平衡 / 身心平衡。

企业实践借鉴

南通三建通过事业合伙人机制助推企业快速发展①

2017 年，南通三建在中国企业 500 强排名第 194 位、2017 中国民营企业 500 强排名第 40 位、2017 年度 ENR 全球最大 250 家全球承包商排名第 35 位。

“十三五”期间，南通三建以此为契机，提出了“坚持四跨策略，实施四个升级，打造千亿集团，构筑百年基业”的具体改革举措，加快实现由承包商向服务商的跨越，发展成为中国领先的新型城镇化产业运营商。围绕公司战略和业务开展，南通三建也开展了激励机制的创新和转变。

- **将内部职业经理人机制升级为事业合伙人制**

南通三建充分发挥北京、上海运营管理中心承载平台的效应，建立企业智库。坚持“不求所有，但求所用”的原则引进外脑，聚集高端人才，通过开放股权，形成职业经理人向事业合伙人的转变，形成紧密型事业共同体。

① 相关材料由 2016 级 EMBA 学员，南通三建薛晓荣提供。

自创建以来，经由不断完善与优化，南通三建以模拟股权、期权股权等多种形式，打造了覆盖控股集团、各板块、各分（子）公司（项目公司）的数百人的事业合伙人团队。特别是在成功上市之后，南通三建“一切围绕合伙人、一切为了合伙人、一切发展合伙人”的优势进一步加大，“用心营造美好未来”的核心价值观，使事业合伙人能够始终围绕核心战略，全力打造“大三建事业”。

- **明确事业合伙人机制实施的目标**

打造利益共同体、荣誉共同体、事业共同体、命运共同体，激励全员共享共治、共股共赢、共担共责、共同发展。事业合伙人机制分为多个层面，覆盖全集团。

- **首次尝试事业合伙人机制**

南通三建对海外市场进行了重新布局，以合伙人的形式组建了中国南通三建，致力于打造成为第二个南通三建大平台，使其成为基础建设专家、一带一路先锋、“互联网+”标杆和产融结合典范。

总部和地区公司的中层及以上的管理人员，下属的226个分公司、工程处的负责人，按设定比例实际出资，通过分组组建了多个投资合伙企业，最后由投资合伙企业组建中国南通三建，企业所得利润按比例分配给合伙企业再分配到个人。

采取合伙人机制后，为公司的中层管理者和各分公司、工程处的负责人能够带去真正的收益和实惠，从而对于公司人才队伍的稳定性、团队凝聚力的提升提供了有效保障。

- **全面推进事业合伙人机制**

接下来，三建股份成功实现新三板挂牌，进入资本市场，在此之前公司进行了股改，对公司高层管理者和优秀分公司负责人进行了股权激励，真正做到了让利给管理层。

公司的市值估值比较高，是成本价的10倍，然而公司分派给各人的股权认筹单价是成本价远远低于市值，同时兼顾相对公平性，对于对公司贡献大的管理人员配股份额要比其他人多，对于受激励对象范围放大，这样让更多的管理者成为公司的股东，真正做到“人在心在，把事业当作生命对待”。

2. 倾斜重点：向成功的贡献者倾斜

这是目前相当多企业的共同做法。激励机制向奋斗者倾斜，向成功的奋斗者倾斜。我们可以将员工分为三类，第一类是普通劳动者，第二类是一般奋斗者，第三类是有成效的奋斗者。要将公司的剩余价值与有成效的奋斗者分享，因为他们才是事业的中坚力量。——从“以人为本”到“以奋斗者为本”，企业的组织力量由此脱颖而出！

3. 实施途径：全面报酬的优化组合

关于薪资与全面报酬的区别，如图21所示。

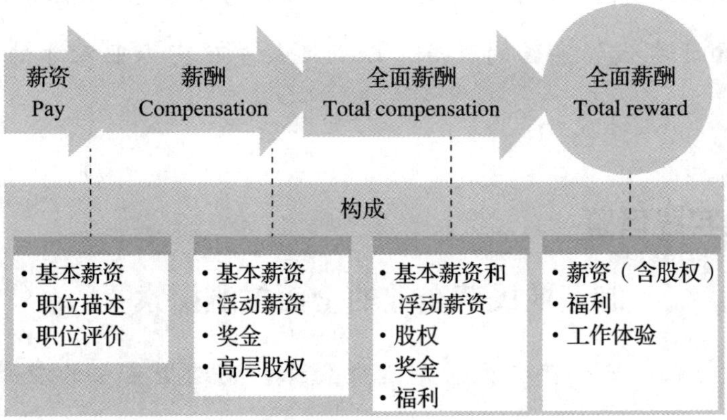

图21 全面报酬

领导者不能只依赖公司的正式奖励体系，这种体系提供的可选择范围是极为有限的。毕竟升职和加薪的机会都是有限的。所以不要犯那种“认为人人都只会对金钱动心”的错误。虽然薪水和奖金的增加具有一定价值。但是人们更需要获得物质和金钱之外的赞赏和奖励。自发的和意料之外的奖励，常常会比计划好的正式奖励更有意义。

相关链接

美国顶尖科技公司的“全面报酬”

看看西方顶尖公司在全面报酬方面的惊人举措吧！“女汉子”在职场打拼时暂时不想要孩子，又担心日后生不出怎么办？心高气傲的“白骨精”一心扑事业，错过如意郎君，升级为“齐天大剩”该如何是好？近日，美国科技企业巨头苹果公司和“脸谱网”公司（Facebook）为让女员工排除上述顾虑，安心工作，贴心地推出一项新的“福利”：为女员工报销冷冻及储藏卵子的费用，人均最高可达2万美元。据悉，“脸谱网”公司已经开始实施这项新制度，而苹果公司也已于2016年1月开始实施。再如，谷歌和苹果公司的食堂，24小时全天候开放，目的就是提供给员工好的用餐条件和环境，甚至谷歌里面还有代管宠物的服务，以满足某些顶尖专业人才的“专业”癖好。

企业实践借鉴

制造业民营企业的全面报酬探索①

KT企业是一个典型民营制造型企业，制造型企业的激励体系一直是困扰企业家的一个难题。KT公司在这个领域展开了有效的实践和探索，提出了激励战略框架，如图22所示。

① 根据EMBA学员许乃强提供的素材整理。

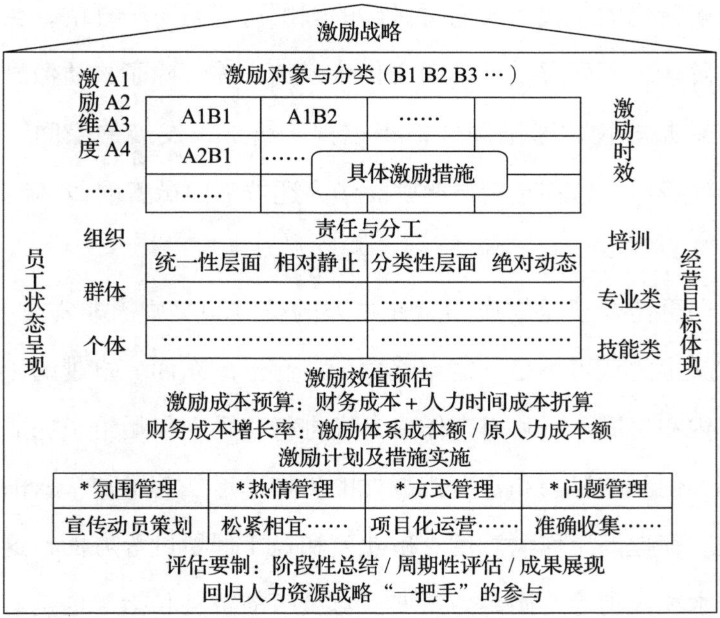

图 22　KT 公司激励战略

公司提出，高级管理人才，以目标成就激励战略为主，以股权激励为辅。中层骨干人才，以成长发展激励战略为主，以物质利益激励为辅。基层员工，以一定程度的经济利益激励为主，以规划打造激励为辅。

在整个激励体系中，核心人才激励。包括目标激励、发展激励、奖惩激励、薪酬激励、文化激励等。

目标激励以目标管理引领员工工资方向和促进绩效改进。

发展激励以员工职业发展通道的构建引领员工发展。

薪酬激励与以薪酬体系的内容和程序设计提供工作动力。

文化激励以家庭式文化建设改善工作氛围。

奖惩激励以奖惩内容的区别化鼓励员工创新和塑造职业准则。

4. 精神激励：营造组织的文化氛围

精神激励是领导力的重要内容。做好非物质的激励很重要。现在是一个多元化的年代，人们对激励的理解可能是不一样的，企业面对不同年龄段、不同层次、不同文化背景的人才，除了物质激励，精神激励也就是非物质激励同样值得重视。给员工发展的空间，给他授权，给他目标，这都是精神激励。华为还按部门员工的 20% 选拔“明日之星”。

人们更需要获得物质和金钱之外的赞赏和奖励。非常重要的是，真正意义上的认可不是一定要奖励一些有形的东西。卓越的领导者大量运用内在奖励——利用工作本身来进行奖励，包括给予完成任务的快乐感、创新的机会和富有挑战性的工作，这些奖励和个人的努力密切相关。在提高工作满意度、敬业度和员工保留度等方面，这些奖励远比薪水和福利等奖励更为重要。对员工的赞赏和指导也是对其认可的重要组成部分。通常来讲，领导者个人的认可是最有力的奖励。

相关链接

海底捞的精神激励

海底捞员工之所以做得好，是因为用心在做；之所以不累，是因为对工作有激情。而之所以用心，之所以有激情，则是因为自己受到了感动。被同事的感动，被火热的工作环境感动——而最重要的是被企业所感动，被领导所感动。这是海底捞独有的一种精神激励。

正是因为被感动，所以每一个人都积极主动地工作。

“感动员工”应该是对所有管理人员的基本要求。一名管理人员一天感动 10 名顾客，还不如一天感动 5 名员工，因为受到感动的五名员工绝对不止感动 10 名顾客。

关爱是感动之源，只有付出我们的关爱，员工才能被感动。

实务操作指南

认可他人的贡献

卓越的领导者对他们自己和他们的追随者都有比较积极的期望。他们希望人们能做到最好，并且实现自我愿望，让平凡的人有不平凡的行为和结果。卓越的领导者对设定的目标和标准非常有雄心，激励人们将精力集中在他们需要做的事情上。他们提供明确的反馈并进行强化。通过表达机制期待和提供激励的反馈信息，可以刺激、重新点燃和聚集人们的能量。

为了激励人心，你必须对个人的出色表现给予充分的赞赏。这意味着你要：

确保人们知道你对他们的期望。

保持你对团队及每个成员能够完成任务的高度期望。

经常和清晰地与团队沟通你对他们的积极预期。

让人们知道你信任他们，不仅通过语言，而且付诸行动来表达信任。

创造一种氛围，让大家（包括你在内）都可以自由接收和发出反馈。

将认可和奖励与业绩和产出紧密联系，确保只有那些完成或超过标准的人才能获得奖励。

延伸思考

回想你帮助他人达成最佳表现的经验，你用的什么激励方式，你的领导风格又是怎样的？还有哪些元素让你得以引导出他人的最佳表现呢？当你思索这件事时，你对你的人生哲学、价值观，以及未来如何、更有效激励他人等方面，有没有更深入的了解？

领导者元动力的突破

7

第七章

本章要点

领导力“五力”修炼的背后，有一个元动力，就是在当代企业家精神的感召下，自强不息、厚德载物、内圣外王。

今天我们强调的自强不息，就是要学会学习，并提升学习力。学习力的提升，包括三个方面：一是将第五级领导力作为学习突破的目标；二是将提升领导行为逻辑作为学习突破的抓手；三是将提升心智技能作为学习突破的重要途径。

今天我们强调的厚德载物，是指从弘扬当代企业家精神入手，从提升情商起步，坚持走内圣外王之路。

本章从操作性角度，探索了基于价值观的领导力的四个核心要素；探索了数字化时代的企业和工业化时代的企业，在企业宗旨等十个方面的不同；并从领导核心能力的认知等八个方面，对新领导力做了全面的总结。

不确定性和颠覆性创新背景下，领导力的修炼，表现在前瞻力、共识力、平台力、创新力、保障力的提升和发展。这“五力”的背后，有一个元动力，就是在当代企业家精神感召下的自强不息、厚德载物、内圣外王。

开篇案例

平安三十而立，解码马明哲的成功之道

30年光阴，从零开始，平安发展到年收入近9000亿元，员工180万人，客户2亿人，每天交税3亿元，公司市值名列世界金融业前7，中国金融业前3，跻身《财富》世界500强第39位，《福布斯》全球2000强第16位，市值及品牌居全球保险集团第1位。

平安拥有中国金融机构中规模领先的大数据平台，大数据科学家

超过500人，科技研发人员超过2万名，多项成果取得全球领先地位，人脸识别技术、声纹识别技术、预测AI技术、决策AI技术及平安区块链技术等在上百个场景中应用。

董事长马明哲表示，“智能科技的时代正在来临，赢科技者赢未来。我们期待不远的将来，逐步将平安从资本驱动型的公司转变为科技驱动型的公司。”

从单一财产保险公司发展成为综合性金融服务集团，始终保持在行业和市场的创新领先位置，保持了强大的生命力、竞争力。根源之一就在于马明哲强大的与时俱进的领导力。

在业内关于马明哲领导力的说法中，印象最深的是三个。

第一个是业内常讲的一个故事，说马明哲这个人爱学习，他到保监会开会，听领导讲话，别人觉得司空见惯，不怎么记录，他坐第一排，用iPad一张张拍照片，弄得比他年轻的人不记都不好意思。

第二个是业内流传很久的，“马明哲求才若渴，谁在行业里冒尖了就会被他盯上，他可以让猎头公司的高管在你办公室楼下的咖啡店上班，一两个星期天天找你说喝杯咖啡，从来不怕被拒绝。”

第三个是关于创新的，马明哲时刻洞察全世界的商业创新，在亚马逊刚刚起步不久就在研究为什么线下连锁书店的业务规模远大于亚马逊、但市值远低于亚马逊。很多金融机构的一把手总是说，要创新跟着平安走就好了。北京一家保险集团董事长曾说，“以前做保险是左眼看平安，右眼看友邦，现在是左眼看平安，右眼也看平安”。

正是秉承着强烈的事业心、学习心、聚才心和创新精神，马明哲领导平安走上了一条“没有最远，只有更远”的路。

马明哲与时俱进的领导力，又源于马明哲领导力修炼中强大的元动力：自强不息、厚德载物、内圣外王。

一、自强者才有未来

易经有云："天行健，君子以自强不息。地势坤，君子以厚德载物。"

唯自强者才有未来。今天我们强调的自强，最重要的是提升领导者的学习力，这包括三个方面：一是将第五级领导力作为学习突破的目标，二是将提升行为逻辑作为学习突破的抓手，三是将提升心智技能作为学习突破的重要途径。

领导者要学会学习。领导者都知道学习的重要性，但是否会学习，这是现在存在的一个大问题。联合国教科文组织对21世纪的人才定义有四条标准，其中一条就是要学会学习。学习是领导者必要的能量和高涨热情的来源，通过学习，能维持一种不断产生出新认识、新想法、新挑战的态势。在今天这种快速变革、高度复杂的环境中，学习是必不可少的。不会学习的人就不能长久地当领导者。今天我们强调的学会学习，体现在了解本人领导力发挥的现状，明确领导力修炼的目标，并从提升领导行为逻辑和心智技能的角度加以突破。

在平安集团，我们看到，是马明哲强大的学习力带来了平安强大的执行力。

在一次金融监管会上，台上，领导一边讲，台下，马明哲非常认真地拍照，把每页PPT内容拍下来后，又加上联系平安实际如何落实中的具体要求，发给各条线对口的管理者。

会议结束，马明哲对各条线的监管要求也完成部署。这效率让很多同去的"金融大佬"望马兴叹。

马明哲这样的学习力带来的是：只用几天时间，他就能收到各家子公司的具体落地方案，时间节点、检验标准、追踪工具，以及最新落实情况。

一周后，你随便抓个业务员问问，他甚至都能告诉你马总的要求。一个人做事快点，顶多叫执行，而整个团队、集团的同进退，那才是真正的执行力。

如何提升学习力，我们可以从自我反省起步。老子说过，知人者智，自知者明；胜人者有力，自胜者强。老子生活在两千年前，但是他的睿智对今天的我们仍有极大的借鉴意义。自知者明。我们就从自我反省起步，一步一个脚印，深入发掘自身领导力的优势，为自身领导力的发展打下坚实的基础：自知基础上的自胜。

实务操作指南

从自我反省起步提升学习力

最好的领导者，也是最好的学习者。对领导者来说，自我反省是不可或缺的。当你开始走上成为卓越领导者之路时，你必须仔细思考以下一些困难的问题：

指导我做出决定的愿景和价值观是什么？

我对领导力的观念是什么？其他人怎么看我？

我需要做些什么才能提升自己，带领组织前进？

在今后的10年里，我准备将本组织带到一个什么样的水平？

利益相关者对我们未来的愿景是否清晰？

我对中国经济环境的不确定是如何认知的？

我们目前面临的挑战是什么？我们准备好如何应对了吗？

为了能处理组织面临的复杂问题，我做好了何种准备？

是什么给予我勇气，让我直面不确定性和逆境？

我将如何应对失望、错误和挫折？

追随者们对我的信任程度及他们之间的信任度有多少？

我如何让自己长期保持强大的动力和勇气？

我在和大家分享业绩和表示感谢方面做得怎么样？

我能做什么来保持我和其他人的希望？

在这一特殊时刻我是合适的领导人选吗？为什么？

所有卓越的领导者都曾绞尽脑汁地回答这些问题。这样的自我询问对于提升学习力是非常必要的。只有当你可以通过自我发掘来领导自己的时候，你才有可能领导别人。

提升学习力，首先要明确提升的目标，那就是向第五级领导力迈进。

（一）向第五级领导力迈进

向第五级领导力迈进，是学习力突破的目标。从本人实际出发，逐步提升至第五级领导力，这也是我们领导力修炼的目标。第五级领导力，由吉姆·柯斯林首先提出，从1996年开始，他考察了1435家跻身于《财富》全球五百强榜单的企业。发现其中只有11家取得并保持着卓越绩效。这11家公司在发生重大转折过后的15年里面，股东的累计收益率至少是股市平均水平的3倍。这11家公司有什么共同点呢？那就是他们全是由“第五级领导者”来掌舵的。第五级领导者身上呈现出个人谦逊品性和超强职业意志力矛盾统一。

1. 五级领导力的区别

五级领导力的区别如表1所示。

表 1　五级领导力

领导力层级	说明
第五级	第五级领导者的不同之处在于，他们集个人的谦虚和职业的执着于一身，打造持久的伟大。科林斯给出了一个简单的公式：谦卑 + 执着 = 第五级。在第四级领导者之上，再加上谦卑和执着这两大要素，就是第五级领导者
第四级	第四级是有效力的领导者，激发人们投入地追求一个清晰和大胆的愿景，激发更高的业绩标准
第三级	第三级是有能力的经理人，把人力和资源组织起来，既有效力，又有效率的实现既定目标
第二级	第二级是做出贡献的团队成员，通过个人能力为取得团队目标做出贡献，在团队环境中和他人一起有效的共事
第一级	第一级是能力强的个人，通过才华、知识、技能和良好的习惯做出积极的贡献

那么，具体来讲第五级领导力有什么特征呢？我们如何在实践中学习呢？下面我们从四个角度做具体介绍，每个角度又从双重性格的两个侧面来做深入分析。

2. 第五级领导力的特征

首先，一方面，第五级领导者都创造了杰出的成就，带领组织实现了“从平庸到卓越”的转变；另一方面，第五级领导者表现出极端的谦卑，从不夸耀自己的成就，躲避公开的赞美。

其次，一方面，第五级领导者展现出毫不动摇的决心，为了长期业绩而做必须要做的事情，不管他们有多么困难；另一方面，第五级领导者的决心是沉静的，毫不张扬的，主要依靠标准而非魅力进行激励。

再次，一方面，第五级领导者设定持久伟大的企业高标准；另一方面，第五级领导者把雄心壮志注入公司，而非个人，并为实现持久的、更大的成功而选定继任者。

最后，一方面，第五级领导者在遇到困难和失败时照镜子，承担责任，从自己身上找原因；另一方面，第五级领导者在谈论自己公司成功时看窗外，把成就归功于他人、外部因素或者好运气。

3. 迈向第五级领导力的途径

第五级领导者高居领导力层级之巅，与其他四个普通的层级相比，他们的能力最强，并且具备一到四级领导者的能力。例如，第四级领导者善于激励组织成员全心投入，积极追求某个清晰而令人信服的愿景。你能否凭借个人努力，从第四级升格到第五级呢？当然有可能，前提是你身上潜藏着第五级领导力的“基因”。这一“基因”就是谦虚与执着。

而不具备这一基因的领导者，往往拥有一个过于膨胀的自我，他们无法超越这个自我，投入比自身更为旷达，更加持久的追求（公司的事业）中去。但是对于拥有这种基因的领导者而言，只要遇到适当的条件——比如内省的机会，生活中的巨变（比如生一场大病）——就有可能刺激内心的种子生根发芽。

实务操作指南

向着第五级领导力成长

培养第五级领导力的种子，需要牢记谦虚加执着的追求，同时践行从优秀迈向卓越的第五级领导者行为准则。从中国企业的经营环境，东方文化的特点出发，以下 5 条准则是修炼指南。

- **先人后事**

中国企业的传统做法，是先建庙后请菩萨，或者说先有战略再按实现战略所需选拔相应人才。现在我们则要求你的关注点首先要放在人身上，其次才是战略。这就好比在开车时，你应当先把合适的人请上车，把不合适的人请下去——再去思考这辆车往哪儿开的问题。

- **现实的理想主义者**

坚持改革创新，又坚持灰度思考，做适应性的变革。比如在新技术的采用方面，一方面十分谨慎，刻意避免追逐时髦的新技术潮流；另一方面又会率先应用某些经过精心选择的技术，大胆而富有远见地投资那些可能对企业未来发展有重大突破的关联技术。

● **永远保持必胜的信念**

永远的乐观主义者，无论碰到多大的困难都决不动摇。能够直面当前的残酷现实，又抱定终将取胜的绝对信念。

● **积蓄动能，谋求突破**

领导是一个过程，从优秀到卓越也是一个过程。因此，不懈地推动组织的“惯性轮”。在持续努力之下，组织内的动能不断累积，终将达到突破的临界点，在那一刻，成功之门将为你敞开。

● **精通最重要的事**

惟精惟一，允执厥中。我们想做的事情很多，但真能做好、做成的有限。我们资源也有限，因此，在认清企业状况时，不妨在心里面画三个彼此相交的圆：这家企业最擅长什么？企业的运转如何达到最佳？什么能够引燃员工的热情？另外，要将除此之外的一切从你的考虑范围内全部清出去。

（二）有效提升领导的卓越行为逻辑

第五级领导力强调了领导者的品格特征，但品格特征是通过行为来体现，通过行为来提升。优秀领导者知道应该遵循怎样的领导行为逻辑，即如何更好地诠释自己和他人的行为，如何更好地保持权力地位免受威胁，如何更好地引领团队和组织健康发展。

有些领导者依靠的行为逻辑会阻碍组织的发展。以机会主义者为例，他们为取得成功不择手段，常常不惜利用他人来满足一己私利，此种类型的领导者通常不会有人长期追随。某些类型的领导者被证明是强有力的变革推动者，特别是战略家，他们认为组织中的任何一个环节都有待探讨和变革，这种行为逻辑使他们敢于向阻碍组织发展的观念提出挑战，克服变革的阻力，他们会提出一个引人入胜、被组织成员共享的组织愿景，并采取切实有效的措施将其实现。

战略家虽然不常见，但你可以自己学习他们关键的个人优势。你要先判断自己目前的行为逻辑类型，并想方设法做出改进。而你获得的回报是可以帮助企业完成必要的变革，以获得出色业绩。

关于领导的行为逻辑，有不同的研究理论，最为经典的是戴维·鲁克（David Rooke）和威廉·托伯特（William R. Torbert）的研究，如表 2 所示。

表 2　七种行为逻辑类型

类型	特征	优势	弱势
机会主义者	不择手段，以自我为中心、控制欲强，信奉“强权即公理”	善于处理紧急事务和提高销售业绩	长期追随者很少
外交家	规避冲突。需要归属感，遵守组织原则，努力维持现状	支撑团队，起到黏合剂的作用	不能给予他人逆耳忠言，不能为了提高业绩而做出艰难选择
专家	依靠逻辑和专业知识进行管理使用硬性数据达成共识或取得认同	个人贡献突出	情商不高，对专业性不够高的人缺乏尊重
实干家	完成战略性目标。推动团队协作，有效履行管理职责，对市场需求及时做出反应，完成预定目标	非常适合管理工作	抑制创新思维
个人主义者	采用非传统工作方式。忽视自己认为无关紧要的规则	在风险投资和咨询岗位上富有成效	忽视关键组织程序或相关人员，因而会激怒同事和老板
战略家	促成组织变革或个人进步。善于合作，将公司愿景与高效使用的建议相结合，挑战现有的观点	可以在短时间和长时间内促成改革	无
炼金术士	实现社会变革（如纳尔逊·曼德拉）。以具有历史开拓性的方式变革组织	领导社会变革	无

我们看到了领导行为逻辑对领导力的重要影响，更看到了领导者可以从一种行为逻辑类型转换为另一种。领导行为逻辑类型的转变有几方面的因素，一是个人变化，诸如环境看法的改变等，会引发领导者类型的转变；二是外部事件，也可能引发或支持这种转变发生；三是领导者在工作中的做法和环境的改变会促使转变发生。因此，在领导力发展过程中有计划和结构性的干预会促使领导行为逻辑的转变。

实务操作指南

提升你的领导行为逻辑

为了改变你的行为逻辑类型，你需要尝试新的人际行为做法，建立新型人际关系，抓住工作中的机遇。我们以从专家到实干家、从实干家到个人主义者、从实干家到战略家的转变为例，如表3所示。

表3　提升领导行为逻辑的步骤

类型转变	步骤
从专家到实干家	关注最后结果而非完善专业知识： 认识到自己的观点会与他人不同，练习新的对话策略 参加主题为“有效授权”和“领导高效团队”等的相关培训
从实干家到个人主义者	不把现有目标视为理所当然要完成的事： 激励领导者主动认识到：领导力是发展变化的 反思目标本身的价值，利用年度领导力发展计划，精心设定最有影响力的目标
从实干家到战略家及以上层次	积极推进个人发展： 与职业社交圈内（董事会成员、其他高管及行业领导者）的人士建立相互的指导关系，寻找高人指点，贵人相助，请他们质疑你的想法和做法，对你所在的公司和行业提出挑战

（三）努力培养领导的卓越心智模式

在一个极其易变、不确定和模糊的环境下，领导者必须具备某些深层次的心智技能，以便在这样的环境下，不仅能够生存下来，还能够获得成功。心智技能包括目标设定、适应性思维、压力和能量管理、注意力控制及想象力。最终，它们超越了单纯的技能演变为领导者内在的深层次能力，成为其个人本质的一部分。换句话说，掌握了这些根本技能他们就会成为领导者永久的能力。

没有什么领域比领导力领域更需要心智技能的了。领导者必须以最佳表现者的状态进行思考和行动，以成为卓越的领导者。维持这样的高水平表现，要求深思熟虑地、系统地训练最佳表现的心智技能。心智技能最直接地影响我们的思维、语言和行动。这需要人们承认成长和发展是一个持续的过程，需要有学习和改变的意愿。如果总是做已经做过的事，得到的也将总是已经得到过的结果。

如何培养心智技能，我们可以借鉴现在西点军校正使用的，培养优秀学生的巅峰绩效模型，如图 1 所示。

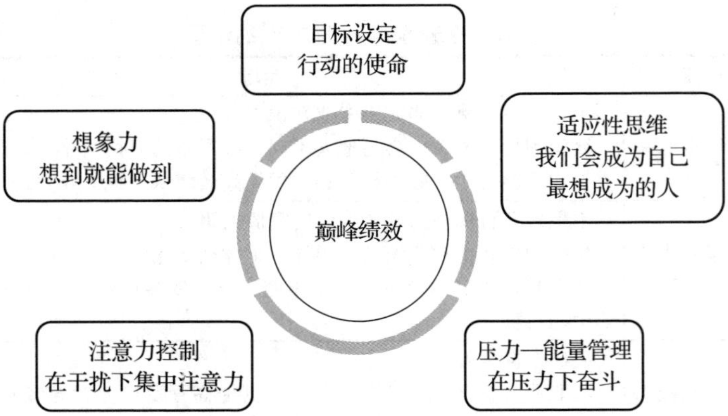

图 1 巅峰绩效模型

实务操作指南

巅峰绩效模型的应用

巅峰绩效模型如表 4 所示。

表 4 巅峰绩效模型

模型要点	修炼思路
目标设定（行动的使命）	核心是关注最终的胜利。世界上最重要的事情不是我们身处哪里，而是我们要去向哪里。我们以一位企业领导者为例，如果他设定的目标结果是“成为激励人性的领导者”。为了实现这个总目标，他必须设定一些非常具体的表现目标。他可能会想出很多，但重要的是挑选最重要的、那些直接促进他实现结果的绩效目标。就像谚语说的，如果每件事都很重要，那么所有的事都不重要
适应性思维（我们会成为自己最想成为的人）	自信是成功的一项关键决定因素。在和企业领导人的交往中，我们发现自信是非常大的问题。自信来自内心。我们可以通过培训，从消极的思考模式转变为积极的思考模式，并控制产生这些模式的自我对话。这就要求我们对日常的想法非常注重，注意并用积极的自我肯定对话代替消极的想法。关键在于重复。重复、重复、再重复，大脑就能学会积极的思考
压力和能量管理（在压力下奋斗）	把压力和能量放在一起，是因为他们隐藏的生理机制都是兴奋。高水平的压力等于高水平的兴奋。当一切进展顺利时，任何人都能有良好的表现。但是，当情况不理想时，当事情与你作对时，当压力持续不断时，当事情没有按照计划进行时，会发生什么呢？解决方案，在于以一种更系统和完整的方法，提供必要的工具，使你在压力下不仅能够生存，而且能够繁荣。这必须结合我们对思想和情感的控制，并学习放松技术。比如正念领导力中的冥想技术，就是非常好的方法
注意力控制（在干扰中集中注意力）	在当今的注意力经济时代，新的最缺乏的资源，不是创意或者人才，而是注意力本身。现在社会对我们注意力的需要，无论在范围还是强度上，都是前所未有的。今天的环境包含丰富的刺激因素，都在争夺我们的注意力，传统的学习专注的方法变得不够了。在这种情况下，我们如果能够经常思考三个问题，对我们集中注意力是有帮助的，那就是：我现在处于什么位置？我应该处于什么位置？我打算什么时候、向哪里转移
想象力（想到决定做到）	想象力有助于建立更多的信心，激发更多的能量、注意力和成就感，从而促进绩效潜能最大化的发挥。高质量的想象力的特征，是生理和心智高度一致且警觉性和注意力处于最佳水平。想象力的效果，来自在事件真实发生前，在脑中“经历”成功的表现而获得的信心。对这种经历的通常描述是“我以前曾经经历过”

二、厚德者才能载物

领导力的本质是赢得他人的自愿追随，自强容易厚德难。没有强大的自我觉察能力和精神富足，没有足够的欣赏、感激、包容、奉献和承诺，卓越领导力也只能是“空中楼阁”。

最近几年，不少曾经有影响的企业家突然马失前蹄、跌落尘埃，其职位之高、数量之大着实惊人。究其原因，无非是他们从思想上、政治上蜕化变质，导致其在经济上贪得无厌、生活上腐化堕落，终落法网。正如《朱子治家格言》所说："德不配位，必有灾殃。"

孔子在《周易·系辞下》也说："德薄而位尊，智小而谋大，力小而任重，鲜不及矣。"意思是说："德行浅薄却地位高贵，智能低下却心高志大，力量微弱却身负重任，这样的人没有几个是不遭受祸害的。"

《周易》中坤卦也警示我们："积善之家，必有余庆；积不善之家，必有余殃"。想要富贵平安，福泽子孙，不是靠权力与贪婪，而是要积累善德，贡献社会，你的厚德才能承载万物。

（一）厚德从端正三观入手

厚德从端正三观入手。三观通常指"世界观、价值观、人生观"，它们辩证统一，相互作用，崇高的真善美是三观的追求目标。

康德在《实践理性批判》中，有一段话讲得非常精彩。"有两种东西，我对它们的思考越是深沉和持久，他们在我心灵中唤起的赞叹和敬畏就会越来越历久弥新，那就是我们头顶浩瀚灿烂的星空，以及我们心中崇高的道德法则。"

相关链接

亚马逊创始人兼 CEO 贝佐斯 2010 年在普林斯顿大学的演讲

伟大的人生只与选择有关，与天赋、贫富无关。善良比聪明更难；选择比天赋更重要；追随自己内心的热情。

我要做一个预测：在你们 80 岁时某个追忆往昔的时刻，只有你一个人静静对内心诉说着你的人生故事，其中最为充实、最有意义的那段讲述，会被你们做出的一系列决定所填满。最后，是选择塑造了我们的人生。为你自己塑造一个伟大的人生故事。

谢谢，祝你们好运！

端正三观，对企业领导者而言，就体现在当代企业家精神的弘扬。我们在本书一开始就提到，没有成功的领导，只有时代的领导。时代的领导对当代企业家来讲，就体现在要有大视野、大情怀、大格局和大担当。大视野就是强调要有国际视野，大视野能帮助我们预判未来国际国内政治经济走势，帮助我们分析判断未来技术发展方向和行业发展趋势。眼界决定境界，企业家的视野有多远，他的企业就能走多远。大情怀，就是把国家、社会和人民大众视为其利益共同体和服务对象，通过企业家的自我超越，实现对企业自身的超越，这样的企业，不仅能做大，更能走得远。大格局，就是中国企业家要主动成为构建人类命运共同体的积极践行者和推动者。大担当，就是在社会发展中，不仅担当经济责任，也担当社会责任和政治责任。

厚德与当代企业家精神的结合，在领导力上就体现为是一个真诚的领导者。

哈佛大学教授比尔乔治在21世纪初采访了几百名企业高管后，得出了一个非常重要的结论：要想成为一名领导者，不必天生具备某些特征或特质，不必苦等别人把机会送到你身上，也不必等到成为组织的最高领导者。事实上，你现在就可以发掘自己的潜力。他从七个方面提出成为真诚领导者的方法。首先也是最主要的一点，这些领导者通过诠释自身的经历而进行更多的自我认知，从而不做生活的旁观者，积极地体验人生。在获得自我认知后，真诚领导者积极履行他们的价值观和原则，有时还需要冒很大风险。他们注意平衡自己的各种动机，从而使自己的行为不仅可以得到外部的回报和认可，也符合内心的价值观要求。他们还会在身边组建一支强大的支持团队，确保自己能够真诚如一，脚踏实地。

实务操作指南

如何成为真诚领导者

你想成为一个真诚的领导者，请先想一想自己发展领导力的基础是什么，你该选择怎样的道路才能成为真诚领导者，然后回答下列问题。

第一，从人生经历中学习。在你的早年生活中，什么人、什么事对你的影响最大？

第二，了解真实的自我。你通常使用哪些工具来进行自我认知？你真实的自我究竟是怎样的？什么时候你会对自己说：这才是真正的我？

第三，履行你的价值观和领导力原则。你内心深处坚持的价值观是什么？它们从何而来？从小到现在，你的价值观有无重大改变？价值观如何决定你的行为？

第四，平衡内部和外部动机。激励你的外部动机是什么？激励你的内部动机又是什么？生活中你如何平衡内部动机和外部动机？

第五，建立自己的支持团队。你拥有一支怎样的支持团队？支持团队如何使你成为真诚的领导者？你怎样才能使这支团队更加多元化，从而扩大自己的视野？

第六，扎根生活，真诚如一。你在生活中能坚持真诚如一吗？在你生活的各个层面，包括个人生活、工作、家庭和社区生活中，你能坚持真诚如一的原则吗？如果不能，是什么阻碍了你？

第七，授权他人领导。在你的生活中，坚持真诚如一的意义是什么？你的领导力能否因授权而提高？你是否曾为你真诚的领导风格付出过代价？你觉得值得吗？

第八，制定规则，马上行动。为了成为真诚的领导者，你会在今天、明天和明年采取什么步骤？

（二）厚德从提升情商起步

智商和技术能力很重要，但情商才是决定领导力的根本。现实生活中，我们常常可看到如下的状况。

智商高，情商高，春风得意；

智商低，情商高，贵人相助；

智商高，情商低，怀才不遇；

智商低，情商低，一生潦倒。

丹尼尔·戈尔曼（Danniel·Goleman）是情商理论的提出者。关于情商的要素、定义及特征，如表5所示。

表5 情商理论定义

	定义	特征
自我认知	识别并理解自己的情绪、情感、内驱力及对他人的影响	自信 实事求是的自我评价 敢于自嘲
自我调控	对于自己破坏性的冲动和情绪，能够进行控制和转移；多多思考，不急于下结论	诚实、值得信任 坦然面对不确定的局面 对变革持开放态度
内驱力	超乎名利的工作激情 以不懈的精神和耐力追求目标	追求成就的强大动力 积极乐观，即使面对失败 对组织的忠诚
同理心	能够理解他人的情感 能够根据他人的情感变化来灵活做出反应	擅长培养人才，留住人才 对跨文化的敏感 向客户提供良好服务
社交技能	精通关系管理和人际网络的建设 善于与他人寻求共同点，建立融洽的关系	高效地领导变革 说服力强 擅长创建和领导团队

情商是可以培养的，是能够通过学习提升的。我们只要采取正确的方法，完全可以提高自身的情商。有一点是确定无疑的，情商会随

着年龄的增长而提高。领导者要提升情商有一个方法很有效，就是摒弃旧的行为习惯，建立新的行为方式。当然这需要在实践中，持之以恒，这样的练习才能取得持久的效果。我们这次在本书附录中，提供了一个 21 周的修炼，也就是希望通过这样持之以恒的练习，来达到提升情商、提升领导力的效果。需要强调的是，如果当事人没有改变自己的诚意和各方的共同努力，情商是无法培养的。“没有激情，就不会有任何伟大的成就。”如果你的目标是成为真正的领导者，在培养情商的过程中，你不妨将这句话作为你的座右铭。

情商提升的主要途径是与善者居，与高手过招；三省吾身，提升悟性；知行合一；从感恩起步。

作者在企业实践和课堂教学中，经常提到，人不是自然成熟的，是靠点化的，是靠“三师”，即名师、高师、严师醍醐灌顶的点化；人的发展，关键时刻有赖贵人相助。但同事和同学们经常会问：“‘三师’啊，贵人啊，你在哪里？”实践告诉我们，“三师”、贵人是靠自己创造的，这世界聪明、勤奋的人很多，“三师”是否教你，贵人是否帮你，就在于你是否是孺子可教也，孺子值得教也。孺子是否可教，取决于格局、境界。孺子是否值得教，就取决于是否懂得并践行感恩。

情商提升从感恩起步。感恩是中华民族的传统美德，感恩是一种观察问题的视角，感恩是一种发现美并欣赏美的道德情操，懂得感恩的人才会得到丰厚回报。

相关链接

学会感恩

美国耶鲁大学校长彼得·沙洛维在 2014 年毕业典礼上的演讲题目叫《学会感恩》。他认为，虽然心理学专家忽略了对感恩的研究，但很多哲学家，从西塞罗到塞内加、阿奎奈、斯宾诺莎、霍布斯、休姆，再到康德，都认识到表达感恩的能力不仅是社交礼貌，也是一种核心竞争力。这些哲学家担忧社会的主流价值观会被不懂感恩的人颠覆，这对于普通大众来说是不公平的，因为在这样一种氛围下，整个社会都会走向衰败和毁灭。

与表达感恩不相容的一种个人倾向是社会比较，尤其是与比我们拥有更多的人相比较的潜在倾向。心怀感恩的人很少会妒忌他人。充满感恩的人能更好地应对生活的压力，具有更强的抵抗力。也就是说，感恩的人更幸福

感恩能够拓展人的思维，换句话说，感恩能让人们考虑更广泛、更具创造力的可能性、选择和替代方式。

（三）厚德走内圣外王之路

内圣，是指内在的心性修养；外王，是指外在的事业建树。

领导者都希望登高而呼，一呼百应。但实践告诉我们，内圣才能外王。内圣外王的逻辑脉络如图 2 所示。

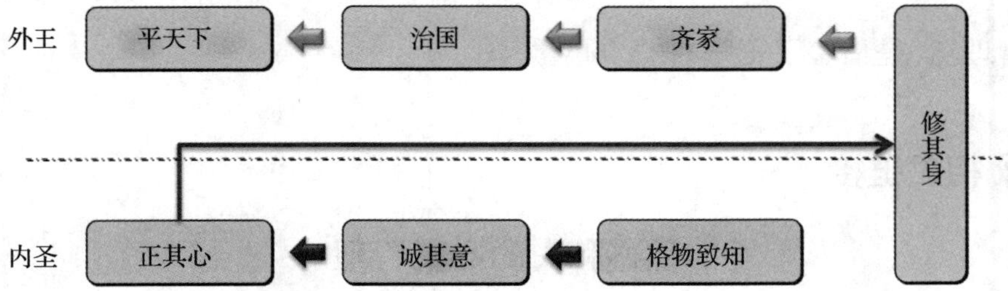

图 2　内圣外王的逻辑

内圣外王，源于中国古代经典《大学》。学习型组织的提出者，麻省理工学院著名教授彼得·圣吉曾提出，干事业，可以不上大学，但不可以不读“大学”。他说：“就我所知，没有其他的定义，能够超

越《大学》对于塑造一个再生型全球社会的领导力使命的定义——‘古之欲明明德于天下者，先治其国；欲治其国者，先修其身；欲修其身者，先正其心；欲正其心者，先诚其意；欲诚其意者，先致其知；致知在格物。物格而后知至，知至而后意诚，意诚而后心正，心正而后身修，身修而后家齐，家齐而后国治，国治而后天下平。自天子以至于庶人，壹是皆以修身为本。’‘物有本末，事有始终。知所先后，则近道矣。’”我理解这里的先后，就是先内圣，后外王。

内圣外王从领导者以身作则开始。以身作则是领导的起点和基础。领导者必须通过自己的清晰理念、声音和言行一致来回答追随者的三个基本问题：你是谁？你要带我们去哪里？如何去？并且树立榜样。只有这样，才能影响和带动他人。领导者坚定地维护自己的信念，他们说到做到，他们通过自己的行动告诉他人，他们遵循自己宣称的价值观。同时，他们也确保他人遵守达成的共同价值观。只有言行一致，以身作则，才能建立起信任。

内圣外王，从加强领导者心灵管理入手，稻盛和夫曾说：“我认为人生在世，需要三个方面的管理——健康管理、才智管理以及心灵管理。这三者之中，心灵管理尤为重要。”其实，稻盛和夫的“心灵管理”，是借鉴了王阳明的“心学”。

相关链接

稻盛和夫的心灵管理

稻盛和夫说：“我认为人生在世，需要三个方面的管理——健康管理、才智管理以及心灵管理。这三者之中，心灵管理尤为重要。”

工作是磨炼灵魂的道场。

人生和企业的方程式（人生·工作的结果＝思维方式 × 热情 ×

能力)。

思维方式决定人生和经营。

以善恶，不以得失来进行判断。

相关链接

王阳明的心学与精神

朱熹：“存天理去人欲”“格物穷理”。

王阳明认为，无论何时、何地，有何种理由，人性都是不能，也不会被泯灭的。它将永远屹立于天地之间。

王阳明的“心学四决”：无善无恶心之体，有善有恶意之动，知善知恶是良知，为善去恶是格物。

三、领导者的自我超越

领导力是可以学习的。卓越的领导力，源于领导力的科学修炼。我们强调领导力可以从前瞻力、共识力、平台力、创新力、保障力五个方面修炼，并通过自强不息、厚德载物、内圣外王促使这五力不断提升。我们强调领导者在五项修炼基础上，凭借价值观认知的突破，实现自身的超越。

要成为值得信任的领导者，你必须具有坚定的信念，或者价值观、原则和标准，它们驱动你前进。领导者能否自强不息、厚德载物，也源于价值观的推动。

价值观影响着我们生活的每个方面，我们的道德判断、我们对他人行为的反应，我们对个人目标和组织目标的承诺等。价值观，是我们每天要做出的各种决策的指南，无论是有意识的还是无意识的。人们很少会采取与价值观相悖的行为。就是做了，那也不会是由于承诺，而是出于顺从。

共同的价值观给人们带来共同的语言。如果个人、团队和组织的价值观保持一致，就能产生巨大的能量。人们会热情地献身于这个事业，他们的工作就有了驱动力，立足于工作有了理由。如果人们热衷他们所从事的工作，他们的工作效率就会更高，更满足。他们的压力和紧张感也就会更小。共同的价值观是促使大家既能独立工作又能共同合作的行动指南。

（一）基于价值观提升的自我超越

基于价值观提升的自我超越，先从厘清基于价值观的领导力的核心要素入手。

基于价值观的新领导力核心要素，主要有以下四个方面。

1. 使命驱动

企业在发展过程中，我们看到有不同的驱动核心和商业策略，有些是需求驱动，有些是竞争驱动，有些是战略驱动，还有的是使命驱动。企业家与商人的一个区别在于，商人为自己赚钱，企业家为社会创造财富。前者是财运，后者是使命。使命驱动，是卓越领导者的共同特征。

2. 责任担当

责任是对自己所负使命的忠诚和守信，大使命需要大担当。今天我们强调领导者的责任担当，不仅仅是承担经济责任，而且要承担社会责任。强调企业家在为社会创造财富的同时，也为社会进步起积极的推动作用。

3. 战略执行

使命、责任要通过战略来“落地”，这中间有三层内涵，第一层是理解战略，第二层是分解战略的责任，第三层是战略执行力。

4. 持续奋斗

领导者也是奋斗者，并且是身先士卒坚持长期艰苦奋斗。但一个企业光谈奋斗者理念还不够，要使得奋斗理念能够“落地”，要与机制和制度建设相结合。企业通过适度的竞争淘汰机制，使那些不愿意持续奋斗的人能够淘汰出局，使得那些奋斗者能够脱颖而出。

相关链接

德鲁克谈基于价值观的领导力

领导者是需要学习理论的，是需要穷根究底的，领导者永远需要有一把尺子，用来建立自己的坐标系。这就是价值观、信念和承诺。必须永远要有这样清醒的头脑，不断反省自己、检讨自己，才能够接近“文明人追求真理的境界”。不仅是领导学，任何学问都如此。到了最后，你才能探索到一个东西，那个东西是高于我们人类的，我们人类必须服从、必须尊敬。

（二）数字化时代领导者的认知突破

我们一直强调，企业的发展成长是有边界的，这个边界，就是企业领导者认知的边界，决定认知的就是价值观。我们尝试对颠覆性创新背景下的数字化时代组织与工业化时代企业进行对比，如表6所示。

表 6　数字化时代组织与工业化时代企业对比

对比领域		工业化时代的企业	数字化时代的组织
企业宗旨	企业理念	长期利润最大化	为社会创造更大价值
	人员理念	股东第一	客户第一
管理模式	理论依据	分工理论	互联网和物联网
	价值主张	工具理性	价值理性为先导，形成目的和手段的统一
	支持平台	串联的单边平台	并联的多边平台
	价值体系	大规模制造产品争第一	创造价值、传递价值协调一致的体系和机制
变化规律		连续	非连续
环境认知		可预测	难以预测
商业范式	产品	交易价值	使用价值
	市场	大众市场	人人市场
	行业	边界约束	跨界协同
组织架构		执行上级命令的线性组织	共生、共存、共创、共享的共赢生态圈
驱动力		宽带酬薪 委托代理激励薪酬	人单合一、用户付薪及事业合伙人制
财务体系		以损益表为核心	共赢增值表
物联网		没有物联网	现在进入物联网时代，很多企业做的是产品传感器，海尔做的是用户传感器
对应的思维		固定型思维	成长融合型思维

（三）从价值观角度对新领导力的总结

新领导力主要有 8 个方面：领导核心能力的认知、领导战略决策的颠覆、领导资源整合的突破、领导商业模式的重构、领导创新方式的改变、领导保障机制的调整、领导沟通途径的拓展、领导修炼模式的回归。

新领导力的由来如图 3 所示，我们也可从中加强对新领导力核心观点的理解。

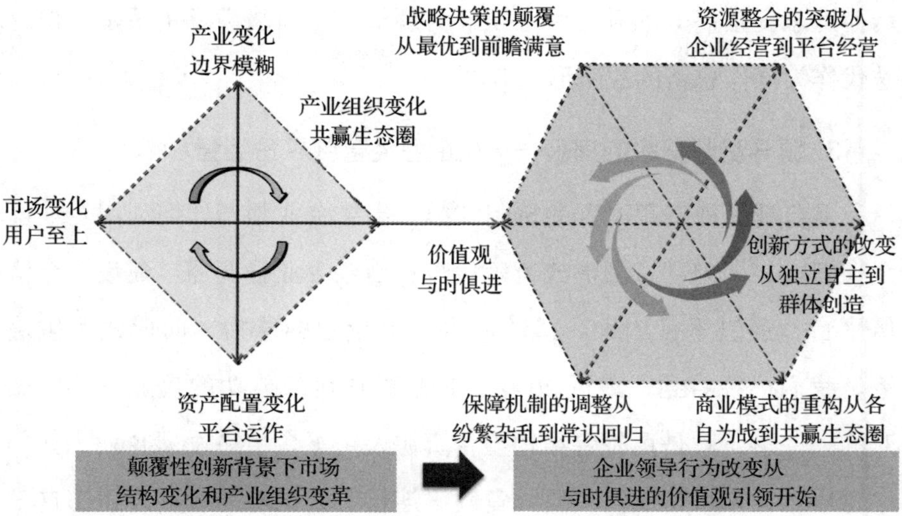

图 3　新领导力的由来

1. 领导核心能力的认知——从核心竞争力到适应力

颠覆性创新背景下，推动企业可持续发展，首要的是高度的适应性，而非核心竞争力。应该把企业看成是一个生态，它可以感受环境、适应环境，甚至改变环境。企业战略与结构及产品等都因时而变、因势而变，就是企业的适应力。达尔文在《物种起源》一书中指出："最后能够存活下来的既不是最强壮的物种，也不是最聪明的物种，而是对变化做出最快响应的物种。"

2. 领导战略决策的颠覆——从最优决策到前瞻满意决策

当今世界唯一确定的就是不确定。战略管理过程不再是一个可预见的、可控的和程序化的过程，战略制定更多的是自发涌现与协同进化的结果，而不是人为的、前导的设计和规划。有时候，决定不做什么甚至比做什么的逆向决策更有现实意义。

颠覆性创新背景下，"新"与"好"比"大"与"好"更为重要。因此，"满意决策"比"最优决策"更适宜，即不追求绝对最优的决策，转而追求简洁高效的满意解甚至非劣解即可。前瞻满意决策是以快速迭代作为操作思路的战略形成方法。

3. 领导资源整合的突破——从企业经营到平台经营

平台是一种资源配置的机制安排。传统企业强调如何利用企业已经拥有的，即内部资源形成竞争优势；当今企业强调通过建设一个价值平台，通过平台借助、撬动圈内其他企业的能力，而形成竞争优势。我们已经看到，最近20年，凡是做得比较成功的企业，共同做对的一件事，就是用平台结构整合资源，用平台生态发展企业。我们也感悟到，一家企业，只要具备网络连接、数据赋能和共赢生态这三个特征，就会像形成了一个巨大的黑洞，快速吸引周边资源，越滚越大，发展速度越来越快。

4. 领导商业模式的重构——从各自为战到共赢生态圈

利他才能利己，分享才能获得。

今天看到的层出不穷的商业模式创新，在很大程度上重新定义了产业价值、市场价值、顾客价值、员工价值，甚至重新定义了企业的价值。而所有这一切的改变，都着眼于分享与共生的逻辑之中、着眼于打造共赢生态圈。商业模式的重构要求你有两个最根本性的转变，就是从资源的视角，转向资本的视角；从消耗占用的逻辑，转向创造共生的逻辑。

5. 领导创新方式的改变——从独立自主到群体创造

颠覆性创新背景下，除了消费者，供应商、合作伙伴等利益相关者也越来越多地参与企业的价值创造活动，即众包或群体创造，以及开放式创新。众包以开放的平台，聚合用户、供应商、合作伙伴以及员工的智慧，发挥企业内部和外部群体创造的力量，来自不同头脑的思想和智慧相互碰撞、借鉴、补充和启发，从无序到有序，从散乱到集中，从微小到宏大，迸发出工业经济时代无法想象的力量。

开放式创新强调最佳的创意可能来自别处，强调整合全球资源，通过合作实现创新。

6. 领导保障机制的调整——从纷繁杂乱到常识回归

文化：围绕创新。着眼未来，着眼向有贡献的奋斗者倾斜，着眼内部自主权和竞争。

组织：围绕协同。等级化演变为扁平化，链条化演变为网络化，固定化演变为动态化

人事：围绕突破。将“人力资源”变为“人力伙伴”。

激励：围绕分享。财富分享、权力分享、使命分享。

保障机制的核心，是“激活人”，使组织具有强大的内驱力。

7. 领导沟通途径的拓展——从打通思想到网络认同

领导者要能找到激动人心、富有吸引力的共同奋斗目标和意义感，生动描绘这些目标的美好画面，让人们形成高度的共识，共鸣和共振。在颠覆性创新背景下，领导形象主要由民主、亲民、公开和专业四重要素决定。

同时，善用社会化媒体，重塑企业和利益相关者的沟通关系。当今，企业利益相关者是以网状结构的社群形式存在的，内容即广告，互动即传播。卡斯特认为，在全球化的网络社会有三种认同——抗拒性认同、合法性认同和规划性认同。在当代中国，同时存在着这三种认同——既有抗拒，也有合作，更有希望。

8. 领导修炼模式的回归——从“重术轻道”到“德才兼备”

与时俱进：领导者的“世界观、价值观、人生观”需要与时俱进。

厚德载物：从东方文化的特点出发，强调以人为本，以德为先，人为为人。

内圣外王：修炼过程（内化心灵修炼）+ 实践过程（影响外部世界），体现为当代企业家精神的弘扬。

领导力就是提升人的境界，把一个人的境界提升到前所未有的高度，把一个人的责任心提到前所未有的高度，然后才能把一个人的潜力、持续的创新动力开发出来，让他做出他自己以前想都不敢想的那种成就。

凡是过去皆为序章！

对你们而言，一切皆有可能！

衷心祝各位亲爱的读者：

长风破浪会有时，

直挂云帆济沧海。

附录

1. 五星领导力模型

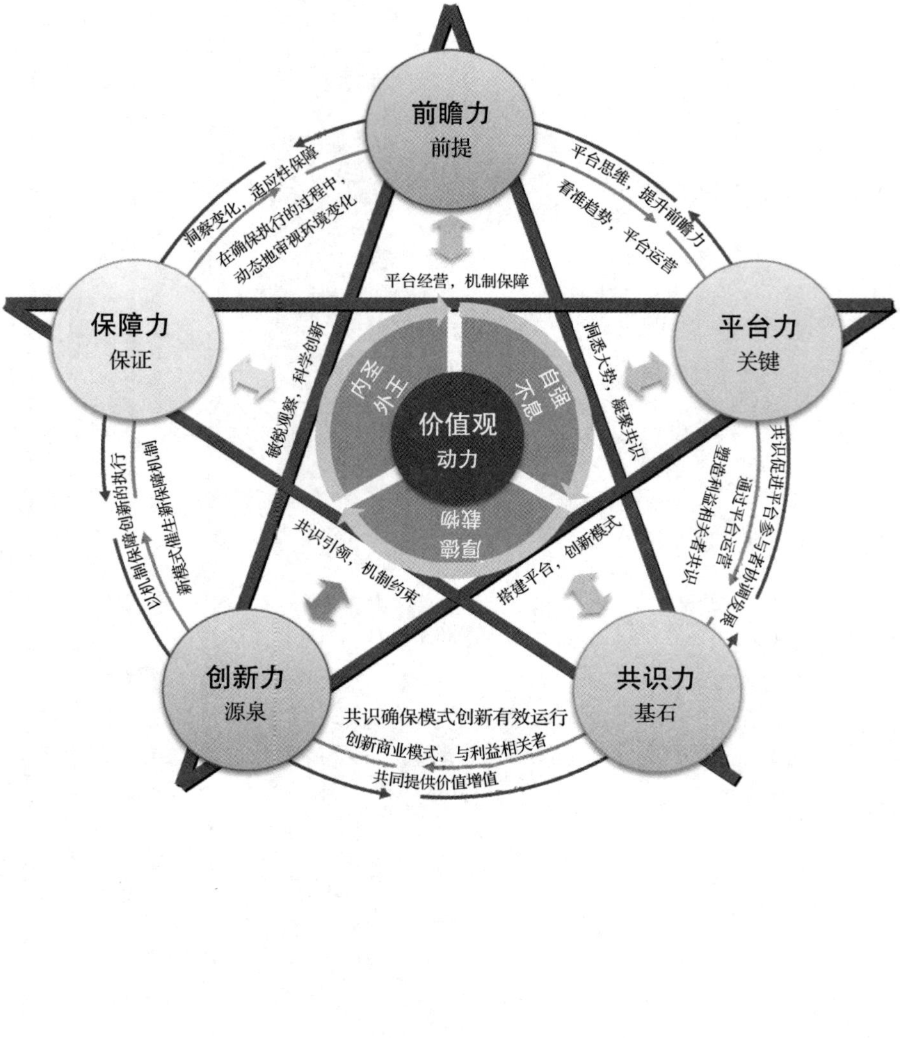
前瞻力
前提
平台力
关键
共识力
基石
创新力
源泉
保障力
保证
价值观
动力
内圣外王
自强不息
厚德载物
平台思维，提升前瞻力
看准趋势，平台运营
洞察变化，适应性保障
在确保执行的过程中，
动态地审视环境变化
平台经营，机制保障
敏锐观察，科学创新
洞悉大势，凝聚共识
共识促进平台参与者协调发展
通过平台运营
塑造利益相关者共识
以机制保障创新的执行
新模式催生新保障机制
共识引领，机制约束
搭建平台，创新模式
共识确保模式创新有效运行
创新商业模式，与利益相关者
共同提供价值增值

2. 前瞻力修炼模型

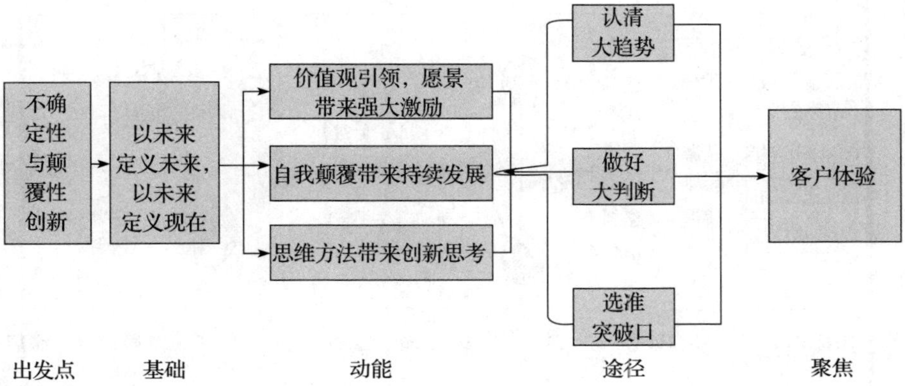

3. 共识力修炼模型

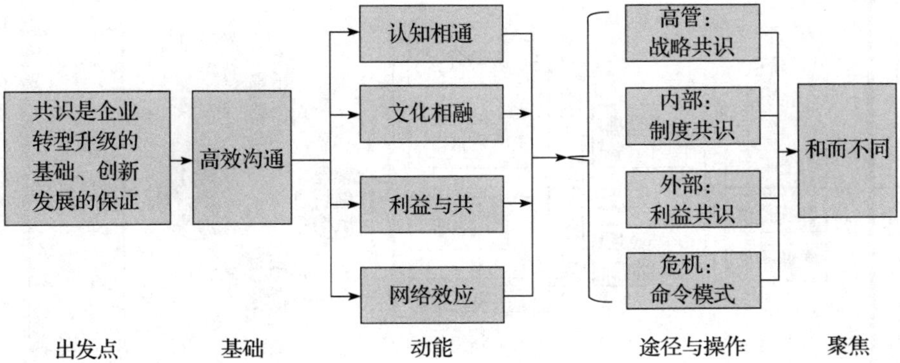

4. 平台力修炼模型

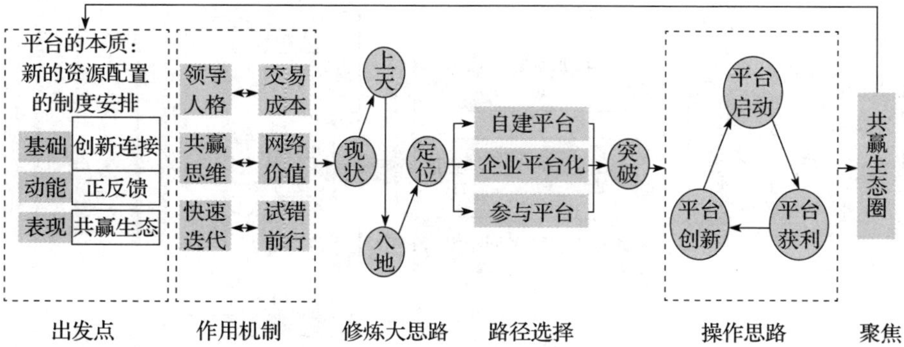

5. 创新力修炼模型

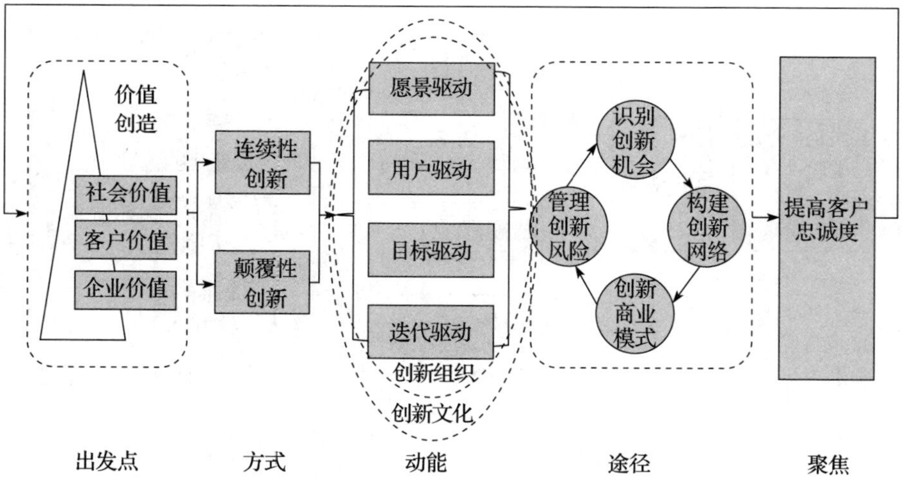

6. 保障力修炼模型

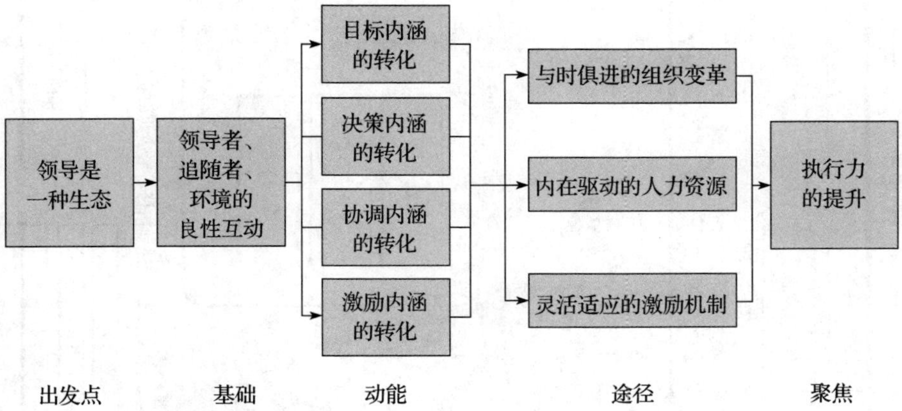
领导是
一种生态
领导者、
追随者、
环境的
良性互动
目标内涵
的转化
决策内涵
的转化
协调内涵
的转化
激励内涵
的转化
与时俱进的组织变革
内在驱动的人力资源
灵活适应的激励机制
执行力
的提升
出发点
基础
动能
途径
聚焦

7. 五星领导力体系总览图①

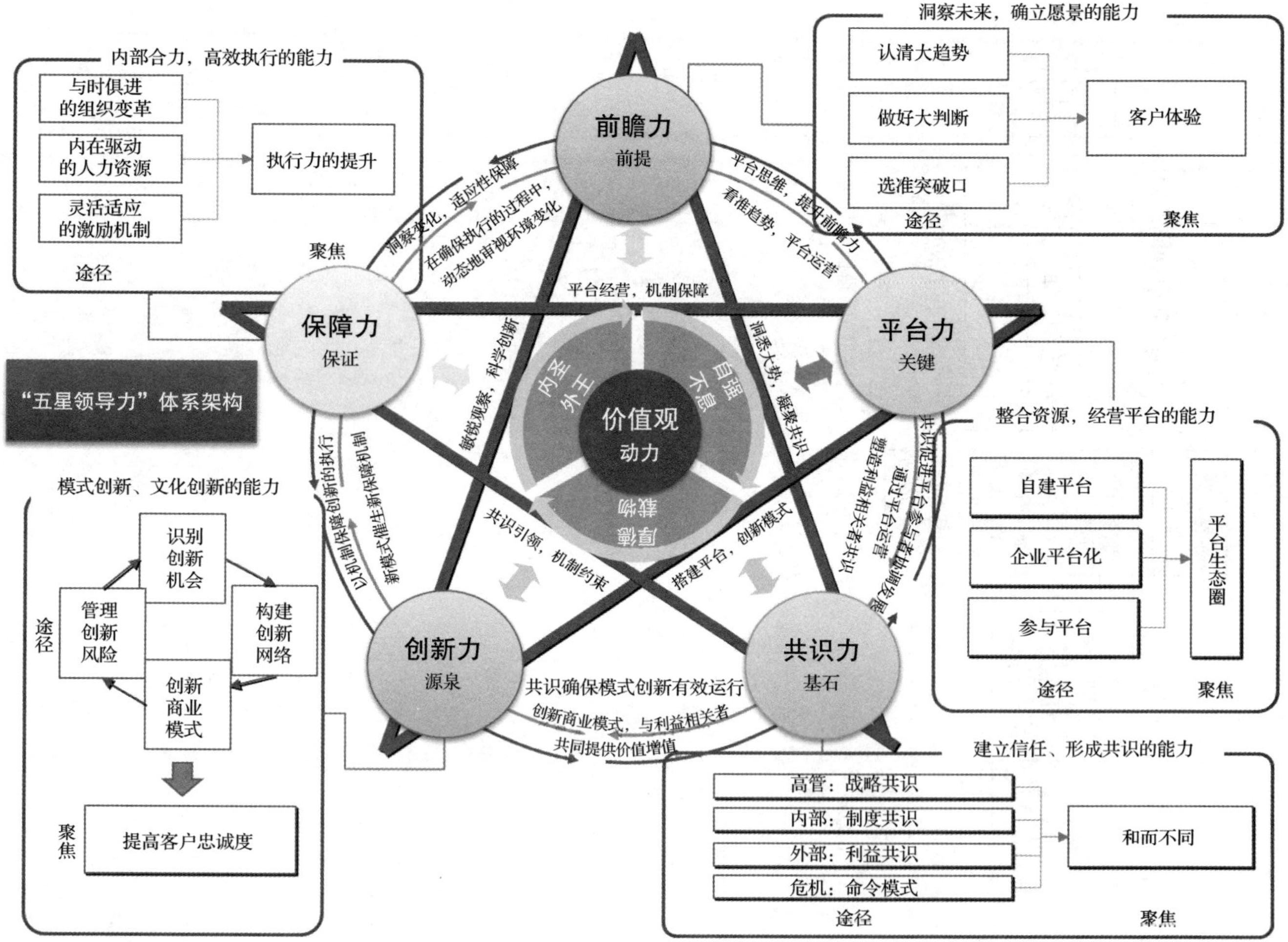

① 本图由邱肃川助教绘制。

致　谢

这本书是多方支持和团队合作的成果。

首先，感谢我的家人、我的大家庭和小家庭，几十年来对我的支持、理解、包容和帮助，让我心无旁骛地致力于研究。

感谢我 50 年职业生涯中的名师、严师、高师及贵人。半个世纪以来，我的主要工作单位是上海助剂厂（1968—1983 年）、复旦大学（1983—1995 年，2009 年至今）、上海实业集团（1995—2008 年）。我感谢在上海助剂厂工作时的张全师傅及其他众多师傅，他们在帮我了解社会的同时，教会我正直做人；感谢在上海实业集团工作时的领导蔡来兴及诸多同仁，他们对我有知遇之恩，提供我锻炼成长的舞台，并给了我各方面的极大支持；感谢在复旦大学工作时我的领导陆雄文教授，以及恩师顾国强教授（指导我的硕士论文）、郑绍濂教授（指导我的博士论文）、伍伯麟教授（指导我的博士后研究），是他们言传身教提携了我，并为我的学术发展创造了巨大的空间和良好的研究氛围。

感谢我的助教团，是他们富有创造性的工作，不断丰富和发展了我的思考。每一次备课，他们的素材提供力求尽善尽美，资料提供力求最新、最准（上课时的统计数据经常是当天凌晨四点美国股市的收市数据）。在本书写作过程中，他们也非常辛苦且有成效地提供了极为丰富的素材和观点，他们是崔晓明、邱肃川、李艳霞、赵春善、翁智澄、周磊、缪晓、张凌、徐笑君、刘丽珍、李作良、季周、丁诚、贾迎亚、董彩芬等。

感谢我的学生们。我虽然1995年离开复旦大学去了上海实业集团，但从2003年开始，我一直在复旦大学EMBA兼课，从2009年开始，更是全职在复旦大学当教授。教过的EMBA、MBA学生超过5000个（其中EMBA学生超过4000个）。我直接指导论文担任导师，指导过的工商管理博士、工商管理硕士、硕士生将近200人。在教学过程中，在论文指导过程中，学员们的思路、实践感悟给了我很大的启发。本书中的很多实例、案例源于这些学员的实践和思考。我这里重点感谢在本书中引用他们案例或实例的学员，他们是徐晓亮、黄栋、文红光、孟丽君、邹勇明、钟烨、孟丽芳、郑虬、严建荣、李旎、杨李、赵海茹、周晶波、毛远铮、仇瑜峰、王惠美、赵剑、沈世聪、张志敏、周晓江、陈瑶、潘维、易力、曹洁、王笑莉、章真、潘建辉、谢德祥、牛伟、程峰、洪浩、江兰、赵春善、吴锦华、蒋卫权、黄俭为、高春梅、薛晓荣、许乃强、李翔宇、吴易得等（排名不分先后）。

本书在最后定稿过程中，我的助教邱肃川、赵春善、翁智澄，以及本书的责任编辑郑亮先生也做出了巨大的努力，在此也表示深深的谢意。

本书也学习和借鉴了他人的众多研究成果，能找到出处的，我们已做出说明并致以谢意。有些未能找到出处的，有知道的读者，也请告知，我们可日后补上。在此也一并致以衷心的感谢。

抚今追昔，路漫漫其修远兮，吾将上下而求索，学无止境，吾当继续努力，不断奋进。期待在读者们帮助下，再版时有新的更大的进步。

包季鸣

2018.9